经济管理实验系列教材

U0663096

JJGLSYXLJC

SHANGPIN JIANYAN SHIYAN

商品检验实验

——食品分册

刘孟珠 主编

经济科学出版社
Economic Science Press

总　序

　　高等学校实验教学是高等教育水平的重要体现，国外著名商学院都非常重视学生的创新能力和实践能力的培养，因而其实验教学受到重视并达到很高的水平。美国麻省理工学院（MIT）作为一所新型大学于1865年建立时，就既重视学生基础理论知识的教育，又强调实际操作能力的培养。"通过实验进行教学"是MIT首任院长罗杰斯的教育信条。因此，MIT要求其所有学生必须至少学习一门实验室课程。MIT旗下的斯隆管理学院则将管理学、心理学等基础实验作为管理科学各专业的必选核心课程，体现了国际顶尖商学院对学生实践环节的高度重视。进入20世纪90年代以来，计算机网络技术在教学领域得到了广泛应用，进一步推动了实验教学的开展。《中华人民共和国高等教育法》规定："高等教育的任务是培养具有创新精神和实践能力的高级专门人才。"这表明，具有"创新精神和实践能力"是高级人才的重要标志。近几年，在教育部的积极推动和各高校的努力下，经济管理类的实验教学受到重视。经济管理实验教学已被证明在提高学生的综合素质、丰富教学方法等方面具有重大意义。目前，全国许多高校经济管理院系都在积极探索和改革人才培养模式，纷纷提出各自的实验教学发展战略，并积极开展多种形式实验教学课程的探索。

　　随着科学技术和经济建设的飞速发展，国际经济竞争日益激烈，经济管理类专业在经济和社会发展中的地位越来越重要，培养高素质的创新创业型经济管理类人才，已成为世界高等教育的发展趋势。一方面，经济管理类各专业学科本身具有很强的实践性，决定了实践性教学是其教学体系中重要而不可或缺的环节。另一方面，实验活动所具有的特点和优势，使得经济管理类专业可以通过实验进行教学：（1）可以培养学生的实践能力。实验对学生进行专业技能和方法的训练，发挥学生的主动性和创造性，促使知识向能力转化。（2）可以培养学生的创新能力。在实验中通过操作、观察、分析实验过程与实验结果，培养观察、分析、判断、综合、推理、比较、抽象等创造性的思维能力、创造性的想象能力与创造性的组织、实施某种活动的能力。（3）使学生更能适应社会的需要。基于这些认识，我们感到有必要编写一套适合经济、社会发展需要的经济管理实验系列教材。

福州大学是国家"211 工程"重点建设大学，进入新世纪，福州大学正致力于由教学主导型向教学研究型大学转变。根据党的十七大报告中提出的"实施扩大就业的发展战略"和"促进以创业带动就业"的精神，福州大学提出进一步推进东南强校建设、走区域特色创业型大学强校之路的发展战略。围绕这一发展战略，学校正全面推进教学改革，积极推动创业教学、创业实训、创业实习工作。探索实验教学发展战略和多种形式实验教学课程，不仅是福州大学必须面对的重大课题，也是我国各类高校面向未来发展必须面对的重大课题。依托福州大学管理学院建设的福州大学经济管理实验教学中心，在经济管理实验教学建设方面取得了一些成果。为了总结和交流经济管理实验教学的经验，探讨经济管理实验教学的改革和规律，提高经济管理教学质量，我们组织福州大学管理学院教师，根据他们长期的经济管理实验教学的经验和积累的资料，编写了福州大学经济管理实验系列教材。

本实验系列教材涉及管理学和经济学两大学科门类下属的工商管理、管理科学与工程、应用经济和理论经济四个一级学科，内容涵盖了企业管理、电子商务、市场营销、会计学、财务管理、经济学、国际贸易、金融学、财政学、统计学等十多个经管类本科专业的主要课程。本实验系列教材体现了理论和实践相结合，反映了经济管理操作规律和当代经济管理工作水平，具有一定的先进性；反映了经济社会最新要求，具有较强的适应性。我们希望这套实验教材对系统总结我国经济管理实验教学的发展过程和经验，提高经济管理实验教学水平，推动经济管理实验教学的健康发展，做出积极的贡献。该实验系列教材适用于高等院校相关专业的本科生和硕士研究生的教学需要，也可作为理论教育工作者和从事经济管理工作的在职人员的学习参考用书。

经济管理实验教学尚处于探索、提高阶段，如何构建创新创业型实验教学体系，是我们面临的新课题。我们衷心地期待经济管理界的专家、学者和广大读者对本系列教材，提出宝贵的批评意见。

福州大学管理学院院长　黄志刚博士

2008 年 1 月

前　　言

　　随着我国高等教育由精英教育逐渐向普通教育的转变，各大学的培养目标逐渐倾向于培养应用型人才，这成为高等教育界的共识，而高级应用型人才的培养也正好符合我国当前技能型、操作型人才相对短缺的现状。同时，国际上对进出口商品的检验越来越严格，国内消费者对商品质量的要求也越来越高，因而，让学生掌握初步的商品检验方法和技能是培养国际经济与贸易、市场营销、工商管理、物流管理等专业学生的新要求。为配合商品检验实验室的建立，我们专门编写了《商品检验实验》，以期对学生的实验操作起到指导作用，同时供从事商品销售、保管和检验的人员参考。

　　本书分三册，食品分册已编写，纺织品分册、日用工业品分册有待编写。食品分册主要阐述一些主要食品的感官检验方法、理化检验的原理及方法，通过学习和实验的操作，为学生今后从事相关工作打下扎实的基础。

　　本书由福州大学经贸系刘孟珠主编，参加资料收集、整理、编写工作的还有福州大学管理学院经济管理实验教学中心实验员陈宝玉同志。

　　在本书的编写过程中，得到院、系领导及实验中心同仁的大力支持和帮助，谨此表示感谢。但由于时间仓促，在许多方面可能考虑不周，书中难免存在缺点和错误，需要在今后的教学及使用中不断完善和改正，因此，希望广大读者提出宝贵的批评与建议，我们一定虚心接受并积极改进，在此，本书作者向读者表示真诚的感谢。

福州大学管理学院　刘孟珠

2008 年 3 月于福州旗山大学城

目 录

第一章

粮 食 的 检 验

本章学习提要与目标

　　了解粮食的扦样和分样方法及粮食的卫生标准，掌握粮食的感官检验和理化检验方法，学会对粮食的质量进行鉴定。

第一节　扦　　样

一、扦样工具

（一）扦样器

扦样器又称粮探子，分为包装扦样器和散装扦样器两种。

1. 包装扦样器：根据粮食的颗粒大小，有三种不同的型号。

（1）大粒粮扦样器：全长 75 厘米，探口长 55 厘米，口宽 1.5～1.8 厘米，头分尖形或鸭嘴形，最大外径 1.7～2.2 厘米。

（2）中小粒粮扦样器：全长 70 厘米，探口长 45 厘米，口宽 1 厘米，头尖形，最大外径 1.5 厘米。

（3）粉状粮扦样器：全长约 55 厘米，探口长 35 厘米，口宽 0.6～0.7 厘米，头尖形，最大外径 1 厘米。

2. 散装扦样器：有三种型号。

（1）细套管扦样器：分为两种，全长分别为 1 米、2 米，三个孔，每孔口长约15厘米，口宽约1.5厘米，头长约7厘米，外径约2.2厘米。

（2）粗套管扦样器：分为两种，全长分别为1米、2米，三个孔，每孔口长约15厘米，口宽约1.8厘米，头长约7厘米，外径约2.8厘米。

（3）电动吸式扦样器：不适用于杂质检验。

（二）取样铲

取样铲主要用于流动粮食、倒包取样。

（三）容器

样品容器应该具备的条件是：密闭性能好、清洁无虫、不漏、不污染。常用的容器有样品筒、样品袋、样品瓶（磨口的广口瓶）等。

二、扦样方法

扦样应以同种类、同批次、同等级、同货位、同车船（舱）为一个检验单位。一个检验单位的代表数量：中、小粒粮食一般不超过200吨，特大粒粮食一般不超过50吨。

（一）散装扦样法

散装的粮食，根据堆形和面积大小分区设点，按粮堆高度分层扦样。

1. 分区设点：每区设中心、四角5个点；区数在两个和两个以上的，两区界线上的两个点为共有点，两个区共8个点，三个区共11个点，依此类推。粮堆边缘的点设在距边缘约50厘米处。

2. 分层：粮堆高在2米以下的，分上、下两层；粮堆高在2～3米的，分上、中、下三层，上层在粮面下10～20厘米处，中层在粮堆中间，下层在距底部20厘米处；如遇粮堆高在3～5米的，应分为四层；粮堆高在5米以上的酌情增加层数。

3. 扦样：按区按点，先上后下逐层扦样，各点扦样数量一致。

散装的特大粒粮食，采取扒堆的方法，参照"分区设点"的原则，在若干个点的粮面下10～20厘米处，不加挑选地用取样铲取出具有代表性的样品。

（二）包装扦样法

中小粒粮扦样包数不少于总包数的5％，小麦粉扦样部署不少于总包数的3%，扦样的包点要分布均匀；特大粒粮取样包数，200包以下的取样不少于10包，200包以上的每增加100包取1包。

扦样时，用包装扦样器槽口向下，从包的一端斜对角插入包的另一端，然后槽口向上取出，每包扦样次数一样。

取样时，可以采用倒包和拆包相结合的方法。倒包按规定取样包数的20%，拆包按规定取样包数的80%。

倒包：先将取样包放在洁净的塑料布或地面上，拆去包口缝线，缓慢地放倒，双手紧握袋底两角，提起约50厘米高，拖倒约1.5米全部倒出后，从相当于袋的中部和底部用取样铲取出样品，每包、每点取样数量一致。

拆包：将袋口缝线拆开3~5针，用取样铲从上部取出所需样品，每包取样数量一致。

（三）流动粮食扦样法

机械输送粮食的取样，先按受检粮食数量和传送时间，定出取样次数和每次应取的数量，然后定时从粮流的终点横断处接取样品。

（四）零星收付粮食取样法

零星收付（包括征购）粮食的扦样，可以参照以上方法，结合具体情况，灵活掌握，务使扦取的样品具有代表性。

（五）特殊目的取样

如粮食检查、害虫调查、加工机械效能的测定和出品率试验等，可根据需要取样。

三、粮食样品

从受检的粮食中按规定扦取一定数量具有代表性的部分，称为样品。样品是决定一批粮食质量的主要依据，主要有以下几种类型：

（一）原始样品

从一批受检的粮食中最初扦取的样品，称为原始样品。其数量是根据一批粮食的数量和满足质量检验的要求而定，一般不少于2千克。

（二）平均样品

原始样品按照规定方法经过混合平均，均匀地分出一部分备作全面检验用的样品，称为平均样品，其数量一般不少于 1 千克。

（三）试验样品

平均样品经过混合分样，根据需要从中称取一部分作为试验用的样品，称为试验样品，简称试样。试验样品的数量须根据被验项目及检验方法而定。

四、分样

将原始样品充分混合均匀，进而分取平均样品或试验样品的过程，称为分样。目前较为常用的是四分法分样方法，即将样品倒在光滑平坦的桌面上或玻璃板上，用两块分样板将样品摊成正方形，然后从样品左右两边铲起样品约 10 厘米高，对准中心同时倒落，再换一个方向同样操作（中心点不动），如此反复混合四五次，将样品摊成等厚的正方形，用分样板在样品上画两条对角线，分成四个三角形，取出其中两个对顶三角形的样品，剩下的样品再按上述方法反复分取，直至最后剩下的两个对顶三角形的样品接近所需试验样品的重量为止。

第二节　粮食的检验

一、感官检验

粮食的种类、品种及其色泽、气味和口味等，通常用感官检验法来加以鉴定。

（一）色泽检验

粮食的试样不能在太阳光直射下，而应在散射光线下用肉眼进行观察，鉴别全部样品的颜色、光泽是否正常。凡具有粮食固有色泽的为正常；如果经过水浸、生霉、生虫和发热的粮食，其固有的粒色和光泽，会随着受害程度的大小而改变。

（二）气味检验

取少量试样，嘴对试样呵气，直接嗅辨其气味是否正常。必要时可将试样放入密闭器皿内，在 60～70℃ 的温水中浸泡数分钟，取出，开盖立即嗅辨其气味是否正常。气味检验必须在清洁空气条件下进行。

（三）口味检验

成品粮应做成熟食品，尝其味道是否正常。

正常的粮食均应具有其固有的颜色、光泽、气味和口味，检验结果以正常或不正常表示，对不正常的应加以说明。

二、理化检验

（一）稻谷出糙率的检验

出糙率是指净稻谷脱壳后的糙米（其中不完善粒折半计算）占试样的百分率。

从平均样品中，用百分之一天平称取净稻谷 20 克（W），先拣出生芽粒和生霉粒，单独剥壳，称重（W_1），然后将剩余试样用实验室用砻谷机脱壳，除去糠杂，糙米称重（W_2），再拣出不完善粒，称重（W_3）。糙米重量和不完善粒重量分别加上生芽粒、生霉粒重量即为糙米总重量和不完善粒总重量。

稻谷出糙率按下列公式计算：

$$出糙率（\%）= \frac{(W_1 + W_2) - (W_1 + W_3) \div 2}{W} \times 100$$

式中，W_1——生芽粒、生霉粒剥壳后糙米重量（克）；

W_2——糙米重量（克）；

W_3——糙米中不完善粒重量（克）；

W——试样重量（克）。

双试验结果允许差不超过 0.5%，求其平均值，即为检验结果。

（二）粮食容重的检验

粮食籽粒在一定容积内的重量称为容重。容重的大小是粮食质量的综合标志，在同一种类的粒形大小相同的粮食中，籽粒成熟饱满，结构紧密，其容重就大，反之容重则小。一般来说，粮食容重与加工成品出糙率成正比，因此，对同一种类的粒形大小相同的粮食，可采用容重项目来评定其品质的好坏。我国使用 HGT01000 型容重器，容重单位用克/升表示。

将容重器安装好，并测定零点。用百分之一天平从平均样品中称取约 1000 克试样，用规定的筛孔筛层分几次进行筛选，取下层筛上物混匀倒入样品盘中，用手拣出空壳和比粮粒大的杂质。将样品盘的流样口搭在谷物筒口的边沿，抬起后部，倾斜成 45°，使试样均匀地流入谷物筒中，流至距离筒口上沿 1 厘米处为止。移谷物筒于中间筒上，打开漏斗开关，待试样全部落入中间筒以后，关上漏斗开关。用左手握住谷物筒和中间筒的套接处，用右手抽出插片，使试样同排气锤一同落入容量筒中（注意，不要使量筒受震），再将插片准确而轻快地插入豁口，切去多余的试样。取出小谷物筒，拿起中间筒和容量筒，倒净多余的试样，抽出插片，将容量筒挂在吊环上进行称重，称得的重量即为容重（克/升）。双试验结果允许差不超过 3 克/升，取其平均数，即为检验结果。

（三）米类加工精度的检验

米类加工精度是指籽粒皮层被碾去的程度或留皮程度。籽粒皮层被碾去的面积越大，精度越高；.反之，皮层剩余的面积越大，精度越低。

从平均样品中称取试样 50 克，直接与精度标准样品对照比较，其留皮程度符合哪等精度标准样品，定为哪等。

留皮程度鉴别不清时，可从试样中不加挑选地取出整米 50 粒或 100 粒。用 1% 的品红碳酸溶液染色，观察留皮程度。皮层呈深紫色，胚乳为浅红色，再对照标准样品比较鉴定精度。

（四）小麦粉加工精度（粉色麸星）的检验

小麦粉的加工精度以粉色麸星来表示。粉色是指小麦粉的颜色，麸星是指小麦粉中含有的粉状麸皮。粉色深浅，麸星多少，是小麦粉定等的根据。

小麦粉的粉色有白色、浅乳脂色、乳脂色、微黄色等。通常软质小麦粉比硬质小麦粉的粉色稍浅；红皮小麦粉比白皮小麦粉的粉色稍深。粉色的深浅主要取决于麸星含量的多少，而麸星含量的多少又取决于加工精度。加工精度高，麸星含量少，粉色白，而加工精度低，麸星含量多，粉色较暗。

粉色麸星的测定，须用标准样品与试样对照比较，具体方法有以下五种。

1. 干法检验：用洁净粉刀取少量标准样品置于搭粉板上，用粉刀压平，将右边切齐；再取少量试样置于标准样品右侧压平，将左边切齐，用粉刀将试样慢慢向左移动，使试样和标样相连接；再用粉刀把两个粉样紧紧压平（两者不得互混），打成上厚下薄的坡度，切齐各边，刮去标样左上角，对比粉色麸星。

2. 湿法检验：将干法检验过的粉样连同搭粉板倾斜插入水中，直至不起气泡为止，取出搭粉板，待粉样表面微干时，对比粉色麸星。

3. 湿烫法检验：将湿法检验过的粉样，连同搭粉板倾斜插入已停止加热的沸水中，约1分钟左右取出，用粉刀轻轻刮去粉样表面受烫浮起部分，对比粉色麸星。

4. 干烫检验：先按干法打好粉板，然后连同搭粉板倾斜插入已停止加热的沸水中，约1分钟左右取出，用粉刀轻轻刮去粉样表面受烫浮起部分，对比粉色麸星。

仲裁时以湿烫法对比粉色，干烫法对比麸星。

5. 蒸馒头法：把标样和试样分别同样做成馒头，要两次发酵。

第一次发酵：称取试样30克置于瓷碗中，加入15毫升酵母液和成面团，并揉至无干面光滑后为止，碗上盖一块湿布，放在38℃左右的保温箱内发酵至面团内部略呈蜂窝状即可（约30分钟）。

第二次发酵：将已发酵的面团用少许干面糅和至软硬适度后，做成馒头形放入碗中，用干布盖上，置于38℃左右的保温箱内醒发约20分钟后，取出放入沸水蒸锅内蒸15分钟，取出，对比粉色麸星。粉色麸星符合哪等，定为哪等。

如果粉色麸星稍次于标准样，但特制粉的灰分低于0.70%，标准粉的灰分低于1.00%时，也认为合格。

（五）杂质的检验

1. 原粮杂质的检验。原粮杂质分为大样检验和小样检验。

（1）大样检验：检验大型杂质和绝对筛层的筛下物。

从平均样品中称取试样约500克，用规定的圆孔筛按筛选法分两次进行筛选，拣出筛上大型杂质与筛下物合并称重，计算大样杂质的百分率。

$$大样杂质（\%）=\frac{大样杂质重量}{大样重量}\times 100$$

双试验结果允许差不超过0.3%，求其平均数，即为检验结果。检验结果取到小数点后第一位。

（2）小样杂质：从检验过大样杂质的试样中分出少量试样，检验与粮粒大小相似的并肩杂质。

从检验过大样杂质的试样中称取试样50克，倒入分析盘中，按质量标准的规定拣出杂质，称重，计算小样杂质的百分率。

$$小样杂质（\%）=\left[100-大样杂质(\%)\right]\times\frac{小样杂质重量}{小样重量}\times 100$$

$$杂质总重（\%）=大样杂质（\%）+小样杂质（\%）$$

如果从检验过大样杂质的试样中，取出一小部分试样，先拣出矿物质，再拣出其他杂质，分别称重，就可以计算出矿物质和其他杂质的百分率。

$$矿物质（\%）=（100-大样杂质）\times\frac{矿物质重量}{试样重量}\times 100$$

$$其他杂质（\%）=（100-大样杂质）\times\frac{其他杂质重量}{试样重量}\times 100$$

$$杂质总量（\%）=大样杂质（\%）+矿物质（\%）+其他杂质（\%）$$

如果不需要进行大样检验时，则采用一步检验，即先用规定筛层筛选，然后拣出杂质，称重，计算杂质的百分率。

$$杂质（\%）=\frac{杂质重量}{试样重量}\times 100$$

双试验结果允许差不超过0.3%，取其平均数，即为检验结果。检验结果取到小数点后第一位。

2. 米类杂质的检验。米类杂质总量中，包括有糠粉、矿物质、其他杂质以及带壳稗粒和稻谷粒等。

（1）糠粉的检验。从平均样品中，称取试样约200克，分两次放入直径1.00毫米圆孔筛内，按每分钟120转的速度筛动2分钟，筛动幅度为8~10厘米。每次筛完倒出试样后，轻拍筛子，使糠粉落入筛底。全部试样筛完后，刷下留存在筛层上的糠粉，合并称重，计算糠粉的百分率。

$$糠粉（\%）=\frac{糠粉重量}{试样重量}\times 100$$

双试验结果允许差不超过0.04%，取其平均值，即为检验结果。检验结果取到小数点后第二位。

（2）矿物质的检验。从检验过糠粉的试样中，拣出矿物质，称重，计算矿物质的百分率。

$$矿物质（\%）=\frac{矿物质重量}{试样重量}\times100$$

双试验结果允许差不超过 0.005%，取其平均值，即为检验结果。检验结果取到小数点后第二位。

（3）其他杂质的检验。从检验过糠粉和矿物质的试样中，按标准规定拣出带壳稗粒、稻谷粒及其他杂质等一并称重，计算其百分率。

$$其他杂质（\%）=\frac{其他杂质重量}{试样重量}\times100$$

双试验结果允许差不超过 0.04%，取其平均值，即为检验结果。检验结果取到小数点后第二位。

（4）杂质总量。

杂质总量（%）=糠粉（%）+矿物质（%）+其他杂质（%）

杂质称重不足 0.01 克，其结果均以 0.01% 表示。计算结果取小数点后第二位。

（5）带壳稗粒和稻谷粒粒数的检验。称取试样 1000 克，拣出带壳稗粒和稻谷粒，分别以粒/公斤表示。如用 500 克试样时，拣出的粒数乘以 2。

双试验结果允许差，稗粒为 3 粒，稻谷粒为 2 粒。

（六）碎米的检验

碎米对米的整齐度和食味均有影响。原粮中的软质粒和裂纹粒，在碾米过程中容易变成碎米，加工工艺不当也会增加碎米的含量。

从检验过杂质的样品中，称取试样约 50 克，放入直径 2.0 毫米圆孔筛内，下接直径 1.0 毫米圆孔筛和筛底，盖上筛盖，按规定进行筛选。筛选后，将留存在直径 1.0 毫米圆孔筛上的碎粒（拣出整粒），称重，即为小碎米重量。留存在直径 2.0 毫米圆孔筛上的试样，按标准规定拣出大碎米，称重，计算百分率。

$$小碎米（\%）=\frac{小碎米重量}{试样重量}\times100$$

$$大碎米（\%）=\frac{大碎米重量}{试样重量}\times100$$

碎米总量（%）=小碎米（%）+大碎米（%）

双试验结果允许差不超过 0.5%，求其平均数，即为检验结果。检验结果取到小数点后第一位。

（七）大米黄粒米的检验

在检验出糙率以后，或者检验碎米的同时，按标准规定拣出黄粒米（小碎米中不检验黄粒米），称重，计算其百分率。

$$黄粒米（\%）= \frac{黄米粒重量}{试样重量} \times 100$$

双试验结果允许差不超过 0.3%，求其平均数，即为检验结果。检验结果取到小数点后第一位。

（八）不完善粒的检验

在检验杂质或黄粒米的同时，按质量标准的规定拣出各种不完善粒（包括大碎米和黄粒米中的不完善粒），称重，计算百分率。

$$不完善粒（\%）= \frac{不完善粒重量}{试样重量} \times 100$$

有大样杂质的试样，计算不完善粒的百分率为：

$$不完善粒（\%）=（100 - 大样杂质百分率）\times \frac{不完善粒重量}{试样重量}$$

双试验结果允许差，大粒、特大粒粮不超过 1.0%，中小粒粮不超过 0.5%，求其平均数，即为检验结果。检验结果取到小数点后第一位。

（九）纯粮率的检验

粮食中的完善粒和不完善粒均属于纯粮。完善粒重量加不完善粒的 1/2 重量占试样重量的百分率，称为纯粮率。纯粮率高，说明杂质和不完善粒少，完善粒多，使用价值高。

$$纯粮率（\%）=100 - \left[杂质总量（\%）+ \frac{不完善粒（\%）}{2} \right]$$

（十）互混检验

称取净稻谷或大米约 10 克，不加挑选地取出整米 200 粒，按质量标准分类规定拣出混有异类的粒数。

糯性米与非糯性米不易鉴别时，用 0.2% 的碘酒浸泡 1 分钟左右，然后洗净。观察米粒着色情况，糯性米粒呈棕红色，非糯性米粒呈蓝色。以粒数计算互混百分率。

$$互混（\%）= \frac{异类粮粒数}{试样粒数} \times 100$$

双试验结果允许差不超过 1%，求其平均数，即为检验结果。检验结果取整数。

另外，还可以在检验不完善粒的同时，按质量标准的规定拣出混有的异色粒，称重，计算其百分率。

$$互混（\%）= \frac{异色粒重量}{试样重量} \times 100$$

双试验结果允许差不超过 1.0%，求其平均数，即为检验结果。检验结果取到小数点后第一位。

（十一）小麦的类型检验

从完善粒中不加挑选地取出 100 粒，先以粒色分类，种皮深红色或红褐色的麦粒达 70 粒及以上者为红麦；种皮白色、乳白色或黄白色的麦粒达 70 粒及以上者为白麦；均不足 70 粒者为混合小麦（即花麦）。

再区分软、硬质。软、硬质一般可用感官鉴别，感官鉴别不清时，可从麦粒中部切断鉴别。观察断面，玻璃状透明体为硬质部分，硬质部分占本粒 1/2 以上的为硬质粒，不足 1/2（包括 1/2）的为软质粒。然后以硬质粒的粒数计算软、硬质的含量。

（十二）小麦粉粗细度的检验

小麦粉粉粒的粗细度，随加工精度的不同而异，加工精度高，粉粒细，而加工精度低，粉粒粗。各等级粉的粗细度都是采用规定的筛号筛绢筛分的，采用的筛号有：CQ20 特料筛绢，孔宽 0.336 毫米；CB30 双料筛绢，孔宽 0.198 毫米；CB36 双料筛绢，孔宽 0.160 毫米；CB42 双料筛绢，孔宽 0.137 毫米。

从平均样品中称取试样 50 克，放入电动筛中（按照标准配置筛绢，筛子转速每分钟 200 转左右），每层放入 5 个直径 5 毫米的橡皮球，关紧粉筛，开动电动机，连续筛动 10 分钟，取出，将各层筛倾斜，转拍筛框并用毛笔把筛上粉集中到一角，倒出称重（小于 0.1 克时不计重），计算百分率。

$$粗细度（\%）= \frac{筛上残留物重量}{试样重量} \times 100$$

双试验结果允许差为 0.5%，取其平均数，即为检验结果。测定结果取到小数点后第一位。

各等级粉的粗细度是：特制粉全部通过 CB36 双料筛绢，留存 CB42 双料筛绢的粉粒不超过 10%；标准粉全部通过 54GG 特料筛绢，留存 CB30 双料筛绢的粉粒不超过 20%；普通粉全部通过 CQ20 特料筛绢。

（十三）小麦粉面筋质的检验

小麦粉的面筋主要由麦胶蛋白和麦谷蛋白组成，其中还含有淀粉、糖类、脂肪、灰分和其他蛋白质等。湿的麦胶蛋白，粘力甚强，富有延伸性；湿的麦谷蛋白凝结力甚强，但无粘力。这两种蛋白质之所以能形成面筋，是由于它们不溶于水，吸水力强，吸水后发生膨胀，分子相互连接形成网络状的整体。因此，面团在发酵过程中产生的二氧化碳气体能被面筋所保持。致使蒸制的馒头或烤制的面包疏松多孔。而面筋的延伸性和弹性均差的小麦粉，则做不成疏松多孔的馒头和面包，所以面筋的含量和性质，是小麦粉品质优劣的重要标志。通常加工精度高的小麦粉，其面筋含量较高。特制粉的湿面筋含量不低于 26%，标准粉不低于 24%，普通粉不低于 22%。

这里介绍湿面筋测定中的水洗法。用感量 0.01 克的天平从平均样品中称取定量试样：特制一等粉 10 克，特制二等粉 15 克，标准粉 20 克，普通粉 25 克。将试样放入洁净的搪瓷碗中，加入相当试样一半的室温清水（20~25℃），用玻璃棒搅和，再用手和成面团至不粘碗不粘手为止，放入盛有水的烧杯中，在室温下静置 20 分钟。将面团放手上，在放有 CQ20 特料筛绢筛的脸盆的水中轻轻揉捏，洗去面团内的淀粉、麸皮等物质；数次更换脸盆中的清水（换水时注意筛上是否有面筋散失），反复揉洗，至面筋团内挤出的水遇碘无蓝色反应为止。将洗好的面筋放在洁净的玻璃板上，用另一块玻璃板压挤面筋，排出面筋中游离水，每压一次后取下玻璃板并擦干；反复挤出水分，直至稍感面筋粘手或粘板时为止，称重，计算百分率。

$$湿面筋（\%）= \frac{面筋重量}{试样重量} \times 100$$

双试验结果允许差不超过 1.0%，求其平均数，即为检验结果。检验结果取到小数点后第一位。

（十四）小麦粉中磁性金属物的检验

混入小麦粉中的磁性金属物，对人体的肠胃是有害的，若混有长度超过 0.3 毫米的针刺状金属物，则危害更大，它会刺破食道、胃壁和肠壁。因此国家标准中规定，小麦粉中磁性金属物含量不得超过 3 毫克/千克，并且不允许有长度超过 0.3 毫米的针刺状金属物。

检验时先从平均样品中称取试样 1 千克，置于磁性金属测定器（电磁铁）内，将电磁铁通电，开动电动机，使试样自阶梯式木板上流下，试样中的磁性金属物被电磁铁吸住，试样流完，切断磁铁电源，将磁性金属物刷下，再用磁铁吸出金属物，将试样反复进行三次操作，称重；或将金属物倒入烧杯中，加入无水四氯化碳，用倾泻法除去漂浮的面粉，将四氯化碳烘干，称重，计算，并检查有无长度超过 0.3 毫米的针刺状金属物存在。

（十五）粮食水分的检验

粮食水分的检验方法很多，目前常用的方法有电烘箱 105℃ 恒重法和 130℃ 法、隧道式电烘箱法、双烘法以及利用电阻、电容、微波、红外线等原理的快速测定法。其中以 105℃ 恒重法为标准方法，用其他方法测定水分时，均须用标准方法进行校对。

颗粒状的粮食，必须加以粉碎后，才能测定它们的含水量。先称取约 30 克试样，拣出大型杂质和矿物质，用圆孔筛（稻谷用 2.0 毫米、小麦 1.5 毫米、大豆和玉米 3.0 毫米、大米 1.0 毫米）筛后，粉碎。细度能通过圆孔筛（稻米、小麦、玉米和大米用直径为 1.5 毫米，大豆为 2.0 毫米）的不少于 90%。

小麦粉和粉碎后的粮食，用精确度为 0.001 克的天平称取 3～5 克试样，在 105℃（±2℃）烘箱中烘 3 小时取出，置于干燥器内冷却至室温，取出称重后，再按以上方法进行复烘，每隔 30 分钟取出冷却称重一次，烘至前后两次重量差不超过 0.005 克为止。如后一次重量高于前一次重量，以前一次重量计算。用减少的重量计算水分百分率。

$$水分（\%）= \frac{烘前试样重量 - 烘后试样重量}{烘前试样重量} \times 100$$

双试验结果允许差不超过 0.2%，求其平均数，即为检验结果。

水分超过（稻谷、小麦和玉米在 18% 以上，大豆在 14% 以上）时，才用两次烘干法。第一次称取整粒粮食约 30 克，在 105℃ 以下烘 30～40 分钟，取出，自然冷却，称重。然后将整粒粮食粉碎，再按上述恒重法测定。两次烘干法的水分计算公式如下：

$$水分（\%）= \frac{W \times W_2 - W_1 \times W_3}{W \times W_2} \times 100$$

式中，W——整粒试样重量（克）；

W_1——整粒试样烘干后重量（克）；

W_2——粉碎试样重量（克）；

W_3——粉碎试样烘干后重量（克）。

（十六）粮食灰分的检验

粮食经高温灼烧使粮食中的有机物质氧化燃烧变成气体逸出，剩下矿物质变成氧化物留在残渣中，这些残渣叫做灰分。粮食灰分含量一般约在2%左右，所含的元素主要有钾、钠、钙、镁、磷、硫、硅等，其中以钾、磷、镁含量最多，其次是钙、硅、钠、硫及其他微量元素。

灰分在粮粒内的分布极不均匀，胚乳灰分含量最低，胚部次之，而皮层最高。如小麦籽粒，全粒灰分含量（占干物质）为1.7%左右，胚乳中的灰分含量为0.6%左右，胚部和皮层的灰分为0.5%~0.7%之间。由于皮层和胚部的灰分含量较大，所以成品粮加工精度低的比加工精度高的灰分含量高。因此，可以根据成品粮灰分的含量高低来检验其加工精度。

粮食灰分是利用灰化法来测定的。以500~550℃高温灼烧法为标准方法，如用其他方法测定时，可用此法校对。

称取试样2~3克，置于恒重的坩埚内，在分析天平上称重（准确至0.0002克），放在电炉上错开坩埚盖，加热至试样完全炭化为止，然后把坩埚放在高温炉口片刻，再移入炉膛内，错开坩埚盖，关闭炉门在500~550℃温度下灼烧2~3小时。在灼烧过程中，可将坩埚位置调换1~2次，灼烧至黑点完全消失，变为灰白色或白色为止。将坩埚移至炉口冷却后，再移入干燥器内冷却至室温，称重。再依前法灼烧、冷却、称重，直到坩埚及灰分重量不变为止。如最后一次重量增加，以前一次重量计算灰分百分率。

$$灰分（\%）=\frac{烧后灰分及坩埚重量-坩埚重量}{试样重量}\times100$$

双试验结果允许差不超过0.03%，求其平均数，即为检验结果。检验结果取到小数点后第二位。

干物质的灰分按下列公式计算：

$$干物质的灰分（\%）=\frac{g\times100}{G}\times\frac{100}{100-W}$$

式中，g——灰分重量（克）；

G——试样重量（克）；

W——试样水分的百分率（%）。

（十七）粉类粮食含沙量的检验

在粉类粮食中含有细沙的量称为含沙量，而感官鉴定法上叫做牙碜程度。含沙量超过一定限度时，既影响食用品质，又有害于人体健康，因此，对粉类粮食含沙量的限制是比较严的。含沙量的测定是根据沙子和粉类比重不同的原理来进行的，如四氯化碳分离法。

检验时先量取 70 毫升四氯化碳，注入细沙分离漏斗内，加入试样 10克，搅拌三次（每 5 分钟搅拌一次，玻璃棒要在漏斗的中上部搅拌），静置 20～30 分钟，将浮在上面的面粉用角勺取出，再将分离漏斗球形中的四氯化碳和泥沙放入已知重量的坩埚内，再用四氯化碳冲洗球体两次，将坩埚内的四氯化碳尽量倒净，放在有石棉网的电炉上烘干后放入干燥器，冷却称重，计算其百分率。

$$含沙量（\%）=\frac{坩埚和细沙重量-坩埚重量}{试样重量}\times100\%$$

双试验结果允许差不超过 0.005%，以最高含量的试验结果为检验结果。检验结果取到小数点后第二位。

（十八）粮食脂肪酸值的检验

脂肪酸值是中和 100 克试样的脂肪酸所需要的氢氧化钾毫克数。粮食在储存期间，尤其在粮食含水量大和温度较高的情况下，脂肪容易水解，脂肪酸的增加比较显著。因此，通过脂肪酸值的测定，可以判断粮食品质的变化情况。由于脂肪酸不溶于水而溶于有机溶剂，通常利用苯来浸出试样中的脂肪酸，然后用氢氧化钾或氢氧化钠的酒精溶液进行滴定，从而求得脂肪酸值。

从平均样品中分取样品约 80 克，粉碎，使 90% 以上试样通过 40 目筛。粉碎后试样如放置于 20℃ 以上室温，脂肪酸会很快增加，因此，必须及时进行检验。

称取试样 20±0.01 克（脂肪酸值高于 60 毫克氢氧化钾/100 克时称试样 10 克），倒入 200～250 毫升带塞锥形瓶中，加入苯 50 毫升，加塞，摇动几秒钟后，打开塞子放气，再盖紧瓶塞放在振荡器振荡 30 分钟（或用手振荡 45 分钟），取出，将瓶倾斜静置数分钟，使液体澄清。用快速滤纸过滤，去掉最初几滴滤液后用 25 毫升比色管或量筒收集滤液 25 毫升并立即准确调节至刻度。然后将 25 毫升滤液移入锥形瓶中，再用原比色管或量筒量取 25 毫升酚酞乙醇溶液加入锥形瓶中，立即用 0.01N 氢氧化钾（或氢氧化钠）乙醇（95%）标准溶液滴定至呈现微红色，半分钟内不消失为止。记下所耗用氢氧化钾（或氢氧化钠）乙醇标准溶液的毫升数（V_1）。另取 25 毫升酚酞乙醇溶液用 0.01N 氢氧化钾（或氢氧化钠）乙醇（95%）标准溶液滴定，记下耗用氢氧化钾乙醇溶液毫升数（V_0）。脂肪酸值以中和 100 克粮食试样中游离脂肪酸所需氢氧化钾毫克数表示。脂肪酸值按下式计算：

$$脂肪酸值（毫克氢氧化钾/100 克）= (V_1 - V_0)N \times 56.1 \times \frac{50}{25} \times \frac{10000}{W(100-M)}$$

式中，V_1——滴定试样用去的氢氧化钾乙醇溶液体积（毫升）；

V_0——滴定 25ml 酚酞乙醇溶液用去的氢氧化钾乙醇溶液体积（毫升）；

50——浸泡试样用苯的体积（毫升）；

25——用于滴定的滤液体积（毫升）；

N——氢氧化钾（或氢氧化钠）乙醇标准溶液的当量浓度；

W——试样重量（克）；

M——试样水分百分率（%）（测定面粉脂肪酸值时按湿基计算，不必减去水分）；

100——换算为 100 克试样重量。

双试验结果允许差，脂肪酸值在 51 以上的不超过 5 毫克氢氧化钾/100 克；在 50 以下的，不超过 3 毫克氢氧化钾/100 克。求其平均数，即为检验结果，检验结果取到小数点后第一位。

第三节　粮食的卫生标准

我国粮食卫生标准（GB 2715—2005）对粮食的感官要求、粮食中有毒有害菌类、植物种子、真菌毒素、污染物、农药最大残留量等规定如表 1-1 ~ 表 1-5 所示。

表 1-1　　　　　　　　　粮食的感官要求

项　　目		指　　标
热损伤粒/（%）		
小麦	≤	0.5
霉变粒/（%）	≤	2.0

注：热损失粒：由于微生物或其他原因产热而改变了正常颜色的籽粒。霉变粒：粒面明显生霉并伤及胚和胚乳（或子叶）、无食用价值的颗粒。

表1-2   有毒有害菌类、植物种子指标

项　目		指　标
麦角/（%）		
大米、玉米、豆类	≤	不得检出
小麦、大麦	≤	0.01
毒麦/（粒/千克）		
小麦、大麦	≤	1
曼陀罗籽及其他有毒植物的种子（粒/千克）		
豆类	≤	1

注：麦角：寄生在禾本科植物子房内的真菌形成的菌核。
　　毒麦：禾本科草本植物的颖果。

表1-3   真菌毒素限量指标

项　目		限量（μg/kg）
黄曲霉毒素 B1		
玉米	≤	20
大米	≤	10
其他	≤	5
脱氧雪腐镰刀菌烯醇（DON）		
小麦、大麦、玉米及其成品粮	≤	1000
玉米赤霉烯酮		
小麦、玉米	≤	60
赭曲霉毒素 A		
谷类、豆类	≤	5

表1-4   污染物限量指标

项　目		限量（mg/kg）
铅（Pb）	≤	0.2
镉（Cd）		
稻谷（包括大米）、豆类	≤	0.2
麦类（包括小麦粉）、玉米及其他	≤	0.1
汞（Hg）	≤	0.02
无机砷（以 As 计）		
大米	≤	0.15
小麦粉	≤	0.1
其他	≤	0.2

表 1 – 5　　　　　　　　　　　农药最大残留量

项　目		最大残留量/（mg/kg）
磷化物（以 pH₃ 计）	≤	0.05
溴甲烷	≤	5
马拉硫磷		
大米	≤	0.1
甲基毒死蜱	≤	5
甲基嘧啶磷		
小麦、稻谷	≤	5
溴氰菊酯	≤	0.5
六六六	≤	0.05
林丹		
小麦	≤	0.05
滴滴涕	≤	0.05
氯化苦（以原粮计）	≤	2
七氯	≤	0.02
艾氏剂	≤	0.02
狄氏剂	≤	0.02
其他农药		按 GB 2763 的规定执行

第二章

食用油脂的检验

本章学习提要与目标

　　了解食用油脂的扦样和分样方法及食用油脂的卫生标准，掌握食用油脂的感官检验和理化检验方法，学会对食用油脂的质量进行初步鉴定。

第一节　扦　　样

一、扦样工具

（一）扦样管

扦样管适用于桶装油扦样，为内径 1.5～2.5 厘米、长约 120 厘米的玻璃管。

（二）扦样筒

扦样筒适用于散装油扦样，用圆柱形铝筒制成，容量约 0.5 升，有盖底和筒塞。在盖和底的两圆心处装有同轴筒塞各一个，作为进样用。盖上有两个提环，系以细绳，筒底有三足。

（三）样品瓶

磨口瓶，容量 1～4 千克。

二、扦样方法

（一）桶装油扦样法

桶装油扦样数量规定如下：7 桶以下，逐桶扦样；10 桶以下，不少于 7 桶；11～50 桶，不少于 10 桶；51～100 桶，不少于 15 桶；101 桶以上，不少于 15 桶。扦取的桶点要分布均匀。

扦样时要将油脂搅拌均匀，用扦样管缓慢地自桶口斜插到桶底，然后堵压上口提出扦样管，将油样注入样品瓶内。如指定扦取某一部位油样时，先用拇指堵压扦样管上孔，插至要扦取的部位放开拇指，待扦取部位的油样进入管中后，立即堵压上孔提出，将油样注入样品瓶内。如扦取的样品数量不足 1 千克时，可增加扦样桶数，每桶扦取数量要一致。

（二）散装油扦样法

散装油以一个油池、一个油罐、一个车槽为一个检验单位。按散装油的高度，等距离分为上、中、下三层，上层距油面约 40 厘米，中层在油层中间，下层距油池底板 40 厘米处，三层扦样数量比例为 1：3：1（卧底油池、车槽为 1：8：1）。油脂在 500 吨以下扦样数量不少于 1.5 千克；501～1000 吨的不少于 2.0 千克；1001 吨以上的不少于 4.0 千克。扦样时，将扦样筒关闭筒塞，沉入扦样部位后，提动筒塞上的细绳，让油进入筒内，提起样筒扦取油样。

（三）输油管流动油取样

根据油脂数量和流量，计算流动时间，采用定时、定量法用油勺在输油管出口处取样。

扦取的油脂样品经充分摇动混合均匀后，分出 1 千克，作为平均样品备用。

第二节 食用油脂的检验

一、感官检验

（一）气味和滋味

取少量油样注入烧杯中，加热至 50℃，用玻璃棒边搅拌边嗅其气味，同时尝其滋味。凡具有该油固有的气味和滋味，无异味的为合格；不合格的应注明异味情况。

（二）色泽

油脂色泽通常采用感官鉴定法进行鉴定。取混匀过滤的试样注入 50 毫升比色管中，在白色幕前借反射光观察试样的颜色。油脂的色泽有柠檬色、淡黄色、黄色、橙黄色、棕色、棕红色、棕褐色和青绿色。

油脂色泽除用感官鉴定法进行鉴定外，一般多采用比色法进行测定。比色法有罗维朋比色计法、重铬酸钾法、光电比色法等。

二、理化检验

（一）透明度

量取试样 100 毫升注入比色管中，在 20℃温度下静置 24 小时后，先将比色管置于明亮处观察，然后再移置于乳白灯泡前或利用白色纸的反射光线进行观察，记录观察结果。观察结果以"透明"、"微浊"、"混浊"表示。

（二）加热试验（280℃）

取混匀试样约 50 毫升注入 100 毫升烧杯内，置于带有沙浴盘的电炉上加热，用铁支柱悬挂温度计（300～350℃），使水银球恰好在试样中心，掌握在16～18分钟内，使油温升至280℃（亚麻子油加热至289℃），停止加热，取下烧杯，趁热观察析出物多少和油色变化情况；待冷却至室温后，再观察一次。

试验结果以油色不变、油色变深、油色变黑、无析出物、有微量析出物、多量析出物以及有刺激性异味等表示。

（三）相对密度

用液体相对密度天平测定油脂的相对密度。按照仪器使用说明，先将仪器校正好，然后取混匀、过滤的试样进行测定，记录测得数值和温度，按下列公式计算油脂相对密度（20/4℃）：

$$相对密度（20/4℃）=\left[d_{t_2}^{t_1}+0.00064\times(t_1-20)\right]\times d_{t_2}$$

式中，$d_{t_2}^{t_1}$——在油温 t_1℃和水温 t_2℃时测得的相对密度；

$\quad\quad t_1$——测定相对密度时的油温（℃）；

$\quad\quad t_2$——测定相对密度时的水温（℃）；

$\quad\quad 0.00064$——油脂在10～30℃之间每差1℃时的膨胀系数（平均值）；

$\quad\quad d_{t_2}$——水在 t_2℃时的密度。

双试验结果允许差不超过0.0004，求其平均数，即为检验结果。检验结果取到小数点后第四位。

（四）折光指数

折光指数是指光线由空气中进入油脂中入射角正弦与折射角正弦之比。

按照阿贝氏折射计使用说明，先将仪器校正好。放平仪器，用脱脂棉蘸乙醚揩净上下棱镜，在温度计座处插入温度计；用已知折光指数的物质校正仪器，如不符合校准物质的折光指数时，用小钥匙拧动目镜下方的小螺丝，把明暗分界线调整正切在十字交叉线的交叉点上。

然后用圆玻璃棒取混匀、过滤的试样两滴，滴在棱镜上（玻璃棒不要触及镜面），转动上棱镜，关紧两块棱镜，约经3分钟等试样温度稳定后，拧动阿西米棱镜手轮和棱镜转动手轮，使视野分成清晰可见的两个明暗部分，其分界线恰好在十字交叉的焦点上，记下标尺读数和温度。

标尺读数，即为测定温度条件下的折光指数值。如测定温度不在20℃时，必须按下列公式换算为20℃时的折光指数（n^{20}）。

$$n^{20}=n^t+0.00038(t-20)$$

式中，n^{20}——油温在20℃时的折光指数；

n'——油温在 t℃时测得的折光指数;

t——测定折光指数时的油温;

0.00038——油温在 10～30℃范围内每差 1℃时折光指数的校正系数。

（五）水分及挥发物

采取电烘箱105℃恒重法。用已烘至恒重的 50 毫升称量皿称取混匀试样约 10 克（准确到 0.001 克），放入 105 ± 2℃的电烘箱内烘 40 分钟，取出，置于干燥器中，冷却至室温，称重并记下（准确到 0.001 克），然后再烘 20 分钟，取出再置于干燥器内冷却、称重，直至前后两次重量差不超过 0.001 克为止。如果后一次重量稍高于前一次重量，以前一次重量计算。

$$水分及挥发物（\%）= \frac{烘前试样重量 - 烘后试样重量}{烘前试样重量} \times 100$$

双试验结果允许差不超过 0.04%，求其平均数，即为检验结果。检验结果取到小数点后第二位。

（六）酸价

称取混匀试样 3～5 克（准确到 0.001 克）置于锥形瓶中，加入 50 毫升中性乙醚乙醇（2:1）混合液，摇动使油溶解（必要时可置于热水中，温热促其溶解，冷却至室温），加入 2～3 滴 1% 酚酞乙醇溶液，立即用氢氧化钾标准溶液（0.050 摩尔/升）滴定至初现微红色，且在 0.5 分钟内不褪色为止，记下所消耗氢氧化钾溶液的体积（毫升）（V）。计算公式如下:

$$酸价（毫克氢氧化钾/克油）= \frac{V \times N \times 56.11}{试样重量}$$

式中，V——滴定消耗氢氧化钾标准溶液的体积（毫升）;

N——氢氧化钾标准溶液的浓度（摩尔/升）;

56.11——与 1 毫升氢氧化钾标准溶液相当的氢氧化钾重量（毫克）。

双试验结果允许差不超过 0.2 毫克氢氧化钾/克油，求其平均数，即为检验结果。检验结果取到小数点后第一位。

（七）杂质

称取混匀试样 10 克（准确到 0.001 克）置于洁净的烧杯中，加入约 20 毫升石油醚（沸点 60～90℃），用玻璃棒搅拌使试样充分溶解。静置片刻，将溶液沿着玻璃棒缓缓倾泻到已烘至恒重 2 号过滤坩埚中过滤并同时进行抽滤。用石油醚少量多次洗净烧杯和玻璃棒，全部倒到过滤坩埚中。用 5 毫升注射器吸取石油醚洗涤沉淀过滤坩埚内壁及不溶物，直至洗净无油迹为止。待过滤坩埚中石油醚挥发后，将过滤坩埚放入 105±2℃ 电烘箱中烘 40 分钟，取出放入干燥器内冷却至室温后称重（准确到 0.001 克），此后每烘 20 分钟冷却、称重一次，直至恒重（前后两次重量差不超过 0.003 克）。计算杂质的百分含量：

$$杂质（\%）= \frac{坩埚和杂质重量 - 坩埚重量}{试样重量} \times 100$$

双试验结果允许差不超过 0.03%，求其平均数，即为检验结果。检验结果取到小数点后第二位。

（八）含皂量

油脂经过碱炼后，残留于油脂中的肥皂数量（以油酸钠计），称为含皂量。一般规定含皂量不得超过 0.03%，含皂量过大时，对油脂的透明度有很大影响。

称取混匀试样 10 克，注入干燥的锥形瓶（250 毫升）中，加入 95% 乙醇 10 毫升和石油醚（沸点 60~90℃）60 毫升，摇匀，使试样完全溶解后，缓慢加入 80℃ 蒸馏水 80 毫升，振摇使其成乳状，滴入 3 滴 0.2% 甲基红乙醇溶液，趁热用微量滴定管滴入 0.02N 硫酸溶液，每滴一滴，振摇一次，滴至分层后下层溶液颜色呈微红色为止。含皂量按下式计算：

$$含皂量（\%）= \frac{V \times N \times 0.304}{试样重量} \times 100$$

式中，V——滴定时用去的 0.02N 硫酸溶液体积（毫升）；

N——硫酸溶液的当量浓度；

0.304——每毫克当量硫酸相当于油酸钠的克数。

双试验结果允许差不超过 0.02%，求其平均值，即为检验结果。检验结果取到小数点后第二位。

（九）磷脂

磷脂是由甘油、脂肪酸、磷酸和含氮的有机碱所组成的一种比较复杂的脂质。它是脂溶性物质，在制油工艺中很容易混入油脂中，影响油脂质量，同时它又是亲水性物质，能使油脂中水分增多，促使油脂水解和酸败。

重量法测定磷脂的含量。采用在 100 毫升烧杯中注入混匀的油样约 25 克，加热至 80℃，加水 2～2.5 毫升，充分搅拌使之水化，在室温下静置过夜，或进行离心沉淀，倾出上层清液，用已知恒重的滤纸（或用抽气装置抽滤）进行过滤，待滤液全部滤出后，用冷的丙酮把杯内残留的沉淀冲洗入滤纸中，继续用丙酮洗涤滤纸和沉淀，洗至无油迹为止。待滤纸和沉淀上的丙酮挥尽后，送入 105℃烘箱中烘至恒重。磷脂的百分含量按下式计算：

$$磷脂（\%）=\frac{沉淀物重量}{试样重量}\times100$$

双试验结果允许差不超过 0.04%，求其平均值，即为检验结果。检验结果取到小数点后第二位。

（十）碘值

在天然油脂中，含有不饱和脂肪酸和饱和脂肪酸。不饱和脂肪酸不论在游离状态还是结合成甘油脂状态都能在不饱和的双链上与卤素起加成反应，如油酸可与一分子卤素加成，亚油酸能与二分子卤素加成，亚麻酸能与三分子卤素加成。由于组成每种油脂的各种脂肪酸都有一定的范围，所以油脂吸收卤素的能力就成为它的特性常数之一。

油脂吸收卤素的程度常以碘值（也称碘价）来表示。碘值是指每百克油脂所能吸收碘的克数。

称取 0.3173～0.3966 克（准确到 0.0001 克）干燥过滤的混匀试样，置于洁净、干燥的碘价瓶中，加入 10 毫升氯仿，轻轻摇动使试样溶解，用滴定管准确加入 25 毫升 2% 溴化碘冰乙酸溶液，迅速盖好碘价瓶塞，摇匀并用除去二氧化碳的蒸馏水封好瓶口，放在 20℃以上暗处静置 30 分钟，到时立即加入 15 毫升 10% 的碘化钾溶液和 50 毫升除去二氧化碳的蒸馏水，即刻用 0.1 毫摩尔/毫升 $\frac{1}{2}$ 硫代硫酸钠溶液滴定，待试样溶液呈浅黄色时，加入 1 毫升 1% 的淀粉指示液，此时呈现蓝黑色，继续滴定，当变为蓝灰色时，滴定速度要慢，每滴一滴充分摇动碘价瓶，直至上层呈无色透明为滴定终点，记下消耗硫代硫酸钠标准溶液的毫升数。同时做两个试剂空白溶液试验（除不加油样外，其余试验程序完全相同），记录空白溶液试验所消耗的硫代硫酸钠标准溶液毫升数，取其平均值。

$$碘值=\frac{(V_2-V_1)\times N\times0.1269}{试样重量}\times100$$

式中，V_1——试样所耗用的硫代硫酸钠标准溶液的体积（毫升）；

V_2——试剂空白溶液所耗用的硫代硫酸钠标准溶液的体积（毫升）；

N——$\frac{1}{2}$硫代硫酸钠标准溶液的浓度（毫摩尔/毫升）；

0.1269——碘离子的摩尔质量（克/毫摩尔）。

双试验结果允许差不超过0.6，求其平均值，即为检验结果。检验结果取到小数点后第一位。

（十一）过氧化值

油脂与空气中的氧发生氧化作用所产生的过氧化物是油脂自动氧化的初级产物。它具有高度活性，能够迅速地继续变化，分解为醛酮类和氧化物等，致使油脂酸败变质。因此通过过氧化值的测定，可以作为油脂酸败的定性和定量检验的参考。

油脂过氧化值，以每公斤油脂中过氧化物氧的毫克当量数（毫克当量过氧化物氧/公斤油）来表示。

精确称取2～3克（准确到0.0001克）混匀、过滤试样置于250毫升碘价瓶中，加入10毫升氯仿和15毫升乙酸轻轻摇动，使试样溶解。再加入1毫升饱和碘化钾溶液，立即加塞轻轻摇匀，在暗处放置3分钟，用50毫升大肚吸管准确加入50毫升无二氧化碳蒸馏水，轻轻摇匀，即刻用0.01（毫摩尔/毫升）$\frac{1}{2}$硫代硫酸钠标准溶液滴定，待至呈黄色时，加入1毫升0.1%淀粉指示剂，继续慢慢滴定至蓝色消失上层呈现无色透明状为止，记下消耗的硫代硫酸钠标准溶液的毫升数。同时做试剂空白溶液试验。

$$过氧化值（毫克当量过氧化物氧/千克油）= \frac{(V_2 - V_1) \times N}{2 \times 试样重量} \times 1000$$

式中，V_1——试样所耗用的硫代硫酸钠标准溶液的体积（毫升）；

V_2——试剂空白溶液所耗用的硫代硫酸钠标准溶液的体积（毫升）；

N——$\frac{1}{2}$硫代硫酸钠标准溶液的浓度（毫摩尔/毫升）；

$\frac{1}{2}$——换算成硫代硫酸钠摩尔浓度的系数。

双试验结果允许差不超过0.2（毫摩尔/千克），求其平均值，即为检验结果。检验结果取到小数点后第一位。

（十二）非食用油脂

为了保证食用油脂的食用安全，必要时需要检查食用油脂中是否混杂有非食用油脂。非食用油脂一般是指桐油、蓖麻油、梓油和矿物油。

1. 桐油的检出：第一种方法适用于菜油、花生油、茶油中混有桐油的检出（含量0.5%即可检出），但不适用于深色油。

取油样1毫升注入试管中，然后沿管壁加入10%（*W/V*）三氯化锑氯仿溶液1毫升，使试管内液体分为两层，将试管置入水浴锅中加热8～10分钟，在两种液体分界面上如出现紫红色至深咖啡色的环，说明有桐油存在。

第二种方法适用于豆油、棉籽油及深色油中混有桐油的检出，但不适用于芝麻油。

取油样5～10滴于试管中，加石油醚约2毫升，使其溶解，必要时，进行过滤。在滤液中加入10*N*硫酸1毫升，加入少量亚硝酸钠晶体，摇匀，静置。桐油存在时，油液呈浑浊，出现絮状团块，初呈白色，放置后变黄。

2. 蓖麻油的检出：取少量油样置于镍蒸发皿中，加氢氧化钾一小块，慢慢加热，使其熔融。再将熔融物加水溶解，加入过量氯化镁溶液，使脂肪酸沉淀，过滤。滤液用稀盐酸调节成酸性，如有结晶析出，说明有蓖麻油。

3. 梓油的检出：取澄清的油样1毫升，置于小三角瓶中，加入乙醚20毫升，使之溶解。充分混合后，将三角瓶置于冷水中，再用滴管缓缓滴入浓溴液，直到溶液保持鲜明的红色，显示有过量的溴液为止。充分摇动烧瓶，静置于冷水中。15分钟后，溶液应当仍然是完全澄清的，如有溴化物沉淀，表明含有梓油。

溴蒸汽能刺激眼、鼻粘膜及呼吸道，液溴能灼伤皮肤，在做上述试验时，应戴橡皮手套，在通风橱内进行。

4. 矿物油的检出：取试样1毫升放入三角瓶中，加入3:2的氢氧化钾溶液1毫升及无水乙醇25毫升，安装空气冷凝管，加热回流进行皂化约5分钟，并不断加以振荡，再加入25毫升沸水。如溶液浑浊，表明混有矿物油。浑浊程度严重者，说明矿物油含量多。

此法可检出含量在0.5%以上的矿物油。如矿物油是挥发性的，在皂化时即可嗅出气味。

第三节 食用油脂的卫生标准

一、食用植物油卫生标准

（一）感官要求

具有产品正常的色泽、透明度、气味和滋味，无焦臭、酸败及其他异味。

（二）理化指标

理化指标应符合表2-1的规定。

表2-1 　　　　　　食用植物油理化指标

项 目		指 标	
		植物原油	食用植物油
酸价* （KOH）/（mg/g） ≤		4	3
过氧化值*/（g/100g） ≤		0.25	0.25
浸出油溶剂残留/（mg/kg） ≤		100	50
游离棉酚/（%）			
棉籽油 ≤		—	0.02
总砷（以As计）/（毫克/千克） ≤		0.1	0.1
铅（Pb）/（毫克/千克） ≤		0.1	0.1
黄曲霉毒素 B₁/（微克/千克）			
花生油、玉米胚油 ≤		20	20
其他油 ≤		10	10
苯并（a）芘/（微克/千克） ≤		10	10
农药残留		按 GB2763 的规定执行	
*栏内项目如具体产品的强制性国家标准中已作规定，按已规定的指标执行。			

二、食用动物油脂卫生标准

（一）感官要求

无异味、无酸败味。

（二）理化指标

理化指标应符合表 2-2 的规定。

表 2-2　　　　　　　食用动物油脂理化指标

项　目		指　标
酸价（KOH）/（毫克/克）		
猪油	≤	1.5
牛油、羊油	≤	2.5
过氧化值/（克/100 克）	≤	0.20
丙二醛/（毫克/100 克）	≤	0.25
铅（Pb）/（毫克/千克）	≤	0.2
总砷（以 As 计）/（毫克/千克）	≤	0.1

第三章

肉及肉制品的检验

━━━━━━━━━━━━━ **本章学习提要与目标** ━━━━━━━━━━━━━

　　掌握肉及肉制品的感官检验和理化检验方法，学会在生活中对肉及肉制品的质量进行感官鉴定，在实验室条件下对肉及肉制品的质量进行理化鉴定。

第一节　肉及肉制品的感官检验

一、肉的感官检验

（一）外观和色泽

　　新鲜肉的外表具有淡玫瑰色或淡红色干膜，切面轻度湿润，不发粘，具有各种家畜肉特有的色泽，肉汁透明。

　　次鲜肉的外表覆有干枯的硬膜或粘液（触之粘手），有时被覆有霉层，硬膜发黑，切面暗而湿润，轻度发粘，肉汁混浊。

　　变质肉的外表，或很干硬或很湿润，发粘，覆有霉层，呈灰色或淡绿色，切面湿润，发粘，呈褐红色、灰色或淡绿色。

（二）弹性

　　用手指按压肉表面，观察指压凹复平的速度。新鲜肉富有弹性，结实紧密，指压凹很快复平；次鲜肉弹性较差，指压凹慢慢地复平（在1分钟之内）；变质肉的指压凹往往不平复。

（三）气味

这是最具有代表性的一项指标。首先判定肉的外部气味，然后用净刀切开立即判定肉深层的气味。应特别注意发现骨骼周围肌肉层的气味，因为这些部位会较早地进入腐败。

新鲜肉具有各种家禽肉特有的气味。当肉腐败变质时，则丧失正常的气味，并发出酸臭、霉败或腐烂的臭味。

气味的检验宜在 15～20℃的温度下进行，因在较低的温度下，气味不易挥发，判定有一定的困难。在检验大批肉样时，为了不发生误判，应首先检查腐败程度较轻的肉样。

（四）脂肪

新鲜牛肉的脂肪呈白色、淡黄色或黄色，硬度结实，无不良气味。新鲜羊肉的脂肪呈白色，压碎时坚硬，无不良气味。新鲜猪肉的脂肪呈白色，柔软富有弹性，无不良气味。

次鲜牛羊肉的脂肪暗淡无光，呈淡灰色，压碎时轻度粘手，有时生霉，有轻度脂化气味。次鲜猪肉的脂肪呈淡灰色，无光泽，有时生霉，有轻度脂化气味。

变质肉的脂肪呈污灰的色泽，表面粘化，有时覆有霉层，发出哈喇或强烈的酸败气味。严重腐败时，脂肪呈污浊的淡绿色，状如软膏。

（五）骨髓

新鲜肉的骨髓充满骨髓腔，具有弹性，呈黄色，断面有光泽，不脱离骨管。

次鲜肉的骨髓脱离骨管壁，变软，模糊不清，呈污白色或灰色，断面无光泽。

变质肉的骨髓不充满骨髓腔，状如软膏，暗淡无光，常呈污灰色。

（六）筋腱

新鲜肉的筋腱富有弹性，坚韧，关节面光滑有光泽，囊内滑液透明。

次鲜肉的筋腱有某些软化，呈无光泽的白色或淡灰色，关节面覆有粘液，滑液混浊。

变质肉的筋腱湿润，呈污灰色，覆盖粘液，滑液呈稀脓状。

（七）煮沸试验

向烧瓶中装入 20 ~ 30 块（每块约 2 ~ 3 克重）无可见脂肪的肉块，加水浸没，瓶口用表玻璃盖住，将内容物加热煮沸，拿去表玻璃，迅速嗅闻蒸汽的气味。然后观察肉汤的透明度和表面浮游脂肪的状态。

新鲜肉的肉汤散发出令人愉快的芳香，肉汤透明，表面浮有大的油滴。

次鲜肉的肉汤无香味，往往具有腐败肉的气味，肉汤混浊，表面油滴小。

变质肉的肉汤发出腐臭和酸败脂肪的气味，肉污秽而带有絮片，肉汤表面几乎不见油滴。

二、肉制品的感官检验

（一）腌腊制品的感官检验

腊制品是利用食盐在制品水分中溶解形成的高渗作用，使肉脱水干燥，同时制止有害微生物的繁殖，而使肉具有防腐作用，从而延长了肉的保存时间，并增加了肉的风味和颜色。腌腊制品主要有火腿、腌肉、香肠、香肚、板鸭等产品。

腌腊制品的感官检验在于判定其外表和切面的状态、色泽、弹性和气味。

1. 检验方法。

（1）外观。首先观察肉制品表面是否干燥清洁，有无霉迹、发粘、生虫、脂肪氧化黄哈等现象。

（2）组织状态及色泽。观察切面肌肉及脂肪颜色，手摸肉质的紧密、坚实程度。

（3）气味。为了检验肌肉深部的气味，采用打签检验方法。

①检验工具：竹签，一端尖，一端粗，长 20 ~ 25 厘米。

②操作方法：将竹签尖端刺入检验部位，然后拔出并迅速嗅检竹签上的气味，以评定其质量。在第二次打签前，应擦去前一次染签的气味或另换一签。当检验人员多次嗅检后，由于嗅觉可能麻痹失灵，容易发生误判，故应间隔一定时间再嗅检。

③打签部位和方法：打签的部位多在骨骼、关节附近，因为这些部位经常由于肉体冷却不透或腌制不当，致使其周围组织出现腐败过程。

1）整片腌肉通常用五签。

第一签：由后腿肌肉打入髓关节及肌肉深处。

第二签：从股内侧透过肌肉打入股关节。

第三签：从胸部脊椎骨下面打入背部肌肉。

第四签：从胸腔肌肉打入前肢关节。

第五签：从颈椎骨上方斜向打入肩关节。猪头可在耳根部和领骨之间及咬肌内外面打签。

2）火腿通常用三签。

上髀签：在蹄髈部分双髌骨附近、股骨、胫骨关节处打签。

中髀签：在商品切块规格中的中方，髋骨部分与中髀骨（即髋关节）附近打签。

下髀签：在商品切块规格中的中方与油头间（即尾骨和扇子骨下），髋骨与椎骨间打签。

注：打签后用油脂封闭签孔，以利保存，用过的竹签应用碱水煮沸消毒。

（4）虫蛀检查。可于黎明前，在火腿堆放处静听，若有"沙沙"之声，表示火腿内部有虫存在，然后再于白天仔细观察。如在火腿堆放附近有苍蝇，则表示制品可能有蛆存在；如发现硬壳虫，则表示可能深层有毛虫。

2. 主要腌腊制品感官检验评定。

（1）咸肉。系指采用鲜猪肉经过干腌加工而成的肉制品。

①优质：皮肤干硬清洁，呈苍白色，没有霉菌、生虫、粘液；肉质紧密结实，呈玫瑰或微红色，切面光泽均匀；脂肪呈白色或带微红；具有咸肉固有的风味。

②次质：脂肪外表呈微黄色，切面光泽，气味正常，应割除黄哈喇部分。

③劣质：外表呈暗色，皮滑软粘糊（皮表覆盖如豆腐渣薄层），肉质结构疏松，无光泽，切面暗红色或灰绿色，肉色不均匀，有严重的酸臭味、腐败味或严重的油哈喇味者，均应销毁。

④虫害：咸肉有部分虫蚀，其他部分正常者，应割除虫蚀部分，严重虫蛀咸肉，应予销毁。

（2）腊肉、腊肠。系指用鲜猪肉切成条状脂制（腊肉）或切碎脂制灌入肠衣（腊肠）后，经烘焙或晾晒而成的肉制品。

①优质：肉色泽鲜明，呈鲜红或暗红色；脂肪透明或乳白色；肉质干爽结实，有弹性，指压后不留明显压痕，具有腊肉风味。

②次质：肉色泽稍淡，呈暗红或咖啡色；脂肪乳白色，表面稍有霉点，但抹去后不留痕迹；肉质稍软，尚有弹性，指压痕易复原；风味略

逊，脂肪略有酸败味。

③劣质：肉灰暗无光，脂肪黄色，表面有明显霉点，抹去后仍留有痕迹；肉质松软，无弹性，指压痕不易复原，带粘液；脂肪有明显酸败味或其他异味。不可食用，应予销毁。

（3）火腿。系指用鲜猪肉后腿经过干腌（洗、晒），加工而成的肉制品。

①优质：皮坚硬洁净，皮面呈淡黄或棕黄色；腿肉表面干燥清洁，肌肉切面平整，致密而结实，呈玫瑰红色或桃红色；脂肪切面为白色或略带玫瑰色彩，有光泽；具有火腿特有的香味。

②次质：火腿外表轻度发霉和发粘，腿肉切面平整，较致密而稍软，呈暗红色或深玫瑰红色；脂肪切面淡黄色或白色，而光泽较差；稍有酱味或豆豉味，稍有酸味，尚可食用。

③劣质：腿肉表面湿润发粘，松软，尤以骨周围组织更为明显，有严重虫蛀或霉烂现象；肌肉切面呈酱色，且有各色斑点，肉质松软或糊状，在骨髓和骨周围组织尤为明显；脂肪切面呈黄色或褐黄色，无光泽；有严重酸味和哈喇味，或有腐臭味。不可食用，应予销毁。

（4）板鸭。成品板鸭应腿部发硬，周身干燥，皮面光滑无皱纹，肌肉收缩，胸骨与胸部凸起，颈椎露出，外形呈扁圆状态。

①优质板鸭：体表光滑，白或乳白色，腹腔内壁干燥，有盐霜；肉切面呈玫瑰红色，切面组织紧密，有光泽；具有板鸭固有的气味；煮沸后肉汤芳香，液面浮有大片团聚脂肪。

②次质板鸭：体表呈淡红色或淡黄色，有少量的油脂渗出，腹腔潮润有霉点，肉切面暗红色；切面组织疏松，无光泽；皮下和脂肪带有哈喇味；腹腔有霉气或腥气；煮沸后肉汤鲜味较差，有轻度哈喇味。

③变质板鸭：体表发红或深黄色，有大量油脂渗出，腹腔潮湿发粘有霉斑，肉切面带灰白、淡红或淡绿色；切面松软、发粘；有腐败的酸臭气味和严重的哈喇味。不得食用。

（5）香肠和香肚。

①新鲜香肠和香肚：肠衣干燥结实，没有粘液和霉菌，紧贴于肉馅上，肠衣下和切面的肉馅色泽呈均匀一致的玫瑰红色，肥膘呈白色。质地结实，具有香肠和香肚特有的香味，没有其他异味。

②次鲜香肠和香肚：肠衣湿润，发粘，覆有霉层。肠衣易从肉馅上剥离，但不易撕破。在切面上，沿着边缘可看到暗灰色的圈，而肉馅中央大部分保持正常的玫瑰红色，肥膘呈淡黄色。肉馅周围部分弹性减弱。具酸的或轻度霉败的气味，香味减退。

③变质的香肠和香肚：肠衣上覆盖着粘液或霉层，肠衣易从肉馅上脱离且易撕破，肠衣下肉馅呈灰色或淡绿色。在切面上沿着边缘可以发现灰绿色的圈，深部有灰绿色的斑，肥膘呈污绿色。肉馅松软易碎或有蝇蛆，有霉烂、腐败和苦涩的气味和滋味。不可食用，应予销毁。

（二）灌肠类制品的感官检验

灌肠类制品系指以新鲜（冻）畜肉脂制、切碎，加入辅助材料灌入肠衣后经煮熟而成的肉制品，包括干香肠、香雪肠、红肠、肉肠等。

灌肠新鲜度的检查，由观察肠衣开始，确定其外部状态、清洁度和干燥度，以及有无粘液、污秽和霉菌。剥离肠衣，注意韧性和肉馅接触的紧密度。将灌肠纵横切开，检查肉馅的色泽及其着色的均匀性和肥膘的外部状态。剥去肠衣，用小探针轻轻刺探肠棒，以鉴定其弹性，同时判定其气味和滋味。

灌肠制品应肠衣干燥完整，并与内容物紧密结合，紧实而湿润，肉为均匀的蔷薇红色，脂肪为白色，无腐臭及酸败味。

（三）熏烤制品的感官检验

熏烤制品是指选择畜、禽肉，经过配料、腌制、熏烤而成的熟肉制品。熏制和烧烤是两种不同的加工方法。

熏制即用烟熏烤，由于烟中含酚类物质，能赋予产品芳香气味，使产品有独特的风味；烟中所含有的蚁醛，具有杀菌作用，使产品防腐并延长保存时间。

烧烤就是将产品在高温（200℃以上）下烤制，产品表面产生一种焦化物，产品香脆可口。

熏烤制品是熟肉制品，应慎防变质。

烧烤猪、鹅、鸭类：肌肉切面颜色发光，微红色，脂肪呈乳白色（鸭、鹅浅黄色）；压之无血水，脂肪滑而脆；无异味、异臭。

叉烧类：肌肉切面微赤红色，脂肪白而透明，有光泽，肌肉切面紧密，脂肪结实而脆，无异味、异臭。

（四）酱卤制品的感官检验

酱卤制品是指酱肉、卤肉、熟熏肉、熟禽兔肉及内脏等熟肉类制品。酱卤制品应肉质新鲜，无异物附着，无异味、异臭。

第二节　肉及肉制品的理化检验

一、肉的新鲜度检验

肉的新鲜度检验，除了感官检验之外，还需要进行理化分析，因为在肉的腐败初期，感官指标往往表现不明显，或者由于某些其他的原因，使外部的腐败特征被掩盖起来，变得难以下结论，这样就需要借助理化分析的结果。

（一）pH 值测定

屠宰后的牲畜，随着血液及氧供应的停止，肌肉内的糖元因解糖酶的作用，在无氧条件下分解产生乳酸，致使肉的 pH 值下降，经过 24 小时后，肉中糖元减少 0.42%，pH 值可从 7.2 降至 5.6 ~ 6.0 之间。但当乳酸生成到一定界限时，分解糖元的酶逐渐失去活力，而无机磷酸化酶的活性大大增强，开始促使三磷酸腺苷迅速分解，形成磷酸，因而肉的 pH 值可继续下降至 5.4。随着时间的延长，或保存不当，致肉上有大量腐败微生物的生长而分解蛋白质，产生胺类、氨、二氧化碳（CO_2）等，致使肉的 pH 值上升，因此检测肉的 pH 值有利于判定肉的新鲜度。健康牲畜肉的 pH 值为 5.7 ~ 6.2，次鲜肉的 pH 值为 6.3 ~ 6.6；变质肉的 pH 值在 6.7 以上。

1. 原理。测定浸没在肉和肉制品试样中的玻璃电极和参比电极之间的电位差。

2. 试剂。

（1）乙醇。

（2）乙醚：用水饱和蒸馏水。

（3）缓冲溶液。

①20℃ 时，pH 值 4.00 的缓冲溶液制备。称取苯二甲酸氢钾 [$KHC_6H_4(COO)_2$] 10.211 克（预先在 125℃ 烘干至恒重），溶于水中，稀释至 1000 毫升。该溶液的 pH 值在 10℃ 时为 4.00，而在 30℃ 时为

4.01。

②20℃时，pH 值 5.45 的缓冲溶液制备。取 0.2 摩尔/升柠檬酸水溶液 500 毫升和 0.2 摩尔/升氢氧化钠水溶液 375 毫升混匀。该溶液的 pH 值在 10℃时为 5.42，而在 30℃时为 5.48。

③20℃时，pH 值 6.88 的缓冲溶液制备。称取磷酸二氢钾（KH_2PO_4）3.402 克和磷酸氢二钠（Na_2HPO_4）3.549 克，溶解于水中，稀释至 1000 毫升。该溶液的 pH 值在 10℃时为 6.92，而在 30℃时为 6.85。

3. 仪器及用具。

（1）pH 计：精确度为 0.05pH 单位。

（2）玻璃电极：应浸在水中保存。

（3）参比电极：含有饱和氯化钾溶液的甘汞电极或氯化银电极。

（4）绞肉机：孔径不超过 4 毫米。

4. 试样。至少取有代表性的试样 200 克，立即测定 pH 值，或以适当的方法保存试样，要保证其 pH 值变化控制在最小限度之内。

5. 操作方法。

（1）试样制备：试样需两次通过绞肉机，混匀以达到均质化。如非常干燥的样品，可以在实验室混合器内加等质量的水进行均质。

（2）pH 计的校正：用已知 pH 值的缓冲溶液（尽可能接近待测溶液的 pH 值），在测定温度下校正 pH 计。

（3）测定：取一定量足以浸没或埋置电极的试样，将电极插入试样中，采用适合于所用 pH 计的步骤进行测定；同一个试样进行三次测定，读数精确到 0.05pH 单位。

（4）电极的清洗：用脱脂棉先后蘸乙醚和乙醇擦拭电极，最后用水冲洗并保存电极。

6. 注意事项。

（1）pH 计经标准缓冲溶液校正后，不能再移动校正旋钮。

（2）在检测过程中清洗电极后，要用滤纸将电极吸干，再进行测定。

（3）由于玻璃电极的玻璃膜脆弱，极易碰坏，安装时应使其略高于甘汞电极。

（4）甘汞电极中的氯化钾溶液应经常保持饱和，且在弯管内不应有气泡存在，否则将使溶液隔断。在使用时，要把氯化钾溶液处的小橡皮塞拔去，以使毛细管保持足够的液位差，否则会使测定结果不准确。

（二）挥发性盐基氮的测定

挥发性盐基氮是指动物性食品由于酶和细菌的作用，在腐败过程中，使蛋白质分解而产生氨以及胺类等碱性物质。挥发性盐基氮是肉制品新鲜度的主要卫生评价指标。挥发性盐基氮的测定有半微量定氮法、微量扩散法。本书主要介绍半微量定氮法。

1. 原理。挥发性盐基氮在测定时遇弱碱剂氧化镁即被游离而蒸馏出来，馏出的氨被硼酸吸收，生成硼酸铵。其反应式为：

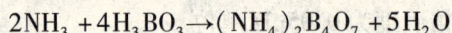

$$2NH_3 + 4H_3BO_3 \rightarrow (NH_4)_2B_4O_7 + 5H_2O$$

使吸收液由酸性变为碱性，混合指示剂由紫色变为绿色，然后用盐酸标准溶液滴定，使混合指示剂再由绿色反至紫色即为终点。根据盐酸标准溶液消耗量计算挥发性盐基氮含量。

2. 试剂。

（1）氧化镁混悬液（10 克/升）：称取 1.0 克氧化镁，加 100 毫升水，振摇成混悬液。

（2）硼酸吸收液（20 克/升）。

（3）盐酸 $[c(HCl) = 0.01$ 摩尔/升$]$ 或硫酸 $[c(1/2H_2SO_4) = 0.01$ 摩尔/升$]$ 的标准滴定溶液。

（4）甲基红–乙醇指示剂（2 克/升）。

（5）次甲基蓝指示剂（1 克/升）。

临用时将上述两种指示液等量混合为混合指示液。

3. 仪器。

（1）半微量定氮器。

（2）微量滴定管：最小分度 0.01 毫升。

4. 分析步骤。

（1）样品处理：将样品除去脂肪、骨及腱后，切碎搅匀，称取约 10 克，置于锥形瓶中，加 100 毫升水，不时振摇，浸渍 30 分钟后过滤，滤液置冰箱备用。

（2）蒸馏滴定：将盛有 10 毫升吸收液及 5~6 滴混合指示液的锥形瓶置于冷凝管下端，并使其下端插入吸收液的液面下，准确吸取 5.0 毫升上述样品滤液于蒸馏器反应室内，加 5 毫升氧化镁混悬液（10 克/升），迅速盖塞，并加水以防漏气，通入蒸汽，进行蒸馏，蒸馏 5 分钟即停止，吸收液用盐酸标准滴定溶液（0.01 摩尔/升）或硫酸标准滴定溶液滴定，终点呈蓝紫色。同时做试剂空白试验。

5. 计算。

$$w_1 = \frac{(V_1 - V_2) \times c_1 \times 14}{m_1 \times 5/100} \times 100$$

式中，w_1——样品中挥发性盐基氮的含量（毫克/100 克）；

V_1——测定用样液消耗盐酸或硫酸标准溶液体积（毫升）；

V_2——试剂空白消耗盐酸或硫酸标准溶液体积（毫升）；

c_1——盐酸或硫酸标准溶液的实际浓度（摩尔/升）；

14——与 1.00 毫升盐酸标准滴定溶液（1.000 摩尔/升）或硫酸标准滴定溶液（1.000 摩尔/升）相当的氮的质量（毫克）；

m_1——样品质量（克）。

6. 结果表述。报告算术平均值的三位有效数。

7. 注意事项。

（1）半微量定氮装置参照蛋白质测定。

（2）半微量定氮装置在使用前通入水蒸气对其内室充分洗涤后开始做空白试验。操作结束后，用稀硫酸溶液并通入水蒸气将蒸馏器内室中残留物洗净，然后再用蒸馏水同样洗涤。

（3）空白试验结果稳定后才能正式测定样品。

（4）每个样品测定之前应用蒸馏水洗涤仪器 2~3 次。

（三）硫化氢试验

1. 原理。肉在腐败时，有时伴随着酸性发酵产生硫化氢，硫化氢作用于醋酸铅，即产生黑色的硫化铅。

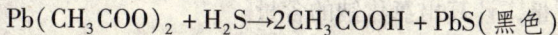

$$Pb(CH_3COO)_2 + H_2S \rightarrow 2CH_3COOH + PbS(黑色)$$

2. 操作方法。取肌肉检料 25 克，剪成蚕豆大的小块，置于大试管内，注入稀硫酸以刚好淹没肉块为度。将潮湿的醋酸铅试纸条（以 1.5 × 8 毫米滤纸条，浸于 10% 醋酸铅水溶液中，以刚好湿润为度），钩于玻璃棒或铜丝的刺钩上，玻璃棒预先插在橡皮塞中央，以后插入试管内，橡皮塞塞紧管口。使纸条的下端靠近液面，但勿与液体或试管壁接触。放置于试管架上，经 30 分钟后观察纸条的颜色。在冬天为促进化学反应，可将试管浸于 60℃ 温水中。

3. 评定。试纸不变色为阴性反应，表示肉的品质新鲜；试纸变黄褐色或黑色为阳性反应，表示肉已开始腐败。

（四）蛋白质沉淀试验

1. 原理。蛋白质的溶解受 pH 值和溶剂电解质的影响。肌肉中的球蛋白易溶于碱性溶液，在酸性环境内则不溶解，在硫酸铜的影响下易凝结而沉淀。由于变质肉为弱碱性，新鲜肉为酸性，故用肉浸液进行蛋白质沉淀反应，有助于确定其新鲜度。

2. 操作方法。

（1）醋酸沉淀法：适用于牛肉及羊肉。将纯肌肉组织剪成细碎小粒，用蒸馏水做成 1 + 10 浸出液。取 2 毫升肉浸出液于一小试管内，滴加 2 滴 1% 醋酸水溶液，腐败肉出现浑浊。再在水浴内加温到 75 ~ 80℃，高度腐败肉汁中出现小絮片样的沉淀。

（2）硫酸铜沉淀法：于 2 毫升上述肉浸汁内加入 5 滴 100 克/升的硫酸铜水溶液，经 1 ~ 2 分钟后观察及判定。新鲜肉无变化，变质肉出现浑浊及沉淀。

二、食盐（NaCl）的测定

食盐是肉制品加工中最常用的辅助材料，但如其含量过高也会影响肉制品的质量。

（一）原理

用热水抽提样品中的氯化钠，沉淀蛋白质，过滤后将滤液酸化并加入过量的硝酸银，用硫氰酸钾标准溶液滴定过量的硝酸银，根据硫氰酸钾标准溶液的消耗量，计算出氯化钠的含量。

（二）试剂

1. 硝基苯。

2. 硝酸（1 + 3）溶液。

3. 冰乙酸。

4. 蛋白质沉淀剂。

（1）试剂 1：将 106 克亚铁氰化钾 [$K_4Fe(CN)_6 \cdot 3H_2O$] 溶于水中，并稀释至 1000 毫升。

（2）试剂 2：将 220 克乙酸锌 [$Zn(CH_3COO)_2 \cdot 2H_2O$] 溶于水中，加冰乙酸 30 毫升，用水稀释至 1000 毫升。

5. 硫酸铁铵（饱和）溶液。

6. 硝酸银（0.1000 摩尔/升）标准溶液。

先将硝酸银在 150℃ 的温度下干燥 2 小时，然后于干燥器内使其冷却，取其 16.989 克溶于水中，用水稀释至 1000 毫升。

7. 氰酸钾（0.1000 摩尔/升）标准溶液。

配制：将约 9.7 克硫氰酸钾（KSCN）溶于水中，用水稀释至 1000 毫升。

标定：准确吸取上述硝酸银标准溶液 20 毫升于锥形瓶中，用硫酸铁铵溶液 1 毫升作指示剂，用硫氰酸钾标准溶液滴定，记下消耗硫氰酸钾溶液的毫升数。

按下式计算硫氰酸钾标准溶液的浓度：

$$c_1 = \frac{c_2 \times V_2}{V_1}$$

式中，c_1——硫氰酸钾标准溶液的浓度（摩尔/升）；

V_1——滴定消耗硫氰酸钾标准溶液的体积（毫升）；

c_2——硝酸银标准溶液的浓度（毫升）；

V_2——标定时用硝酸银溶液的体积（毫升）。

（三）仪器及用具

1. 实验室常规设备。

2. 绞肉机：孔径不超过 4 毫米。

3. 实验室常用玻璃器皿。

（四）试样

至少取有代表性的试样 200 克，将试样用绞肉机至少绞两次并混匀，然后装入密封的容器里，防止变质和成分变化，试样应尽快分析，最迟不超过 24 小时。

（五）操作方法

1. 试样前处理。称取处理好的试样 10 克，精确至 0.001 克，全部装入锥形瓶中。于锥形瓶中加热水 100 毫升，置于沸水浴中，加热 15 分钟，不时摇动锥形瓶内容物。取出并冷却至室温，然后依次加入试剂 1 和试剂 2 各 2 毫升，每次加液后都充分摇匀。室温下静置 30 分钟，将内容物全部移入容量瓶中，用水稀释至 200 毫升，摇匀，过滤，滤液备用。加入试剂 1 和试剂 2 后，要用 1 摩尔/升的氢氧化钠溶液调节 pH 值至 7.5～8.3，并用 pH 计检验，然后再把锥形瓶放在室温下静置 30 分钟，定容后过滤。

2. 测定。准确吸取滤液 20 毫升于锥形瓶中，加入硝酸溶液 5 毫升和硫酸铁铵指示剂 1 毫升。准确吸取硝酸银标准溶液 20 毫升于锥形瓶中，加入硝基苯 3 毫升，并充分混匀，用力摇动以凝结沉淀。用硫氰酸钾标准溶液滴定，直至出现稳定的橘红色。记录所用硫氰酸钾标准溶液的体积，精确至 0.05 毫升。

同一试样进行两次测定，并同时做空白试验。

（六）计算

$$w = 0.05844 \times \frac{(V_0 - V_1) \times c}{m} \times \frac{200}{20} \times 100$$

式中，w——样品中氯化物含量（以氯化钠计）（%）；

V_0——空白试验消耗硫氰酸钾标准溶液的体积（毫升）；

V_1——滴定样品消耗硫氰酸钾标准溶液的体积（毫升）；

c——硫氰酸钾标准溶液的浓度（摩尔/升）；

m——试样质量（克）；

0.05844——与 1.00 毫升硫氰酸钾 $[c(KSCN) = 1.000$ 摩尔/升$]$ 相当的以克表示的氯化钠的质量。

（七）允许差

由同一分析者同时或相继进行的两次测定的结果之差，不得超过 0.2%。分析结果符合允许差要求时，取两次测定的算术平均值作为结果，精确到 0.1%。

（八）注意事项

1. 加入硝酸银标准溶液必须准确，用力摇动凝结沉淀要完全，否则会影响测定准确性。

2. 食品中食盐的测定方法，除本节介绍的外，常用的还有硝酸银滴定法。

三、肉制品中淀粉含量的测定

（一）原理

试样中加入氢氧化钾－乙醇溶液，在沸水浴上加热后，滤去上层清液，用热乙醇洗涤沉淀除去脂肪和可溶性糖，经盐酸水解，淀粉水解生成葡萄糖，用碘量法测定形成的葡萄糖并计算淀粉含量。

（二）试剂

1. 氢氧化钾 - 乙醇溶液：将氢氧化钾 50 克溶于 95% 乙醇中，稀释至 1000 毫升。

2. 乙醇（80%）溶液。

3. 盐酸（1.0 摩尔/升）溶液。

4. 溴百里酚蓝：指示剂，10 克/升乙醇溶液。

5. 氢氧化钠（30%）溶液。

6. 蛋白沉淀剂。

溶液 I：将铁氰化钾 106 克用水溶解并定容至 1000 毫升：

溶液 II：将乙酸锌 220 克用水溶解，加入冰乙酸 30 毫升，用水定容到 1000 毫升。

7. 碱性铜试剂：

（1）将硫酸铜（$CuSO_4 \cdot 5H_2O$）25 克溶于 100 毫升水中。

（2）将碳酸钠 144 克溶于 300～400 毫升 50℃ 的水中。

（3）将柠檬酸（$C_6H_8O_7 \cdot H_2O$）50 克溶于 50 毫升水中。

将溶液（3）缓慢加入到溶液（2）中，边加边搅拌直到气泡停止产生。将溶液（1）加到此混合液中并连续搅拌，冷却至室温后，转移到 1000 毫升容量瓶中，定容至刻度。放置 24 小时后使用，若出现沉淀要过滤。

取一份此溶液加入到 49 份煮沸的冷蒸馏水中，pH 值为 10.0±0.1。

8. 淀粉指示剂。将可溶性淀粉 1 克、碘化汞（保护剂）1 克和 30 毫升水混合加热溶解，再加入沸水至 100 毫升，连续煮沸 3 分钟冷却并放入冰箱备用。

9. 硫代硫酸钠（0.1 摩尔/升）标准溶液。

10. 碘化钾（10%）溶液。

11. 盐酸：取盐酸 100 毫升稀释到 160 毫升。

（三）仪器及用具

1. 实验室常用设备。

2. 绞肉机：孔径不超过 4 毫米。

3. 实验室常用玻璃器皿。

（四）试样

1. 至少取有代表性试样 200 克，用绞肉机绞两次并混匀。

2. 绞好的试样要尽快分析，若不立即分析，要密封冷藏储存，防止变质和成分发生变化，储存的试样启用时必须重新混匀。

（五）操作方法

1. 淀粉分离。称取试样 25 克（精确到 0.01 克）于 500 毫升烧杯中（如果估计试样中淀粉含量超过 1 克，应适当减少试样量），加入热的氢氧化钾 – 乙醇溶液 300 毫升，用玻璃棒搅匀后盖上表面皿，在沸水浴上加热 1 小时，不时搅拌。然后，完全转移到漏斗上过滤，用 80% 的乙醇洗涤沉淀 40 次。

2. 水解。将滤纸钻个孔，用 1.0 摩尔/升热盐酸溶液 100 毫升将沉淀完全洗入 250 毫升烧杯中，盖上表面皿，在沸水浴中水解 2.5 小时，不时搅拌。

溶液冷却到室温，用氢氧化钠溶液中和，pH 值不超过 6.5。将溶液移入 200 毫升容量瓶中，加入蛋白沉淀剂溶液 I 3 毫升，混合后再加入蛋白沉淀剂溶液 II 3 毫升，定容到刻度混匀，经不含淀粉的扇形滤纸过滤。滤液中加入 300 克/升氢氧化钠溶液 1~2 滴，使之对溴百里酚蓝呈碱性。

3. 测定。取一定量滤液（V_2）稀释到一定体积（V_3），然后取 25.0 毫升（最好含葡萄糖 40~50 毫克）移入碘量瓶中，加入 25.0 毫升碱性铜试剂，装上冷凝管，在电炉上 2 分钟内煮沸。随后改用温火继续煮沸 10 分钟，迅速冷却到室温，取下冷凝管，加入碘化钾溶液 30 毫升，小心加入 25% 盐酸溶液 25.0 毫升，盖好盖待滴定。

用硫代硫酸钠标准溶液滴定上述溶液中释放出来的碘。滴至溶液变成浅黄色时，加入淀粉指示剂 1 毫升，继续滴定至溶液蓝色消失，记下消耗硫代硫酸钠的体积。同一试样进行两次测定并做空白试验。

（六）计算

1. 葡萄糖量（m_1）的计算。按下式计算消耗硫代硫酸钠（$Na_2S_2O_3$）的摩尔数（n_1）：

$$n_1 = 10c \times (V_0 - V_1)$$

式中，c——硫代硫酸钠溶液的浓度（摩尔/升）：

V_0——空白试验消耗硫代硫酸钠溶液的体积（毫升）；

V_1——试样消耗硫代硫酸钠的体积（毫升）。

根据 n_1 从表 3-1 中查出相应的葡萄糖质量（m_1，毫克）。

表 3-1　　　硫代硫酸钠的摩尔数同葡萄糖质量（m_1）的换算关系

n_1/mol	相应的葡萄糖质量		n_1/mol	相应的葡萄糖质量	
	m_1/mg	$\Delta m_1/mg$		m_1/mg	$\Delta m_1/mg$
1	2.4		13	33.0	
2	4.8	2.4	14	35.7	2.7
3	7.2	2.4	15	38.5	2.8
4	9.7	2.5	16	41.3	2.8
5	12.2	2.5	17	44.2	2.9
6	14.7	2.5	18	47.1	2.9
7	17.2	2.5	19	50.0	2.9
8	19.8	2.6	20	53.0	3.0
9	22.4	2.6	21	56.0	3.0
10	25.0	2.6	22	59.1	3.1
11	27.6	2.6	23	62.2	3.1
12	30.3	2.7			

2. 淀粉含量按下式计算：

$$X_2 = \frac{m_1}{1000} \times 0.9 \times \frac{V_3}{25} \times \frac{200}{V_2} \times \frac{100}{m_0} = 0.72 \times \frac{V_3}{V_2} \times \frac{m_1}{m_0}$$

式中，X_2——淀粉含量（%）；

　　　m_1——葡萄糖质量（毫克）；

　　　V_2——取原液的体积（毫升）；

　　　V_3——稀释后的体积（毫升）；

　　　m_0——试样的质量（克）。

　　　0.9——葡萄糖折算成淀粉的换算系数。

注：由同一分析者同时或相继两次测定允许差不超过 0.2%。

（七）注意事项

1. 肉制品富含脂肪和蛋白质，加入氢氧化钾-乙醇溶液，是利用碱与淀粉作用，生成醇不能溶解的络合物，以分离淀粉与非淀粉物质。

2. 滴定时，应在接近终点时才加入淀粉指示剂。淀粉指示剂加入太早，则大量的碘（I_2）与淀粉结合成蓝色物质，这一部分碘就不容易与硫代硫酸钠（$Na_2S_2O_3$）反应，因而会产生误差。

3. 测定糖的方法较多，如费林氏容量法、高锰酸钾法等，碘量法仅适用于含醛基的糖。

四、水分的测定

（一）原理

样品与沙和乙醇充分混合，混合物在水浴上预干，然后在（103 ±
2）℃的温度下烘干至恒重，测其质量的损失。

（二）试剂

1. 沙：沙粒应能通过 14 毫米（12 目）的筛子，而不能通过 0.25 毫
米（60 目）的筛子。

用自来水洗沙后，再用 6 摩尔/升的盐酸煮沸 30 分钟，并不断搅拌，
倾去酸液，再用 6 摩尔/升的盐酸重复这一操作，直至煮沸后的酸液不再
变黄。用蒸馏水洗沙，至氯离子试验为阴性。于 150～160℃ 将沙烘干，
储存于密封瓶内备用。

2. 95% 的乙醇。

（三）仪器及用具

1. 实验室常规设备。
2. 绞肉机：孔径不超过 4 毫米。
3. 玻璃或金属称量瓶：直径大于 60 毫米，高约 30 毫米。
4. 细玻璃棒：末端扁平，略长于称量瓶直径。

（四）样品的制备

至少取有代表性的试样 200 克，将样品于绞肉机中至少绞两次，使其
均质化，充分混匀。绞碎的样品保存于密封的容器中，储存期间必须防止
样品变质和成分变化，分析样品最迟不能超过 24 小时。

（五）操作方法

将盛有沙（沙重为样品的 3～4 倍）和玻璃棒的称量瓶置于（103 ±
2）℃的干燥箱中，瓶盖斜支于瓶边，加热 30 分钟，取出盖好，置于干燥
器中，冷却至室温，精确称至 0.001 克，并重复干燥至恒重。

精确称取试样 5~10 克于上述恒重的称量瓶中。根据试样的量加入乙醇 5~10 毫升，用玻璃棒混合后，将称量瓶及内含物置于水浴上，瓶盖斜支瓶边。为了避免颗粒进出，调节水浴温度在 60~80℃之间，不断搅拌，蒸干乙醇。

将称量瓶及内含物移入干燥箱中在（103±）℃烘干 2 小时，取出，放入干燥器中冷却至室温，精确称量，再放入干燥箱中烘干 1 小时，直至两次连续称量结果之差不超过 0.001 克。

（六）计 算

样品中水分含量按下式计算：

$$w = \frac{m_2 - m_3}{m_2 - m_1} \times 100$$

式中，w——样品中水分含量（%）；

m_1——称量瓶、玻璃棒和沙的质量（克）；

m_2——干燥前试样、称量瓶、玻璃棒和沙的质量（克）；

m_3——干燥后试样、称量瓶、玻璃棒和沙的质量（克）。

注：同一分析者同时或相继进行的两次测定的结果之差不得超过 0.5%。

（七）注意事项

1. 食品中水分的测定方法有直接干燥法、减压干燥法、蒸馏法、卡尔费休法等。在此介绍的是直接干燥法，此法仅适用于在 95~105℃温度下，不含或含其他挥发性物质甚微的食品。

2. 在测定中加入海沙、乙醇，可使样品分散，增加其表面积，使水分容易除去。

3. 为了减少误差，恒重过程的冷却时间应保持一致。

五、灰分的测定

灰分是指食品经高温灼烧后残留下来的无机物，主要是氧化物和无机盐类。灰分有总灰分、水溶性灰分、水不溶性灰分、酸不溶性灰分等之分。本书介绍的是肉及肉制品的总灰分的测定。

（一） 原理

将乙酸镁溶液加入试验样品中干燥，并于 550～600℃ 下灼烧，冷却后，测定残留物的质量，并扣除由于添加乙酸镁而产生的氧化镁（MgO）的质量。

（二） 试剂

乙酸镁（150 克/升）的溶液。

将分析纯的无水乙酸镁 $[Mg(COOCH_3)_2]$ 15 克或分析纯的四水乙酸镁 $[Mg(COOCH_3)_2 \cdot 4H_2O]$ 25 克溶解于蒸馏水中稀释至 100 毫升。将 1 毫升乙酸镁溶液按操作方法所述的，测定此溶液所产生氧化镁的质量，即空白试验。

（三） 仪器及用具

1. 实验室常规设备。
2. 绞肉机：孔径不超过 4 毫米。
3. 坩埚：铂或瓷坩埚，坩埚底面积约 15 平方厘米，高至少 25 毫米。

（四） 试样制备

同 "水分测定"。

（五） 操作方法

将坩埚置于 550～600℃ 的马弗炉中灼烧 30 分钟，取出后冷却至 200℃ 以下放入干燥器冷却至室温，准确称至 0.0001 克，并重复灼烧至恒重。然后将试样 5 克放入坩埚中，均匀铺开，再次称量至 0.0001 克。

准确吸取乙酸镁溶液 1 毫升，将其均匀地滴加在坩埚里的试样上。将坩埚放入微沸的水浴器上 30 分钟，再于电炉或煤气炉上逐渐加热，使试样充分碳化至无烟，然后将坩埚移入温度控制于 550～600℃ 的马弗炉内，使试样在此温度下灼烧至少 30 分钟，使其灰化完全。取出后冷却至 200℃ 以下，将坩埚放入干燥器内，冷却至室温，精确称至 0.0001 克，将坩埚重新放入马弗炉内，按上述过程重新操作，使连续称量差不得超过 1 毫克。

同一试样进行两次测定，并同时做空白试验。

（六） 计算

样品中灰分含量按下式计算：

$$w = \frac{m_3 - m_1 - m_0}{m_2 - m_1} \times 100$$

式中，w——样品灰分含量（%）；

m_0——加入乙酸镁而生成的氧化镁的质量（克）；

m_1——坩埚的质量（克）；

m_2——坩埚和试样的质量（克）；

m_3——坩埚和灰分的质量（克）。

注：由同一分析者同时或相继进行两次测定结果之差，每100克样品不得大于0.10克。

（七）注意事项

1. 加入乙酸镁和灰分混杂在一起，使碳微粒不受覆盖，以加速灰化。

2. 灼烧温度不能超过600℃，否则钾、钠、氯等易挥发造成损失。

3. 如灼烧后中间仍有炭粒，可加少许水使灰化的物质溶解，未灰化物质就可以露出表面蒸干后再灼烧。

4. 碳化时如发生膨胀，可滴加橄榄油数滴。

六、脂肪的测定

肉及肉制品中除游离脂肪外，肌肉组织中存在一些结合脂类，如脂蛋白等，因此，脂肪测定分两类，即总脂肪（包括结合脂在内）和游离脂肪。脂肪的测定方法很多，不同种类的食品，采用的测定方法不同，常用的方法有：索氏抽提法、酸水解法、三氯甲烷冷浸法、哥特里－罗紫法等，肉及肉制品测定脂肪用的是索氏抽提法。

（一）总脂肪的测定

1. 原理。试样与稀盐酸共同煮沸，试样中蛋白质及碳水化合物被水解，细胞壁被破坏，游离出包含的和结合的脂类部分，过滤得到的物质，干燥，然后用正己烷或石油醚去抽提留在滤器上的脂肪，除去溶剂，即得脂肪总量。

2. 试剂。

（1）抽提剂：正己烷或30～60℃沸程石油醚。

（2）盐酸（2摩尔/升）溶液。

（3）蓝色石蕊试纸。

（4）玻璃珠。

3. 仪器及用具。

（1）实验室常规仪器和设备。

（2）绞肉机；孔径不超过 4 毫米。

（3）索氏抽提器。

4. 试样的制备。至少取有代表性试样 200g，于绞肉机中至少绞两次使其均质化并混匀，试样必须封闭储存于一完全盛满的容器中，防止其腐败和成分变化，并尽可能提早分析试样。

5. 操作方法。

（1）酸水解。称取试样 3~5 克，精确至 0.001 克，置 250 毫升锥形瓶中，加入 2 摩尔/升盐酸溶液 50 毫升，盖上小表面皿，于石棉网上用火加热至沸腾，继续用小火煮沸 1 小时并不时振摇。取下，加入热水 150 毫升，混匀，过滤。锥形瓶和小表面皿用热水洗净，一并过滤。沉淀用热水洗至中性（用蓝石蕊试纸检验）。将沉淀连同滤纸置于大表面皿上，连同锥形瓶和小表面皿一起于（103 ±2）℃干燥箱内干燥 1 小时，冷却。

（2）抽提脂肪。将烘干的滤纸放入衬有脱脂棉的滤纸筒中，用抽提剂润湿的脱脂棉擦净锥形瓶、小表面皿和大表面皿上遗留的脂肪，放入滤纸筒中。将滤纸筒放入索氏抽提器的抽提筒内，连接内装少量玻璃珠并已干燥至恒重的接受瓶，加入抽提剂至瓶内容积的 2/3 处，于水浴上加热，使抽提剂以每 5~6 分钟回流一次，抽提 4 小时。

（3）称量。取下接受瓶，回收抽提剂，待瓶中抽提剂剩 1~2 毫升时，在水浴上蒸干，于（103 ±2）℃干燥箱内干燥 30 分钟，置干燥器内冷却至室温，称量。重复以上烘干、冷却和称量过程，直到相继两次称量结果之差不超过试样质量的 0.1%。

（4）抽提完全程度验证。用第二个内装玻璃珠、已干燥至恒重的接受瓶，用新的抽提剂继续抽提 1 小时，增量不得超过试样质量的 0.1%。同一试样进行两次测定。

6. 计算。试样总脂肪的含量按下式计算：

$$w = \frac{m_2 - m_1}{m} \times 100$$

式中，w——试样的总脂肪含量（%）；

m_2——接受瓶、玻璃珠连同脂肪的质量（克）；

m_1——接受瓶和玻璃珠的质量（克）；

m——试样的质量（克）。

当分析结果符合允许差要求时，则取两次测定的算术平均值作为结果，精确至0.1%。

7. 允许差。由同一分析者同时或相继进行的两次测定结果之差不得超过0.5%。

8. 注意事项。

（1）放入滤纸筒时高度不要超过回流弯管，否则抽提剂不穿透脂肪，不能提尽造成误差。

（2）提取时水浴温度不可过高，回流速度控制在每5～6分钟回流一次为宜。

（3）在抽提时，冷却管主端最好连接一个氯化钙管，这不仅可防止空气中水分的进入，还可避免抽提剂挥发，如无此装置，可松松地塞一团干燥的脱脂棉球。

（4）浸出物在烘箱内干燥时间不能过长，因为极不饱和脂肪酸会受热氧化而增加质量。

（5）抽提瓶在干燥箱中干燥时，瓶口向侧倒放置，使挥发物易与空气形成对流，干燥较快。

（二）游离脂肪含量的测定

1. 原理。试样用无水乙醚、石油醚或正己烷等溶剂抽提后，除去溶剂，干燥并称量抽提物，即为试样中的游离脂肪。

2. 试剂。

（1）无水乙醚（沸点34.4℃）。

（2）石油醚（沸程30～60℃）。

（3）正己烷（沸点68.7℃）。

（4）海沙（化学纯，粒度0.65～0.85毫米，含二氧化硅99%）。

（5）硫酸钠。

3. 仪器及用具：同"总脂肪的测定"。

4. 试样制备：同"总脂肪的测定"。

5. 操作方法。

（1）试样装滤纸筒。称取2～5克试样（精确至0.001克）（可取测定水分后的试样）于小烧杯中，加入适量海沙（或无水硫酸钠），用玻璃棒混合均匀，全部移入滤纸筒中。用沾有乙醚的脱脂棉擦净小烧杯和玻璃棒后放入滤纸筒中。滤纸筒上方用少量脱脂棉塞住。

（2）干燥。把滤纸筒移入电热式干燥箱中，于103℃干燥1小时。

（3）抽提。将滤纸筒放入索氏抽提器的抽提筒内，连接已经干燥至恒重的接受瓶，加入无水乙醚或石油醚（或正己烷）至瓶内容积的2/3处，于水浴上加热，每5~6分钟回流一次，共抽提6~8小时。抽提器上方用少量脱脂棉松松地塞住。

（4）称量。取下接受瓶，回收溶剂，待接受瓶中溶剂剩1~2毫升时在水浴上蒸干，于（103±2）℃干燥1小时。置于干燥器内室温冷却1小时后称量。重复加热、冷却和称量过程，直到相继两次称量结果之差不超过试样质量0.1%。

（5）第二次抽提。用第二个干燥至恒重的接受瓶，再用新的溶剂抽提1小时，以验证抽提是否完全，增量不超过试样质量的0.1%。

6. 计算。试样中游离脂肪的含量按下式计算：

$$w = \frac{m_2 - m_1}{m} \times 100$$

式中，w——试样中游离脂肪含量（%）；

m_2——接受瓶和脂肪的质量（克）；

m_1——接受瓶（克）；

m——试样的质量（如果是测定水分后的试样，按测定水分前的质量计）（克）。

当分析结果符合允许差的要求时，则取两次测定的算术平均值作为结果。

7. 允许差。由同一分析者同时或相继进行的两次测定结果之差不得超过0.5%。

8. 注意事项。

（1）加入无水硫酸钠，目的是使样品干燥。

（2）所用乙醚必须是无水的，含水则可能将样品中的糖及无机物抽出，造成误差，被测样品也应先干燥。

（3）其余同"总脂肪的测定"中的注意事项。

七、蛋白质的测定

蛋白质是复杂的含氮有机物，它的溶液是典型的胶体分散体系，由两性氨基酸以肽键相互连接而成。蛋白质可用酶或酸、碱水解，水解中间产物为胨和肽等，最终产物为氨基酸。测定蛋白质的方法分为两大类：一类是利用蛋白质含氮量、肽键和折射率来测定蛋白质含量；另一类是利用蛋白质中特定氨基酸残基、酸、碱性基团和芳香基团测定蛋白质含量。最基本、最常用的方法是测定总氮量，再由总氮量计算蛋白质含量。凯氏法是测定总氮最准确和操作最简便的方法之一。

（一）常量凯氏定氮法

1. 原理。蛋白质是含氮的有机化合物。以硫酸铜为催化剂，用硫酸消化试样，使有机氮分解，分解出来的氨与硫酸结合生成硫酸铵。将硫酸铵碱化蒸馏，用过量的硼酸溶液吸收，用盐酸标准溶液滴定硼酸吸收的氨。根据盐酸的消耗量，计算出试样中蛋白质的含量。

其反应式如下：

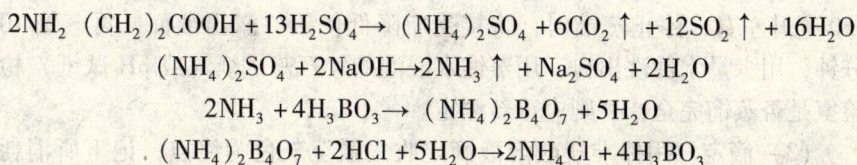

$$2NH_2 (CH_2)_2COOH + 13H_2SO_4 \rightarrow (NH_4)_2SO_4 + 6CO_2 \uparrow + 12SO_2 \uparrow + 16H_2O$$

$$(NH_4)_2SO_4 + 2NaOH \rightarrow 2NH_3 \uparrow + Na_2SO_4 + 2H_2O$$

$$2NH_3 + 4H_3BO_3 \rightarrow (NH_4)_2B_4O_7 + 5H_2O$$

$$(NH_4)_2B_4O_7 + 2HCl + 5H_2O \rightarrow 2NH_4Cl + 4H_3BO_3$$

2. 试剂。

（1）无水硫酸铜。

（2）无水硫酸钾。

（3）浓硫酸钾。

（4）氢氧化钠（400 克/升）溶液。

（5）盐酸（0.1 摩尔/升）标准溶液。

（6）硼酸（40 克/升）溶液。

（7）混合指示剂：称取甲基红 0.2 克和亚甲基蓝 0.1 克溶于 95% 乙醇中，稀释至 100 毫升，贮存于棕色瓶中。

3. 仪器及用具。

（1）实验室常规设备。

（2）绞肉机：孔径不超过 4 毫米。

（3）凯氏烧瓶：容量 500 毫升。

（4）定氮蒸馏装置。

4. 试样制备：同"脂肪测定"。

5. 操作方法。

（1）消化。称取试样 2.000 克于硫酸纸（若脂肪含量高可称取 1.500 克）连同硫酸纸一起放入凯氏烧瓶中，加入无水硫酸钾 15 克，硫酸铜 0.5 克，再加浓硫酸 20 毫升，轻轻摇动使溶液浸湿试样，并在瓶口放一小漏斗。

把烧瓶倾斜于加热装置上，缓慢加热，待内容物全部碳化，停止起泡后加大火力，保持瓶内液体沸腾，不时转动烧瓶，直到液体变成蓝绿色透明时，继续沸腾 90 分钟，全部消化时间不应少于 2 小时。消化过程中应避免溶液外溢，同时要防止过热引起的大量硫酸损失，否则影响测定结果。消化液冷却到约 40℃，小心地加入约 50 毫升水，使其混合并冷却。

（2）蒸馏。接受瓶内加入硼酸溶液 50 毫升，混合指示剂 4 滴，混合后，将接受瓶置于蒸馏装置的冷凝管下，使出口全部浸入硼酸溶液中。

将凯氏烧瓶直接接入蒸馏装置的氮素球下（如果将消化液转移到蒸馏装置中，需用 50 毫升水冲洗烧瓶数次），小心加入氢氧化钠溶液 100 毫升。加热让蒸汽通过凯氏烧瓶使消化液煮沸持续 30 分钟。收集蒸馏液 150 毫升左右，停止蒸馏时，将接受瓶降低使接口露出液面，再蒸馏 10 分钟，用少量水冲洗出口，用蒸馏水浸湿的红石蕊试纸（或 pH 试纸）检验氨是否蒸馏完全，否则应重新测定。

（3）滴定。用标准盐酸溶液滴定收集液至灰色为终点，记下所消耗的盐酸量，读数值精确到 0.02 毫升。

同一试样进行两次测定并做空白试验。

6. 计算。蛋白质含量按下式计算：

$$w = \frac{V_1 - V_0}{m} \times c \times 0.014 \times 6.25 \times 100$$

式中，w——蛋白质含量（％）；

　　V_1——测定试样所消耗的标准盐酸溶液的体积（毫升）；

　　V_0——空白试验所消耗的标准盐酸溶液的体积（毫升）；

　　c——盐酸标准溶液的浓度（摩尔/升）；

　　0.014——与 1.00 毫升盐酸标准溶液 [$c(HCl) = 1.000$ 摩尔/升]
　　　　　　相当的以克表示的氮的质量；

　　6.25——氮的蛋白质换算系数；

　　m——试样的质量（克）。

7. 注意事项。

（1）消化时间一般约 4 小时左右即可，消化时间过长会引起氨的损失。

（2）在蒸馏过程中要注意接头处有无松漏现象，防止蒸汽溢出。

（3）硫酸钾（K_2SO_4）的功用是提高溶液的沸点，加速对有机物的分解作用，但硫酸钾与硫酸的用量比值不宜过大，因为温度过高，生成的硫酸氢铵也会分解，放出氨，使氮损失。

（4）蛋白质换算系数取决于蛋白质的含氮量，蛋白质的含氮量一般为 15%～17.6%，一般常用的换算系数为 6.25（蛋白质含氮 16%）。肉与肉制品为 6.25，乳制品为 6.38，面粉为 5.70，玉米、高粱为 6.24，花生为 5.46，大米为 5.95，大豆及其制品为 5.71，大麦、小米、燕麦、裸麦为 5.83，芝麻、向日葵为 5.30。

（5）消化时如不易得澄清透明溶液，可将定氮瓶放冷后，缓缓加入 30% 过氧化氢 2～3 毫升，促进氧化。

（二）微量凯氏定氮法

此法的原理和步骤与常量法基本一致，所不同的是样品量和试剂用量都很少，蒸馏时间短，优点是节约试剂。

1. 原理：同常量凯氏定氮法。

2. 试剂：盐酸（0.05 摩尔/升）标准溶液。

其余试剂同常量法。

3. 仪器及用具。

（1）微量定氮蒸馏装置。

（2）微量滴定管。

（3）其余同"常量凯氏定氮法"中（1）～（3）。

4. 试样制备：同常量凯氏定氮法。

5. 操作方法。

（1）消化：同常量凯氏定氮法。消化完毕，冷却后移入 100 毫升容量瓶中，并用少量水冲洗凯氏烧瓶，洗液并入容量瓶中，再加水至刻度，混匀备用。

（2）蒸馏。装好定氮装置，于水蒸气发生瓶内装水至 2/3 处，加甲基红指示液数滴及数毫升硫酸，以保持水呈酸性，加入数滴玻璃珠以防暴沸，用调压器控制，加热煮沸水蒸气发生瓶内的水。

向接收瓶内加入 10 毫升硼酸，溶液及混合指示液 1 滴，并使冷凝管下端插入液面下，吸取 10.0 毫升样品消化稀释液由小玻璃杯流入反应室，并以 10 毫升水洗涤小玻璃杯使流入反应室，塞紧小玻璃杯的棒状玻璃塞。将 10 毫升 400 克/升氢氧化钠溶液倒入小玻璃杯，提起玻璃塞使其缓缓流入反应室，立即将玻璃塞盖紧，并加水于小玻璃杯以防漏气。夹紧螺旋夹，开始蒸馏。蒸汽通入反应室使氨通过冷凝管而进入接收瓶内，蒸馏 5 分钟。移动接收瓶，使冷凝管下端离开液面，再蒸馏 1 分钟。然后用少量水冲洗冷凝管下端外部。取下接收瓶。

（3）用 0.05 摩尔/升盐酸标准溶液滴定收集液至灰色为终点，记下所有消耗的盐酸标准溶液量。同时吸取 10.0 毫升试剂空白消化液，按（2）、（3）操作。

6. 计算。蛋白质含量按下式计算：

$$w = \frac{V_1 - V_0}{m \times (10/100)} \times c \times 0.014 \times 6.25 \times 100$$

公式符号意义、注意事项同"常量法"。

八、钙的测定

钙的测定方法有高锰酸钾间接容量法、EDTA 络合滴定法和原子吸收分光光度法。本书介绍高锰酸钾间接容量法及原子吸收分光光度法。

（一）高锰酸钾间接容量法

1. 原理。试样经灰化后制成稀盐酸溶液，在弱酸性溶液中，钙离子与草酸根离子生成草酸钙沉淀。过滤后，将沉淀溶于硫酸溶液中，然后用高锰酸钾标准溶液滴定草酸根离子，求出钙的含量。

反应式为：

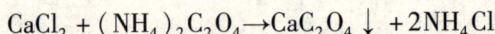
$$CaCl_2 + (NH_4)_2C_2O_4 \rightarrow CaC_2O_4 \downarrow + 2NH_4Cl$$

$$CaC_2O_4 + H_2SO_4 \rightarrow CaSO_4 + H_2C_2O_4$$
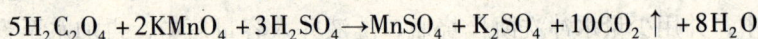
$$5H_2C_2O_4 + 2KMnO_4 + 3H_2SO_4 \rightarrow MnSO_4 + K_2SO_4 + 10CO_2 \uparrow + 8H_2O$$

2. 试剂。

（1）盐酸（1+1）溶液。

（2）硫酸（1+5）溶液。

（3）硫酸（1+24）溶液。

（4）甲基红（1 克/升）乙醇溶液。

（5）尿素。

（6）草酸铵（30 克/升）溶液。

（7）氨水（1+49）溶液。

（8）高锰酸钾（0.02 摩尔/升）标准溶液。

①高锰酸钾标准溶液的配制：称取高锰酸钾 0.63 克置于容量为 2 升的三角烧瓶中，加水 1 升溶解，缓缓加热煮沸 1~2 小时，于阴暗处放置过夜。用 G_4 玻璃过滤器过滤，滤液贮于清洁、干燥的棕色试剂瓶中，混匀。

②高锰酸钾标准溶液的标定。

1）0.0200 摩尔/升草酸钠标准溶液的配制：称取预先在 105～110℃ 干燥 2 小时的优级纯草酸钠 0.670 克，溶解后定容到 500 毫升容量瓶中，混匀。

2）标定：移取 20.00 毫升草酸钠标准溶液置于 100 毫升锥形瓶中，加 1+5 硫酸溶液 5 毫升，加热至 60～80℃，用待标定的高锰酸钾标准溶液滴定至溶液呈微红色保持 30 秒不褪色为终点。滴定至终点时溶液温度不应低于 60℃。

3）计算公式为：

$$c = \frac{20 \times 0.0200}{V}$$

式中，c——高锰酸钾标准溶液浓度（摩尔/升）；

V——滴定时高锰酸钾标准溶液的用量（毫升）。

3. 试样的制备。

（1）取有代表性的试样 200 克，用绞肉机至少绞两次，混匀。绞好的试样装入带盖的试样盒中备用。

（2）绞好的试样要尽快分析，若不立即分析，要密封冷藏贮存，防止变质和成分发生变化。贮存的试样在启用时必须重新均质。

4. 操作方法。

（1）试样前处理。称取试样 20 克（精确至 0.001 克）放入坩埚中，置于（130±10）℃的电烘箱中烘 2～4 小时，使试样脱水。将坩埚在可调电炉上缓慢加热使试样碳化，开始时用小火细心加热，以防止试样溅出，待大烟冒过后提高温度，使试样完全碳化，直至不冒烟为止。碳化好的试样放入高温炉中，于（550±20）℃下灰化 4 小时。灰化好的试样应是灰白色，若灰分中有黑色颗粒时，应取出坩埚放至室温后加水或稀盐酸湿润，在电烘箱中烘干后再次于（550±20）℃高温炉中灰化，直至灰分呈灰白色。

（2）测定。将灰分用 1+1 盐酸 2.5 毫升溶解，转移到 100 毫升烧杯中，稀释至 50 毫升，此时试样溶液的盐酸浓度为 1%。在试样溶液中加甲基红指示剂 3 滴，草酸铵溶液 10 毫升，再加尿素 4.0 克，使之溶解。盖上表面皿，在电热板上缓缓加热，持续微沸状态。当甲基红的红色逐渐变为橙色时，草酸钙结晶即沉淀出来，当溶液变为黄橙色时停止加热，室温下放置 4 小时以上或过夜。用慢速滤纸过滤，将沉淀转到滤纸上，用稀氨水清洗表面皿和烧杯 4 次。而后继续用稀氨水洗液洗涤沉淀物 4～5 次。将滤纸连同沉淀置于原烧杯中，用玻璃棒将滤纸摊开并贴附于烧杯壁上，用 1 +24 硫酸溶液 50 毫升将沉淀冲下溶解。待沉淀完全溶解后，在水浴中加热至 60~80℃，用高锰酸钾标准溶液趁热滴定至溶液呈微红色，将滤纸全部浸入溶液中，搅拌，继续滴定至溶液呈微红色 30 秒不褪色为终点，滴定至终点时溶液温度不应低于60℃。同一试样进行两次测定，并做空白试验。

5. 计算。试样中钙的含量按下式计算：

$$w = \frac{c \times V \times 0.02004 \times 10^3}{m \times 10^{-3}}$$

式中，w——钙的含量（毫克/千克）；

　　　c——高锰酸钾标准溶液浓度（摩尔/升）；

　　　V——滴定时高锰酸钾标准溶液的用量（毫升）；

　　　m——试样的质量（克）；

　　　0.02004——与 1.00 毫升高锰酸钾标准溶液 [$c(1/5KMnO_4 = 1.000$ 摩尔/升）相当的以克表示的钙的质量。

6. 注意事项。

（1）草酸钙结晶沉淀在室温下放置 4 小时以上，使沉淀陈化，这可避免其他不溶性钙盐的生成，而且所得草酸钙沉淀又便于过滤和洗涤。

（2）用高锰酸钾滴定时，要不断振摇使溶液均匀，且要注意滴定速度。加入第一滴高锰酸钾溶液褪色很慢（因为这时溶液中仅存在极少量二价锰离子（Mn^{2+}）），所以开始滴定时要进行得慢些，在高锰酸钾红色没有褪去之前，不要加入第二滴。等几滴高锰酸钾溶液已经起了作用后，滴定速度可以稍快些，但不要太快，否则部分加入的高锰酸钾溶液来不及与草酸根反应，在热的酸性溶液中会发生分解。

（二）原子吸收分光光度法

1. 原理。试样经灰化后制成1%的盐酸溶液，以锶或锶溶液消除阴离子效应，原子化后，在422.7 纳米处测定，其吸收量与钙浓度成正比，与标准系列比较测定钙的含量。

2. 试剂：所用水为重蒸馏水。

（1）硝酸锶（100 克/升）溶液。

（2）钙标准溶液。

①钙标准贮备液：溶解预先在 105~110℃ 干燥 2 小时的基准碳酸钙 2.4970 克于少量 3 摩尔/升盐酸中，稀释定容至 1000 毫升，此溶液的钙浓度为 1 毫克/毫升。

②钙标准工作液：吸取钙标准贮备液 10.00 毫升，稀释定容至 100 毫升，此溶液的钙浓度为 0.1 毫克/毫升。

3. 仪器及用具。

(1) 原子吸收分光光度计。

(2) 实验室常用玻璃器皿。

4. 操作方法。

(1) 试样前处理：称取试样 3 ~ 5 克（精确至 0.001 克）放入坩埚中，以下按"高锰酸钾间接容量法"试样前处理进行。

(2) 试样溶液的制备：将灰分用 1 + 1 盐酸 2.5 毫升溶解，转移到 50 毫升容量瓶中，定容，摇匀。吸取上述溶液 10.00 毫升放入 50 毫升容量瓶中，加 1 + 1 盐酸 2 毫升、100 克/升硝酸锶溶液 2.5 毫升，定容、混匀，此时试样溶液的盐酸浓度为 1%。

(3) 标准系列溶液的制备：吸取钙标准工作液 0 毫升、1 毫升、3 毫升、4 毫升、5 毫升，分别置于 50 毫升容量瓶中，加 1 + 1 盐酸 2.5 毫升、100 克/升硝酸锶溶液 2.5 毫升，用水稀释至刻度，混匀。此时容量瓶中溶液的钙浓度分别为 0 微克/毫升、2 微克/毫升、4 微克/毫升、6 微克/毫升、8 微克/毫升、10 微克/毫升，盐酸浓度为 1%。

(4) 测定：将制备好的标准系列溶液、试样溶液、空白溶液分别喷入火焰中，测定其吸收值。测定条件：灯电流 7.5 毫安，波长 422.7 纳米，狭缝 1.3 纳米，空气流量 9.5 升/分，乙炔流量 2.5 升/分，燃烧器高度 12.5 毫米（可根据仪器型号调至最佳条件）。以钙浓度对应吸收值绘制标准工作曲线，根据试样溶液的吸收值从标准工作曲线上查出试样溶液的钙的质量浓度。同一试样进行两次测定，并做空白试验。

5. 计算。试样中钙的含量按下式计算：

$$w = \frac{50 \times \rho \times 10^{-3}}{m \times 1/5 \times 10^{-3}}$$

式中，w——钙的含量（毫克/千克）；

m——称取试样的质量（克）；

ρ——从标准工作曲线上查出的试样溶液的钙的质量浓度（微克/毫升）。

当符合允许差所规定的要求时，则取两次测定的算术平均值作为结果，精确到 0.1 毫克/千克。

6. 允许差。由同一分析者同时或相继进行的两次测定的结果之差，不得超过平均值的 10%。

九、磷酸盐的测定

（一）原理

试样中的磷酸盐与酸性钼酸铵作用，生成淡黄色的磷钼酸盐，此盐可经还原呈显蓝色，一般称为钼蓝。蓝色的深浅，与磷酸盐含量成正比。

（二）试剂

1. 稀盐酸（1+1）。

2. 钼酸铵溶液（50 克/升）：称取 25 克钼酸铵溶于 300 毫升水中，再加 75%（体积分数）硫酸溶液（溶解 75 毫升浓硫酸于水中，再用水稀释至 100 毫升）使用 500 毫升。

3. 对氢醌（对苯二酚）溶液（5 克/升）：称取 0.5 克对氢醌，溶解于 100 毫升水中，加硫酸 1 滴以使氧化作用减慢。

4. 亚硫酸钠溶液（200 克/升）：称取 20 克亚硫酸钠溶解于 100 毫升蒸馏水中。此溶液应每次试验前临时配制，否则可能会使钼蓝溶液发生混沌。

5. 磷酸盐标准溶液：精确称取 0.7165 克磷酸二氢钾（KH_2PO_4）溶于水中，移入 1000 毫升容量瓶中，并用水稀释至刻度。此溶液每毫升相当于 500 微克磷酸盐。吸取 10.0 毫升此溶液，置于 500 毫升容量瓶中，加水至刻度，此溶液每毫升相当于 10 微克磷酸盐（PO_4^{3-}）。

（三）分析步骤

1. 标准曲线标准。分别吸取磷酸盐标准溶液（每毫升相当于 10 微克磷酸盐）0.0 毫升、0.2 毫升、0.4 毫升、0.6 毫升、0.8 毫升和 1.0 毫升，分别置于 25 毫升比色管中，再于每管中依次加入 2.0 毫升钼酸铵溶液，1 毫升 200 克/升亚硫酸钠溶液，1 毫升对氢醌溶液，加蒸馏水稀释至刻度，摇匀，静止 30 分钟后，以零管溶液为空白，在分光光度计于 600 纳米处比色，测定各标准溶液的光密度，并绘制标准曲线。

2. 测定。

（1）将瓷蒸发器在火上加热灼烧、冷却，准确称取试样 2~5 克，在火上灼烧成碳分，再于 550℃下成灰分，直至灰分呈白色为止（必要时，可加入浓硝酸湿润后再灰化，有促进试样灰化至白色的作用）加稀盐酸（1+1）10 毫升及硝酸 2 滴，在水浴上蒸干，再加稀盐酸（1+1）2 毫升，用水分数次将残渣完全洗入 100 毫升容量瓶中，并用水稀释至刻度，摇匀，过滤（无沉淀则不需过滤）。

（2）取滤液 0.5 毫升（磷量多少定）置于 25 毫升比色管中，加入 2 毫升钼酸铵溶液，1 毫升 200 克/升亚硫酸钠溶液，1 毫升对氢醌溶液，加蒸馏水稀释至刻度，摇匀，静止 30 分钟后，以零管溶液为空白，在分光光度计于 600 纳米处比色，测定各标准溶液的光密度，并绘制标准曲线。根据测得的光密度，从标准曲线上求得相应磷的含量。

（四）结果计算

样品中磷酸盐含量按下式计算：

$$w = \frac{m_1}{m} \times 1000$$

式中，w——试样中磷酸盐含量（毫克/千克）；

m_1——从标准曲线中查出的相当于磷酸盐（PO_4^{3-}）的质量（毫克）；

m——测定时所吸取试样溶液相当于试样的质量（克）。

计算结果保留两位有效数字。

（五）精密度

在重复性条件下获得的两次独立测定结果的绝对差值不得超过算术平均值的 5%。

（六）注意事项

1. 亚硫酸钠溶液最好每次实验前临时配制，否则可能会使钼蓝溶液发生浑浊。

2. 定容完后，静置时间不亦过长，否则溶液颜色将会加深，其结果不准确。

十、铁的测定

铁是血红蛋白、肌球蛋白和细胞色素的主要成分，它能传递氧，又能促进脂肪氧化，铁是人体不可缺少的重要元素之一。肉及肉制品中含有一定量的铁质。铁的测定通常采用邻菲罗啉比色法、硫氰酸盐比色法，操作简便、准确。采用原子吸收分光光度法则更为快速、灵敏。

（一）分光光度法

1. 原理。试样经灰化后制成稀盐酸溶液，以盐酸羟胺还原铁（Ⅲ）为铁（Ⅱ），铁（Ⅱ）与 1，10 - 菲罗啉在 pH 值 3~9 范围内形成稳定的红色络合物。在 510 纳米处测量吸光度，以标准曲线法计算铁含量。

2. 试剂。

（1）铁标准溶液。

①铁标准贮备液（1000 微克/毫升）。准确称取 1.0000 克纯金属铁溶于 1+1 盐酸 50 毫升中，用水稀释定容至 1000 毫升。

②铁标准工作液（10 微克/毫升）。吸取铁标准贮备液 10 毫升，定容至 1000 毫升。

（2）1，10 - 菲罗啉（2.5 克/升）溶液。

（3）盐酸羟胺（50 克/升）溶液，现用现配。

（4）酒石酸（50 克/升）溶液。

（5）乙酸钠（250 克/升）溶液。

3. 仪器及用具。

（1）实验室常规设备。

（2）绞肉机：不锈钢质，孔径不超过 4 毫米。

（3）分光光度计。

（4）石英坩埚。

4. 试样制备同钙的测定。

5. 操作方法。

（1）试样前处理：称取 3~5 克试样（精确到 0.001 克）置于石英坩埚中，以下按钙测定方法处理。

（2）测定。

①标准工作曲线的绘制：吸取铁标准工作液 0 毫升、1 毫升、2 毫升、3 毫升、4 毫升、5 毫升，分别置于 25 毫升容量瓶中，加 50 克/升盐酸羟胺溶液 2.5 毫升，摇匀后放置 10 分钟，加 50 克/升的酒石酸溶液 2 毫升，2.5 克/升 1，10 - 菲罗啉溶液 5 毫升，250 克/升乙酸钠溶液 5 毫升，稀释至刻度，摇匀。待发色完全后，在 510 纳米处测其吸光度，并绘制标准工作曲线。

②将灰化好的试样溶于 1+1 盐酸 2.5 毫升中，转移到 50 毫升容量瓶

中，稀释至刻度，摇匀，此溶液称为试样灰化溶液。吸取试样灰化溶液 10 毫升置于 25 毫升容量瓶中，以下按标准工作曲线的绘制操作程序进行。根据吸光度值从标准工作曲线中查得铁的对应值。同一样品进行两次测定，同时做空白试验。

6. 计算。试样中铁的含量按下式计算：

$$w = \frac{C \times 10^{-3}}{m \times 1/5 \times 10^{-3}}$$

式中，w——铁的含量（毫克/千克）；

m——称取试样的质量（克）；

C——从标准工作曲线上查得的铁的对应值（微克）。

当符合允许差所规定的要求时，取两次测定结果的算术平均值作为结果。分析结果精确到 0.01 毫克/千克。

7. 允许差。同一分析者同时或相继进行的两次测定结果之差，不得超过平均值的 20%。

8. 注意事项。

（1）溶液 pH 值应控制在 3~5，这样二价铁更能与 1，10-菲罗啉定量地络合，发色较为完全。

（2）比色时为减少误差，最适宜的测定范围，在透光率 20%~80% 之间。

（3）标准溶液和试样溶液的显色条件要一致，避免引起误差。

（4）拿比色皿时，只能拿在毛玻璃的两面，且必须用擦镜纸擦干并保护其透光面，使上面没有斑痕。

（5）比色皿用蒸馏水洗净后，测定时还要用被测溶液冲洗几次，避免测定时溶液浓度改变。

（二）原子吸收法

1. 原理。试样经灰化后制成稀盐酸溶液，直接喷入火焰进行原子化，在 248.3 纳米测定，其吸收值与铁浓度成正比，与标准比较测定铁的含量。

2. 试剂。所用水为重蒸馏水。

铁标准工作液（100 微克/毫升）。吸取铁标准贮备液 10 毫升放入 100 毫升容量瓶中，稀释至刻度。

3. 仪器及用具。

（1）原子吸收分光光度计。

（2）试验室常用玻璃器皿。

4. 操作方法。

（1）标准系列溶液配制：吸取铁标准工作液 0 毫升、1 毫升、2 毫升、3 毫升、4 毫升、5 毫升分别置于 50 毫升容量瓶中，加 1＋1 盐酸 2.5 毫升，用水稀释至刻度，混匀。此时容量瓶中溶液的铁浓度分别为 0 微克/毫升、2 微克/毫升、4 微克/毫升、6 微克/毫升、8 微克/毫升、10 微克/毫升。

（2）测定：将标准系列溶液、试样灰化溶液和空白溶液分别喷入火焰中，测其吸收值。测定条件：灯电流 15.0 毫安，波长 248.3 纳米，狭缝 0.2 纳米，空气流量 9.5 升/分，乙炔流量 2.3 升/分，燃烧器高度 7.5 毫米。（可根据仪器型号调至最佳条件）以铁浓度吸收值绘制标准工作曲线。根据试样溶液的吸收值从标准工作曲线上查出溶液中铁的浓度。同一试样进行两次测定，并做空白试验。

5. 计算。试样中铁的含量按下式计算：

$$w = \frac{50 \times \rho \times 10^{-3}}{m \times 10^{-3}}$$

式中，w——铁的含量（毫克/千克）；

m——称取试样的质量（克）；

ρ——从标准工作曲线上查出的试样溶液的铁的浓度（微克/毫升）。

当符合允许差所规定的要求时，取两次测定结果的算术平均值作为结果。精确到 0.01 毫克/千克。

6. 允许差。同分光光度计法。

第四章

蛋及蛋制品的检验

本章学习提要与目标

掌握蛋及蛋制品的感官检验和理化检验方法，学会在生活中对蛋及蛋制品的质量进行感官鉴定，在实验室条件下对蛋及蛋制品的质量进行理化鉴定。

第一节　蛋及蛋制品的感官检验

蛋制品包括冰鸡全蛋、巴氏冰鸡全蛋、冰鸡蛋黄、冰鸡蛋白、巴氏消毒鸡全蛋粉、鸡全蛋粉、鸡蛋黄粉及鸡蛋白片；皮蛋、咸蛋。

一、冰鸡全蛋的感官检验

冰鸡全蛋是指鲜鸡蛋经打蛋、过滤、冷冻制成的蛋制品。

（一）感官指标

坚洁均匀，黄色或淡黄色，具有冰鸡全蛋的正常气味，无异味和杂质。

（二）检验方法

1. 状态。用餐刀在产品的表面上用力压紧，冰冻良好的冰蛋品刀不能入内部，即为冰冻坚硬。样品解冻后肉眼观察冰鸡全蛋，冰蛋白全部为均匀液体，冰蛋黄为稠密均匀的膏状物。

2. 气味。在冰冻状和融化后，分别以嗅觉检验，应具有本品应有的气味而无其他异味，必要时可取样品 20 克于 100 毫升烧杯中，加入 50 毫升沸水，趁热立即嗅其气味。

3. 色泽。解冻前先观察冷冻状态的色泽，解冻后将蛋液注入 50 毫升无色烧杯中，放在白纸上观察。

4. 杂质。取解冻后的蛋液 100 毫升，置于高 5 厘米、宽 30 厘米的白搪瓷盘中，缓缓加清水 100~200 毫升，使成稀释液，然后观察其有无杂质。倘有可疑杂质及未融解的蛋块时，即用镊子取出，再将所余的清液倾入筛孔径为 1 毫米的筛内，过滤，筛上如留有杂质，用水冲洗一次，与以上所检出者一并用放大镜检查。

二、巴氏消毒冰鸡全蛋感官检验

巴氏消毒冰鸡全蛋指鲜鸡蛋经打蛋、过滤、巴氏低温消毒、冷冻制成的蛋制品。

（一）感官指标

坚洁均匀，黄色或淡黄色，具有冰鸡全蛋的正常气味，无异味和杂质。

（二）检验方法

同"冰鸡全蛋"。

三、鸡全蛋粉感官检验

鸡全蛋粉是指鲜鸡蛋经打蛋、过滤、喷雾干燥制成的蛋制品。

感官指标：粉末状或极易松散的块状，均匀淡黄色，具有鸡蛋粉的正常气味，无异味和杂质。

四、巴氏消毒鸡全蛋粉感官检验

巴氏消毒鸡全蛋粉指鲜鸡蛋经打蛋、过滤、巴氏低温消毒、喷雾干燥制成的蛋制品。

感官指标：同"鸡全蛋粉"。

五、鸡蛋白片感官检验

鸡蛋白片指鲜鸡蛋的蛋白，经加工处理、发酵、干燥制成的蛋制品。

（一）感官指标

晶片状及碎屑状，呈均匀淡黄色，具有鸡蛋白片的正常气味，无异味和杂质。

（二）杂质检验

用两倍放大镜检查。

（三）碎屑检验

将全部样品称量，置于直径 300 毫米、筛孔孔径 15 毫米的铜筛中，均匀用力筛 30 转，称量筛下碎屑质量。按下式计算：

$$w = \frac{m_1}{m_p} \times 100$$

式中，w——样品中碎屑含量（%）；

m_1——筛下碎屑质量（克）；

m_p——样品质量（克）。

六、皮蛋的感官检验

皮蛋是以鲜鸭蛋或其他禽蛋为原料经由纯碱和生石灰或烧碱及食盐、茶、水等辅料配成的料液或料泥加工而成的。又称松花蛋、彩蛋、变蛋。

（一）样品抽取

按批次分级别在货件不同部位随机抽样，抽样件数按下式计算。抽取每件总数的 3% 合并在一起进行检验。剖检时，如果样品数量过大，可按四分法缩至 20 枚再进行剖检。

$$S = \sqrt{m/4}$$

式中，S——抽样件数；

m——同批货的总件数。

（二）感官指标

感官指标如表 4-1 所示。

表 4-1　　　　　　　　　　皮蛋感官检验指标

项　目		优　级	一　级	二　级
外观		包泥蛋的泥层和稻壳应薄厚均匀，微湿润。涂料蛋的涂料应均匀。包泥蛋、涂料蛋及光身蛋都不得有霉变，蛋壳要清洁完整	包泥蛋的泥层和稻壳应薄厚均匀，微湿润。涂料蛋的涂料应均匀。包泥蛋、涂料蛋及光身蛋都不得有霉变，蛋壳要清洁完整	包泥蛋的泥层和稻壳要基本均匀，允许有少数露壳或干枯现象。涂料蛋和光身蛋的蛋壳都应清洁完整
蛋内品质	形态	蛋体完整，有光泽、弹性好，有松花，不粘壳。溏心皮蛋呈一般溏心或小溏心。硬心皮蛋呈硬心，或小溏心	蛋体完整，有光泽，有弹性，一般有松花，清心稍大或硬心	部分蛋体不够完整，有粘壳、干缩现象，蛋黄呈大溏心或死心
	颜色	蛋白呈半透明的青褐色或棕色，蛋黄呈墨绿色并有明显的多种色层	蛋白呈半透明的棕色，蛋黄呈墨绿色。色层不够明显	蛋白呈不透明的深褐色或透明的黄色，蛋黄呈绿色，色层不明显
	气味与滋味	具有皮蛋应有的气味与滋味，无异味，不苦、不辣，回味绵长。硬心蛋略带轻辣味	具有皮蛋应有的气味与滋味，无异味，可略带辣味	具有皮蛋的气味和滋味，无异味，可略带辣味

注：①松花指在皮蛋的蛋白凝胶体中或蛋白与蛋黄之间形成的类似松枝状的白色晶体簇；

②溏心指蛋黄中心尚未凝固的粘软部分。中心未凝固部分的直径在 10～20 毫米的为一般溏心，直径大于 20 毫米的为大溏心，直径小于 10 毫米的为小溏心；

③硬心指蛋黄已接近完全凝固，中心部分软而不硬之状态；

④死心指蛋黄完全凝固，中心部分较硬；

⑤包泥蛋指按传统方法在成品蛋外包一层料泥并裹一层稻壳的蛋；

⑥涂料蛋指在成品蛋外涂以各种化学保质剂的蛋；

⑦光身蛋指不包涂任何物质而直接出售的成品蛋。

（三）操作方法

1. 外观检验。将按抽样方法取好的同级样品蛋依次摆开，观察并记录包泥或涂料的均匀性，有无霉变现象。然后洗净壳外泥或涂料，擦干，观察记录蛋壳的清洁程度及破损情况。

2. 振检与透视。将样品蛋逐个在手中颠，以检验蛋的弹性。检验时，优级蛋有明显振颤感，一、二级蛋略有振颤感；如在振摇时发出水响声，表示蛋白尚未凝固，属劣质蛋。振检后将蛋在灯光下透视，透视时优级蛋呈粉红色，一、二级蛋呈深红色。

3. 剖检。将经上述检验的样品蛋去壳后，放在干净的盘中，先观察蛋的整体形态和光泽，检查有无铅斑、霉斑异物（小组块）、松花花纹；然后用刀或线将蛋剖开，进行形态、颜色、气味和滋味等项目的检验，记录检验结果。

（四）次、劣质皮蛋

1. 次蛋：指蛋内质较差的蛋，包括以下几种。

（1）糟头蛋：指部分蛋白凝胶体变软粘手或粘壳。

（2）烂头蛋：指部分蛋白凝胶体再次变成液体，并可流出。

（3）褪色蛋：指在贮存期间蛋全部或部分从深颜色褪至浅颜色或黄色。

（4）异味蛋：指产生了不正常气味的蛋。

次质皮蛋应标明品质，及时销售。

2. 劣质蛋：指蛋内质低劣，不能食用。

3. 臭蛋：发臭变质不能食用的蛋。

4. 水响蛋：指蛋白呈液体状，蛋黄凝固层较薄，手摇时有水响声。

5. 灰白蛋：蛋白呈灰白色，有异味。

6. 羊水蛋：蛋黄凝固层与溏心之间出现一层黑绿色液体并有异味。

七、咸蛋感官检验

⋯⋯蛋是鸭蛋或鸡蛋用食盐腌制而成的。

⋯⋯查

⋯⋯察蛋壳有无⋯⋯　壳内部是否有黑色泛出，咸蛋蛋

⋯⋯好居中。

蛋白混浊，发臭，有时有气。

（三）熟咸蛋检验

将样品缩分至20枚，洗净后加热沸煮15～20分钟，然后纵剖检验。

1. 优质咸蛋：蛋白呈白色或略带青色，柔软而有光泽；蛋黄膜完好，蛋黄结实呈球状，色红或橘黄，有油，具有特异香味。

2. 次质咸蛋：蛋白呈白色或微黄色，无光泽，蛋黄疏松，已有部分溶于蛋白中，色黄或发黑；气味尚正常。

3. 劣质咸蛋：蛋白发灰色或黄色，有凝结块或小空泡；蛋黄有严重溶解现象，色黄或黑；具有臭气或不愉快的气味。

（四）卫生处理

1. 咸蛋经抽样检验，合格率不到80%，不得上市销售，但可作为熟制品出售，或经严格剔除并征得当地卫生部门许可后方可出售。

2. 破壳咸蛋和尚未变质发臭的响水蛋，均应经煮熟后方可出售。

3. 次质的大口流清蛋，可用盐水洗净蛋黄，集中煮熟后方可出售；蛋白不准供食用。

4. 劣质蛋制的咸蛋，或腌制过程中发生变质的咸蛋，均不准供食用。

第二节 蛋及蛋制品的理化检验

一、水分的测定

（一）原理

蛋制品中的水分是

总质量

呈粉红色，一、二级蛋呈深红色。

3. 剖检。将经上述检验的样品蛋去壳后，放在干净的盘中，先观察蛋的整体形态和光泽，检查有无铅斑、霉斑异物（小组块）、松花花纹；然后用刀或线将蛋剖开，进行形态、颜色、气味和滋味等项目的检验，记录检验结果。

（四）次、劣质皮蛋

1. 次蛋：指蛋内质较差的蛋，包括以下几种。
（1）糟头蛋：指部分蛋白凝胶体变软粘手或粘壳。
（2）烂头蛋：指部分蛋白凝胶体再次变成液体，并可流出。
（3）褪色蛋：指在贮存期间蛋全部或部分从深颜色褪至浅颜色或黄色。
（4）异味蛋：指产生了不正常气味的蛋。
次质皮蛋应标明品质，及时销售。
2. 劣质蛋：指蛋内质低劣，不能食用。
3. 臭蛋：发臭变质不能食用的蛋。
4. 水响蛋：指蛋白呈液体状，蛋黄凝固层较薄，手摇时有水响声。
5. 灰白蛋：蛋白呈灰白色，有异味。
6. 羊水蛋：蛋黄凝固层与溏心之间出现一层黑绿色液体并有异味。

七、咸蛋感官检验

咸蛋主要是鸭蛋或鸡蛋用食盐腌制而成的。

（一）外观检查

洗去蛋壳的泥，细察蛋壳有无裂缝，壳内部是否有黑色泛出，咸蛋蛋壳应完整、无裂纹、无破损、表面清洁。

（二）生咸蛋灯光透视照检

外观蛋壳检验后的样品用灯光透视检验。
1. 优质咸蛋：蛋壳完整，无裂纹破损，蛋白清晰透明，蛋黄完好居中。
2. 次质咸蛋：蛋壳有裂纹或破损，蛋黄或许发黑，有时小部分蛋黄膜有溶解现象，蛋白仍清明。
3. 劣质咸蛋：蛋壳严重破损，蛋黄有较严重的溶解现象，黄白混淆蛋白混浊，发臭，有时有气。

（三）熟咸蛋检验

将样品缩分至 20 枚，洗净后加热沸煮 15～20 分钟，然后纵剖检验。

1. 优质咸蛋：蛋白呈白色或略带青色，柔软而有光泽；蛋黄膜完好，蛋黄结实呈球状，色红或橘黄，有油，具有特异香味。

2. 次质咸蛋：蛋白呈白色或微黄色，无光泽，蛋黄疏松，已有部分溶于蛋白中，色黄或发黑；气味尚正常。

3. 劣质咸蛋：蛋白发灰色或黄色，有凝结块或小空泡；蛋黄有严重溶解现象，色黄或黑；具有臭气或不愉快的气味。

（四）卫生处理

1. 咸蛋经抽样检验，合格率不到 80%，不得上市销售，但可作为熟制品出售，或经严格剔除并征得当地卫生部门许可后方可出售。

2. 破壳咸蛋和尚未变质发臭的响水蛋，均应经煮熟后方可出售。

3. 次质的大口流清蛋，可用盐水洗净蛋黄，集中煮熟后方可出售；蛋白不准供食用。

4. 劣质蛋制的咸蛋，或腌制过程中发生变质的咸蛋，均不准供食用。

第二节 蛋及蛋制品的理化检验

一、水分的测定

（一）原理

蛋制品中的水分是指在 100℃ 左右直接干燥的情况下，所失去物质的总质量。

（二）试剂

1. 盐酸（6 摩尔/升）。量取 100 毫升盐酸，加水稀释至 200 毫升。

2. 氢氧化钠溶液（6 摩尔/升）。称取 24 克氢氧化钠，加水溶解并稀释至 100 毫升。

3. 海沙。取用水洗去泥土的海沙或河沙，先用 6 摩尔/升盐酸溶液煮沸 0.5 小时，用蒸馏水洗至中性，再用 6 摩尔/升氢氧化钠溶液煮沸 0.5 小时，用蒸馏水洗至中性，经 105℃ 干燥备用。

（三）仪器及用具

1. 电热恒温干燥箱：95～105℃。

2. 分析天平：万分之一。

3. 称量瓶：铝制或玻璃制。

4. 蒸发皿。

（四）操作方法

1. 固体样品：取洁净称量瓶，置于 95～105℃ 干燥箱中，瓶盖斜支于瓶边，干燥 0.5～1.0 小时，取出，盖上盖子，置于干燥器中冷却 0.5 小时，称量，并重复干燥至恒量。称取 2.0～10.0 克均匀切碎或磨细的样品，放入此称量瓶中，样品厚度约为 5 毫米。加盖，精密称量后，置 95～105℃ 干燥箱中，瓶盖斜支于瓶边，干燥 2～4 小时后，盖好取出放入干燥器中冷却 0.5 小时后称量。然后再放入 95～105℃ 干燥箱中干燥 1 小时左右，取出，放入干燥器中冷却 0.5 小时后再称量。至前后两次质量之差不超过 2 毫克，即为恒量。

2. 半固体或液体样品：取洁净的蒸发皿，内加 10.0 克海沙及一根小玻璃棒，置于 95～105℃ 干燥箱中，干燥 0.5～1.0 小时后取出，放入干燥器中冷却 0.5 小时后称量，并重复干燥至恒量。然后精密称取 5～10 克样品，置于蒸发皿中，用小玻璃棒搅匀放在沸水浴上蒸干，并随时搅拌。擦去皿底的水滴，置于 95～105℃ 干燥箱中干燥 4h 后取出，放入干燥器中冷却 0.5 小时后称量。然后再放入 95～105℃ 干燥箱中干燥 1 小时左右，取出，放入干燥器内冷却 0.5 小时后再称量。至前后两次质量差不超过 2 毫克，即为恒量。

（五）计算

样品中水分的含量按下式计算：

$$w = \frac{m_1 - m_2}{m_1 - m_3} \times 100$$

式中，w——样品中水分的含量（%）；

　　　m_1——称量瓶（或蒸发皿加海沙、玻璃棒）和样品质量（克）；

　　　m_2——称量瓶（或蒸发皿加海沙、玻璃棒）和样品干燥后质量（克）；

　　　m_3——称量瓶（或蒸发皿加海沙、玻璃棒）的质量（克）。

　　注：冰蛋制品水分测定第二种方法：精密称取约 1.5 克样品于已恒重的称量瓶中，置于 120℃ 恒温干燥箱内干燥 2 小时，取出，移入干燥器内，冷却 30 分钟，待冷后一次称量，计算同恒重法。

该方法操作条件比恒重法更应严格。

二、蛋白质的测定

同肉和肉制品检验中"蛋白质"的测定。

三、脂肪的测定

（一）原理

蛋制品中脂肪含量较为丰富，全蛋脂肪含量为 11.3% ~ 15.0%，蛋黄为 30% ~ 30.5%，全蛋粉为 34.5% ~ 42.0%，且大部分属磷脂质，是结合脂类。三氯甲烷是一种有效的脂肪溶剂，蛋制品中脂肪含量即以三氯甲烷浸出物来计算。

（二）试剂

中性三氯甲烷（内含 1% 无水乙醇）。取三氯甲烷，以等量水洗一次，同时按三氯甲烷 20+1 的比例加入 100 克/升的氢氧化钠溶液，洗涤两次静置分层。倾出洗涤液，再用等量的水洗涤 2~3 次，至呈中性。将三氯甲烷用无水氯化钙脱水后，于 80℃ 水浴上进行蒸馏，接取中间馏出液并检查是否为中性。于每 100 毫升三氯甲烷中加入无水乙醇 1 毫升，贮于棕色瓶中。

（三）仪器及用具

1. 脂肪浸提管：玻璃质，管长 150 毫米，内径 18 毫米，底部填脱脂棉。
2. 脂肪瓶：标准磨口，容量约 150 毫升。
3. 真空恒温干燥箱。
4. 分析天平：万分之一。
5. 恒温电热干燥箱。

（四）操作方法

1. 甲法。

（1）冰蛋制品：精密称取 2~2.5 克均匀样品于 100 毫升烧杯中。加约 15 克无水硫酸钠粉末，以玻璃棒搅匀，充分研细，小心移入脂肪浸提管中，用少许脱脂棉拭净烧杯及玻璃棒上附着的样品，将脱脂棉一并移入脂肪浸提管内。

（2）干蛋制品（蛋粉）：精密称取约 1 克混匀的样品，置于脂肪浸提管内，样品上覆以少许脱脂棉（以防样品溅出）。

用 100 毫升中性三氯甲烷分 10 次浸洗管内样品，使油洗净为止，将三氯甲烷移入已知质量的脂肪瓶中，移脂肪瓶于水浴上接冷凝器收回三氯甲烷。将脂肪瓶置于 70~75℃ 恒温真空干燥箱内干燥 4 小时（在开始 30 分钟内抽气至真空度 53 千帕（400 毫米汞柱），以后至少间隔抽三次，每次真空度 700 毫米汞柱以上），取出，移入干燥器内放置 30 分钟，称量，以后每干燥 1 小时（抽气两次）称 1 次，至先后两次称量相差不超过 2 毫克。

2. 乙法。同甲法取样，浸抽，回收三氯甲烷。然后将脂肪瓶放入 78~80℃ 恒温电热干燥箱内干燥 2 小时，取出放入干燥器内 30 分钟，称量。以后每干燥 1 小时称量一次，至先后两次称量之差不超过 2 毫克。

（五）计算

样品中脂肪含量按下式计算：

$$w = \frac{m_2 - m_3}{m_1} \times 100$$

式中，w——样品中脂肪含量（%）；

m_1——样品质量（克）；

m_2——脂肪瓶加脂肪质量（克）；

m_3——脂肪瓶质量（克）。

（六）注意事项

1. 样品处理中加入无水硫酸钠搅拌，脱去样品中水分，使脂肪的浸提更完全。

2. 脂肪烘干恒量过程中应严格控制温度等条件，避免因脂肪氧化造成误差。

四、游离脂肪酸的测定

蛋制品中脂肪因水分和其他杂质的存在，加上酶或热能作用，会逐渐水解生成游离脂肪酸，因此蛋制品中游离脂肪酸含量的多少是其品质好坏的重要指标之一。

（一）原理

将蛋油脂用三氯甲烷提取后以乙醇钠标准溶液滴定，测定其游离脂肪酸（以油酸计）含量。

（二）试剂

1. 中性三氯甲烷（同"脂肪测定"）。

2. 酚酞指示剂（10 克/升乙醇溶液）。

3. 乙醇钠标准溶液（0.05 摩尔/升）。量取 800 毫升无水乙醇，置于锥形瓶中，将 1 克金属钠切成碎片，分次加入无水乙醇中，待作用完毕后，摇匀，密塞、静置过液，将澄清液倾入棕色瓶中。并按下述方法标定。

准确称取约 0.2 克在 105～110℃ 干燥至恒量的基准邻苯二甲酸氢钾，加 50 毫升新煮沸过并冷却的蒸馏水，振摇使之溶解，加 3 滴酚酞指示剂，用 0.05 摩尔/升乙醇钠标准溶液滴定至初现粉红色 30 秒不褪，同时做试剂空白试验，按下式计算。

$$c = \frac{m_1}{(V_1 - V_2) \times 0.02040}$$

式中，c——乙醇钠标准溶液浓度（摩尔/升）；

m_1——邻苯二甲酸氢钾的质量（克）；

V_1——邻苯二甲酸氢钾消耗乙醇钠溶液的体积（毫升）；

V_2——试剂空白消耗乙醇钠溶液的体积（毫升）；

0.02040——1 毫升的 1 摩尔/升乙醇钠标准溶液相当于邻苯二甲酸
氢钾的克数。

（三）操作方法

将测定脂肪后所得干燥浸出物以 30 毫升中性三氯甲烷溶解，加 3 滴
酚酞指示剂，用 0.05 摩尔/升乙醇钠标准溶液滴定，至溶液呈现粉红色
30 秒不褪为终点。

（四）计算

样品中游离脂肪酸的含量用下式计算：

$$w = \frac{V_3 \times c \times 0.2820}{m_2}$$

式中，w——样品中游离脂肪酸含量（以油酸计）（%）；

　　　　V_3——样品消耗乙醇钠标准溶液体积（毫升）；

　　　　c——乙醇钠标准溶液浓度（摩尔/升）；

　　　　m_2——测定脂肪时所得干燥浸出物的质量（克）；

　　　　0.2820——1 毫升的 1 摩尔/升乙醇钠标准溶液相当于油酸的克数。

（五）注意事项

1. 配制乙醇钠溶液时，钠与乙醇作用放出氢气，故应远离火焰，并
戴上眼镜与手套以做好防护。

2. 金属钠切下的表面碎片应放回原煤油液中保存，切勿接触水，以
免着火。

3. 乙醇钠标准溶液浓度易变，最好每星期标定一次或临用前标定。

4. 游离脂肪酸和酸价有一换算关系，如下式所示：

　　　　　游离脂肪酸（以油酸计）= 酸价 × 0.503

式中，酸价——蛋品中 1 克油脂中所含游离脂肪酸所需氢氧化钾毫克数；

　　　　0.503——经验数值。

五、总酸度的测定

总酸度包括未离解的酸的浓度和已离解的酸的浓度，是食品中所有酸
性成分的总量，通常用所含主要酸的百分数表示。鸡蛋白片需要进行此项

目的测定。

（一）原理

根据中和样品水溶液消耗氢氧化钠标准溶液的体积计算总酸度。

（二）试剂

1. 氢氧化钠标准溶液（0.05摩尔/升）。
2. 酚酞指示液（10克/升乙醇溶液）。

（三）操作方法

精密称取约10克研碎的样品，置于250毫升烧杯中，先加约20毫升水，用玻璃棒轻轻搅拌，再加约150毫升水，待全部溶解后移入500毫升容量瓶中，用水洗净烧杯中残余物，洗液并入容量瓶中，加水至刻度，混匀静置2小时后，再继续摇匀，用定量滤纸过滤至500毫升锥形瓶中，弃去最初滤液30毫升，用移液管吸取50.0毫升滤液，置于250毫升锥形瓶中，加50毫升水，摇匀，加酚酞指示液5滴，用0.05摩尔/升氢氧化钠标准溶液滴定至呈现粉红色30秒内不褪色。同时吸取100毫升水做空白试验。

（四）计算

样品中的总酸度按下式计算：

$$w = \frac{(V - V_0) \times 0.09 \times c}{m \times (50/500)} \times 100$$

式中，w——样品中的总酸度（以乳酸计）（%）；

V——样品溶液消耗氢氧化钠标准溶液的体积（毫升）；

V_0——空白试验消耗氢氧化钠标准溶液的体积（毫升）；

c——氢氧化钠标准溶液浓度（摩尔/升）；

m——样品质量（克）；

0.09——1毫升的1摩尔/升氢氧化钠[$c(NaOH) = 1.000$摩尔/升]标准溶液相当于乳酸的克数。

六、总碱度的测定

碱是加工皮蛋不可缺少的原料之一，但用量要适当，既不损于皮蛋的特殊风味，又不损害人体健康，为此皮蛋检验总碱度是必要的。

（一）原理

样品的总碱度是指样品灰分中能与强酸（如盐酸、硫酸等）相作用的所有物质的含量，按 100 克样品消耗 1 摩尔/升盐酸量计算。

（二）试剂

1. 氢氧化钠标准溶液（0.1 摩尔/升）。
2. 盐酸标准溶液（0.1 摩尔/升）。
3. 酚酞指示液（10 克/升乙醇溶液）。
4. 氯化钙溶液（400 克/升）：称取无水氯化钙 40 克，溶于 100 毫升水中，加酚酞指示液 3 滴，用 0.1 摩尔/升盐酸中和过滤备用。

（三）仪器及用具

1. 高温炉：550℃。
2. 电热恒温干燥箱：120℃。
3. 调温电炉。
4. 瓷坩埚：50 毫升。
5. 滴定管：50 毫升。

（四）操作方法

1. 样品制备。将 5 只皮蛋洗净，去壳。按皮蛋与水 2∶1 的比例加入水，在捣碎机中捣成匀浆。

2. 操作步骤。称取 10 克制备盖子的样品，置于坩埚中，先于 120℃加热 3 小时，再以小火碳化至无烟，再置高温炉中于 550℃灰化 1~2 小时。取出冷却（如灰化不完全，加 2 毫升水，用玻璃棒搅碎，置于水浴上蒸干，再灰化 1 小时）。用热水将灰分洗入烧杯中，充分洗涤坩埚，洗液并入烧杯中，加入 50.0 毫升 0.1 摩尔/升盐酸标准溶液，烧杯上盖以表面皿，小心加热煮沸至微沸 5 分钟，冷却。加 400 克/升氯化钙溶液 30 毫升及酚酞指示液 10 滴，以 0.1 摩尔/升氢氧化钠标准溶液滴定至溶液初现微红色，30 秒不褪色为终点。

（五）计算

样品中总碱度按下式计算：

$$x = \frac{c_1 V_1 - c_2 V_2}{m} \times 100$$

式中，x——样品中总碱度（摩尔/100 克）；

c_1——盐酸标准溶液浓度（摩尔/升）；

c_2——氢氧化钠标准溶液浓度（摩尔/升）；

V_1——加入盐酸标准溶液的体积（毫升）；

V_2——样品消耗氢氧化钠标准溶液的体积（毫升）；

m——样品质量（克）。

（六）注意事项

1. 根据本法的原理，主要测定能与强酸（如盐酸、硫酸）相作用的物质，加 400 克/升氯化钙溶液的作用是除去碳酸盐，以免最后增加氢氧化钠标准溶液的用量，使测定结果偏离。

2. 测定皮蛋的总碱度时，灼烧灰分比较困难，一定要反复灼烧或延长灼烧时间。

3. 该检验方法是反滴定法，用氢氧化钠标准溶液滴定过量的盐酸，故盐酸的加入量一定要准确，否则会影响测定结果。

4. 加热煮沸时，必须要控制温度，避免溶液溅出损失。

七、锌的测定

测定制品中的锌有双硫腙、锌试剂等光度法及火焰原子吸收光度法和极谱法。现在常用原子吸收光度法，其灵敏度高，干扰元素少且简便快速。双硫腙比色法作为标准方法，条件要求严格。本书介绍原子吸收光度法。

（一）原理

样品用干法处理后，以稀盐酸溶解灰分，制成溶液，直接喷入原子吸收分光光度计，在 213.8 纳米波长处测吸光度，与标准系列比较定量。

（二）仪器与试剂

1. 原子吸收分光光度计。

2. 盐酸（优级纯）。

3. 锌标准贮备液（0.5 毫克/毫升）。称取 0.5000 克金属锌（99.99%）溶于 10 毫升盐酸中，然后在水浴上蒸发至近干。用少量水溶解后移入1000 毫升容量瓶中，以水稀释至刻度，摇匀，贮于聚乙烯瓶中。

4. 锌标准工作液（10 微克/毫升）。准确吸取 5.00 毫升标准储备液于 250 毫升容量瓶中，加 2 毫升 2 摩尔/升盐酸，用水稀释至刻度。

（三）操作

1. 样品处理。

（1）取 5.00 克样品于瓷坩埚中，置于电炉上碳化，然后移入 550℃ 的马弗炉中灰化至白色灰烬。

（2）冷却后，用 1 毫升 1＋1 盐酸溶解，移入 50 毫升容量瓶中，用水稀释至刻度。同时做空白试验。

2. 标准曲线。准确吸取 10 微克/毫升锌标准工作液 0 毫升、0.20 毫升、0.40 毫升、0.60 毫升、0.80 毫升、1.00 毫升分别置于 10 毫升容量瓶中，用 0.1 摩尔/升盐酸定容，摇匀。直接喷入原子吸收分光光度计进行测定，以锌的浓度为横坐标，吸光度为纵坐标，绘制标准曲线。

测量步骤。将空白试液、样品溶液、标准系列按下列条件直接喷雾测定。

分析线波长	213.9 纳米
灯电流	4 毫安
狭缝宽度	0.5 纳米
空气流量	8 升/分
乙炔流量	2.0 升/分

（四）计算

样品中锌的含量按下式计算：

$$w = \frac{\rho V}{m}$$

式中，w——样品中锌的含量（毫克/千克）；

ρ——测定时扣除空白后样液中锌的质量浓度（微克/毫升）；

V——样品溶液的体积（毫升）；

m——样品的质量（克）。

八、硒的测定——氢化物原子荧光光谱法

（一）原理

样品经酸加热消化后，在 6 摩尔/升盐酸（HCl）介质中，将样品中的六价硒还原成四价硒，用硼氢化钠（NaBH$_4$）或硼氢化钾（KBH$_4$）作还原剂，将四价硒在盐酸介质中还原成硒化氢（SeH$_2$），由载气（氩气）带入原子化器中进行原子化，在硒特制空心阴极灯照射下，基态硒原子被激发至高能态，在去活化回到基态时，发射出特征波长的荧光，其荧光强度与硒含量成正比。然后与标准系列比较定量。

（二）试剂

本方法中，除特殊规定外，所用试剂为分析纯，试验用水为蒸馏水或同等纯度水。

1. 硝酸（优级纯）。
2. 高氯酸（优级纯）。
3. 盐酸（优级纯）。
4. 混合酸：硝酸 + 高氯酸（4 + 1）。
5. 氢氧化钠（优级纯）。
6. 硼氢化钠溶液（8 克/升）。称取 8.0 克硼氢化钠（NaBH$_4$），溶于氢氧化钠溶液（5 克/升）中，然后定容至 1000 毫升。
7. 铁氰化钾（100 克/升）。称取 10.0 克铁氰化钾（K$_3$Fe（CN）$_6$）溶于 100 毫升蒸馏水中，混匀。
8. 硒标准储备液。精确称取 100.0 毫克硒（光谱纯），溶于少量硝酸中，加 2 毫升高氯酸，置沸水浴中加热 3 ~ 4 小时，冷却后再加 8.4 毫升盐酸，再置沸水浴中煮 2 分钟，准确稀释至 1000 毫升，其盐酸浓度为 0.1 摩尔/升，此储备液浓度为每毫升相当于 100 微克硒。
9. 硒标准应用液。取 100 微克/毫升硒标准储备液 1.0 毫升，定容至 100 毫升，此应用液浓度为 1 微克/毫升。

（三）仪器

1. AFS – 210 双道原子荧光光度计或同类仪器。

2. 电热板。

3. 自动控温消化炉。

（四）分析步骤

1. 样品处理及消化。

（1）样品于60℃烘干，用不锈钢磨粉碎，储于塑料瓶内备用。

（2）称取0.5~2.0克样品于150毫升高筒烧杯内，加10.0毫升混合酸及几粒玻璃珠，盖上表面皿冷消化过夜。次日于电热板上加热，并及时补加混酸。当溶液变为清亮无色并伴有白烟时，再继续加热至剩余体积2毫升左右，切不可蒸干。冷却，再加5毫升6摩尔/升盐酸，继续加热至溶液变为清亮无色并伴有白烟出现，以完全将六价硒还原成四价硒。冷却，转移定容至50毫升容量瓶中。同时做空白试验。

（3）吸取10毫升样品消化液于15毫升离心管中，加浓盐酸2毫升，铁氰化钾溶液1毫升，混匀待测。

2. 标准曲线的配制。分别取0.0毫升、0.1毫升、0.2毫升、0.3毫升、0.4毫升、0.5毫升标准应用液置于15毫升离心管中，用去离子水定容至10毫升，再分别加浓盐酸2毫升，铁氰化钾1毫升混匀，制成标准工作曲线。

3. 测定。

（1）仪器参考条件。负高压：340伏；灯电流：100毫安；原子化温度：800℃；炉高：8毫米；载气流速：500毫升/分钟；屏蔽气流速：1000毫升/分钟；测量方式：标准曲线法；读数方式：峰面积；延迟时间：1秒；读数时间：15秒；加液时间：8秒；进样体积：2毫升。

（2）测定。根据实验情况任选以下一种方法。

浓度测定方式测量：设定好仪器最佳条件，逐步将炉温升至所需温度后，稳定10~20分钟后开始测量。连续用标准系列的零管进样，待读数稳定之后，转入标准系列测量，绘制标准曲线。转入样品测量，分别测定样品空白和样品消化液，每测不同的样品前都应清洗进样器。样品测定结果按以下公式计算：

$$X = \frac{(\rho - \rho_0) \times V \times 1000}{m \times 1000} \times F$$

式中，X——样品中硒的含量（毫克/千克或毫克/升）；

ρ——样品消化液测定质量浓度（纳克/毫升）；

ρ_0——样品空白消化液测定质量浓度（纳克/毫升）；

m——样品质量（体积）（克或毫升）；

V——样品消化液总体积（毫升）；

F——稀释倍数。

仪器自动计算结果方式测量：设定好仪器最佳条件，在样品参数画面输入以下参数：样品质量（克或毫升），稀释体积（毫升），并选择结果的浓度单位。逐步将炉温升至所需温度后，稳定 10~20 分钟后开始测量。连续用标准系列的零管进样，待读数稳定之后，转入标准系列测量，绘制标准曲线。在转入样品测定之前，先进入空白值测量状态，用样品空白消化液进样，让仪器取其均值作为扣底的空白值。随后即可依次测定样品。测定完毕后，选择"打印报告"即可将测定结果自动打印。

本标准检出限：仪器检出限为 0.5 纳克/毫升。

第五章

乳及乳制品的检验

了解乳及乳制品的取样方法，掌握乳及乳制品的感官检验和理化检验方法，学会在生活中对乳及乳制品的质量进行感官鉴定，在实验室条件下对乳及乳制品的质量进行理化鉴定。

第一节 取 样

一、取样方法

根据各种乳及乳制品性质的不同，取样方法也不同。

(一) 原料乳的取样方法

1. 小型容器取样，应该用密封完整的容器的内容物作为样品。化学分析的鲜乳样品可加适量对分析没有影响的防腐剂，并在标签和报告中注明。细菌和感官检验用的样品不得使用防腐剂，但必须保存在 0 ~ 5℃冷藏容器中，运输途中也不可超过 10℃，并须防止日光直射。

2. 大容器取样，应上、下持续搅拌 25 次以上，直至充分混匀，然后直接用长柄勺取样。

3. 牛乳样品应贮于 2 ~ 6℃的环境中，以防变质。冰冻乳应预先加温融化，升温到 20℃时充分摇匀后方可取样。

（二）成品液体乳取样方法

1. 巴氏杀菌乳。

（1）取样：产品应按生产班次分批，连续生产不能分批者，则按生产日期分批。产品应分批编号，按批号取样检验；取样量参照 GB/T 2828.1—2003 正常检验一次抽样方案抽样，AQL 值和检验水平由企业根据实际情况而定。如批量在 1201～3200 件，AQL 值为 0.1%，检测水平为一般水平 Ⅱ 时取样量为 125 袋。

（2）所取样品应贴上标签，标明下列各项：产品名称、生产单位及生产日期、采样日期及时间、产品数量及批号。

（3）取样气温在 20℃ 以上时，应备冷藏箱，冷藏温度应在 2～6℃，所取样品应及时检验，如不能及时检验者，应贮于 2～6℃ 的冷库内。

2. 灭菌乳。

（1）取样：产品应按生产班次分批，连续生产不能分批者，则按生产日期分批。产品应分批编号，按批号取样检验；取样量参照 GB/T 2828.1—2003 正常检验一次抽样方案抽样，AQL 值和检验水平由企业根据实际情况而定。如批量在 1201～3200 件，AQL 值为 0.1%，检测水平为一般水平 Ⅱ 时取样量为 125 袋。

（2）所取样品应贴上标签，标明下列各项：产品名称、生产单位及生产日期、采样日期及时间、产品数量及批号。

3. 酸牛乳。

（1）取样：产品应按生产班次分批，连续生产不能分别按班次者，则按生产日期分批。产品应分批编号，按批号取样检验。取样量不少于 20 个最小包装，总量不少于 3500 毫升。

（2）所取样品贴上标签，标明下列各项：产品名称、生产单位、生产日期、采样日期及时间、产品数量及批号。

（3）所取样品应及时检验，不能及时检验者，应贮存于温度为 2～10℃ 的冷库或冰箱内。

（三）乳粉的取样方法

1. 产品以生产班次分批，连续生产不能分别按班次者，则以贮粉罐分批。产品应分批编号，按批号取样检验。乳粉用大袋或桶包装者，则开启总数的 1%，用 83 厘米的长开口采样杆（预先要灭菌）自容器的四角及中心采取样品各一杆，放在盘中搅匀，抽取的样品总量不少于4000克;采用听装、袋装和盒装的样品,可以按批号分开,自该批产品堆放的不同部位随机抽取10个或更多个包装单位样品,使样品总量不少于4000克。其中1个包装单位进行微生物指标检验,7个包装单位进行其他卫生指标、感官和理化指标检验,2个包装单位留作备用。

2. 所取样品贴上标签,标明下列各项:产品名称、生产单位、生产日期、采样日期、产品数量及批号。产品标示应鲜明、整洁,外包装箱需完整、干燥。

二、样品的制备

样品制备的目的,在于保证样品十分均匀,使我们在分析的时候,取任何部分都能代表全部被测物质的成分。常见的乳及乳制品样品制备方法有摇动与搅拌,特殊要求的按检验方法中的规定处理。根据不同乳及乳制品的性质不同,分别介绍如下:

(一)原料乳样品的制备

检验前,无论是理化指标检验或卫生指标检验,所有样品从冷藏处取出后均需升温至40℃,上下剧烈摇荡,使内部脂肪完全融化并混合均匀后再降温至20℃,用吸管取样进行检验。冰冻乳应预先加温融化,升温到20℃时充分摇匀后方可取样。

(二)成品液体乳样品的制备

将样品反复从一个容器倒入另一个容器中,使样品完全混合。如果脂肪有上浮和挂壁现象,则应将样品缓慢加热到不超过37.8℃的温度,充分混合,冷却到15~25℃后取样。

(三)乳粉类样品的制备

将样品在容器内来回翻转和摇混,必要时,将所有样品全部移入一密闭容器内充分混合后再取样分析。

三、样品的保存

采取的样品，为了防止其水分或挥发性成分散失以及其他待测成分含量的变化，应在短时间内进行分析，尽量做到当天样品当天分析。

制备好的样品应装入磨口玻璃瓶中，易变质的样品应放在冰箱中保存。特殊情况下可允许加入适量不影响结果的防腐剂。检验后的样品保存：一般样品在检验结束后应保留一个月，以备需要时复检。易变质乳品不予保留，保存时应加封并尽量保持原状。

此外，样品保存环境要清洁干燥，存放的样品要按日期、批号、编号摆放，以便查找。

第二节　乳及乳制品的感官检验

一、液体乳的感官检验

（一）液体乳感官检验条件

1. 液体乳感官检验应在感官检验室进行，室内应按检验人数设置检验桌，桌上应配置足够强度的日光灯、足量的矿泉水（漱口用）、水杯、感官记录表、记录笔和本。

检验室的温度，应控制在20℃左右（特殊样品另有规定）。

2. 检验人员应穿好工作服、戴好工作帽，洗净双手，方可工作。

3. 感官检验样品应分类统一编号，样品编号对检验员、对内、对外要绝对保密。

4. 盛装样品的容器最好选用100毫升的烧杯，分样员在倾倒样品时，注意轻轻沿杯壁倒入，防止气泡产生。

5. 在感官检验中，若检验人员提出加热样品进行品尝和嗅味时，在检验室应配置样品加热的水浴锅，预置60～70℃。

（二）液体乳感官检验方法及评分要求

凡以牛奶为原料，以流动状态生产、销售，靠感官进行感官评价的皆称液体乳或液体乳制品。液体乳品种包括：巴氏杀菌乳（全脂和脱脂）、灭菌乳（灭菌纯牛乳、部分脱脂灭菌纯牛乳、脱脂灭菌纯牛乳和调味灭菌乳）、酸乳等。

1. 巴氏杀菌乳的感官检验方法及评分要求。

（1）感官检验方法。

①色泽和组织状态。将样品置于自然光下观察色泽和组织状态。

②滋味和气味。在通风良好的室内，取样品先闻其气味，然后品尝其滋味，多次品尝时应用温开水漱口。

（2）感官要求及评分。

①巴氏杀菌乳的感官项目及分数。巴氏杀菌乳感官指标按百分制评定，其中各项分数如表5-1所示。

表5-1　　　　　　　　　巴氏杀菌乳感官评分分数

项　目	分　数
滋味和气味	60
组织状态	30
色泽	10

②巴氏杀菌乳的感官评分。巴氏杀菌乳分为全脂巴氏杀菌乳和脱脂巴氏杀菌乳，对其感官项目分别进行评分。

1）全脂巴氏杀菌乳的感官评分如表5-2所示。

表5-2　　　　　　　　　全脂巴氏杀菌乳的感官评分

项　目	特　征	得分
滋味和气味（60分）	具有全脂巴氏杀菌乳的纯香味，无其他异味	60
	具有全脂巴氏杀菌乳纯香味，稍淡，无其他异味	59~55
	具有全脂巴氏杀菌乳固有的香味，且此香味延展至口腔的其他部位，或舌部难以感觉到牛乳的醇香，或具有蒸煮味	56~53
	有轻微饲料味	54~51
	滋、气味平淡，无乳香味	52~49
	有不清洁或不新鲜滋味和气味	50~47
	有其他异味	48~45

项　目	特　征	得分
组织状态 (30分)	呈均匀的流体。无沉淀，无凝块，无机械杂质，无粘稠和浓厚现象，无脂肪上浮现象	30
	有少量脂肪上浮现象外基本呈均匀的流体。无沉淀，无凝块，无机械杂质，无粘稠和浓厚现象	29～27
	有少量沉淀或严重脂肪分离	26～20
	有粘稠和浓厚现象	20～10
	有凝块或分层现象	10～0
色泽 (10分)	呈均匀一致的乳白色或稍带微黄色	10
	均匀一色，但显黄褐色	8～5
	色泽不正常	5～0

2）脱脂巴氏杀菌乳的感官评分如表5-3所示。

表5-3　　　　　　　　　　　脱脂巴氏杀菌乳的感官评分

项　目	特　征	得分
滋味和气味 (60分)	具有脱脂巴氏杀菌乳的纯香味，且香味停留于舌部，无油脂香味，无其他异味	60
	具有脱脂巴氏杀菌乳的纯香味，且稍清淡，无油脂香味，无其他异味	59～55
	有轻微饲料味	57～53
	有不清洁或不新鲜滋味和气味	56～51
	有其他异味	53～45
组织状态 (30分)	呈均匀的流体。无沉淀，无凝块，无机械杂质，无粘稠和浓厚现象	30
	有少量沉淀	29～20
	有粘稠和浓厚现象	22～16
	有凝块或分层现象	17～0
色泽 (10分)	呈均匀一致的乳白色或稍带微黄色	10
	均匀一色，但显黄褐色	8～5
	色泽不正常	5～0

2. 灭菌乳感官检验方法及评分要求。

（1）感官检验方法。

①将样品置于水平台上，打开样品包装，保证样品不倾斜、不外溢。

②首先闻样品的气味，然后观察样品外观、色泽、组织状态，最后品尝其滋味。

③取适量样品徐徐倾入250毫升烧杯中，在自然光下观察色泽和组织

状态。

④用温开水漱口，然后品尝样品的滋味及气味。

（2）感官指标评定及评分要求。

①灭菌乳的感官项目按百分制评定，其中各项分数如表5-4所示。

表5-4　　　　　　　　　　　灭菌乳感官评分分数

项　目	分　数
滋味和气味	50
组织状态	30
色泽	20

②按灭菌乳的分类，对其分别进行感官评分，其中部分脱脂灭菌乳和脱脂灭菌乳按同一类产品进行感官评分。

1）灭菌纯牛乳。

a. 全脂灭菌纯牛乳感官评分如表5-5所示。

表5-5　　　　　　　　　　全脂灭菌纯牛乳感官评分

项　目	特　征	得分
滋味和气味 （50分）	具有灭菌纯牛乳特有的醇香味，无异味	50
	乳香味平淡，不突出，无异味	45~49
	有过度蒸煮味	40~45
	有非典型的乳香味，香气过浓	35~39
	有轻微陈旧味，奶味不纯，或有奶粉味	30~34
	有非牛奶应有的让人不愉快的异味	20~29
色泽 （20分）	具有均匀一致的乳白色或微黄色	20
	颜色呈略带焦黄色	15~19
	颜色呈白色至青色	13~17
组织状态 （30分）	呈均匀的液体，无凝块。无粘稠现象	30
	呈均匀的液体，无凝块，无粘稠现象，有少量沉淀	25~29
	有少量上浮脂肪絮片，无凝块，无可见外来杂质	20~24
	有较多沉淀	11~19
	有凝块现象	5~10
	有外来杂质	5~10

b. 部分脱脂灭菌纯牛乳、脱脂灭菌纯牛乳感官评分如表5-6所示。

表 5 - 6　　　　　部分脱脂灭菌纯牛乳、脱脂灭菌纯牛乳感官评分

项　目	特　征	得分
滋味和气味 (50分)	具有脱脂后灭菌牛乳的香味，奶味轻淡，无异味	50
	有过度蒸煮味	40~49
	有非典型的乳香味，有外来味	30~39
	有轻微陈旧味，奶味不纯，或有奶粉味	25~29
	有非牛奶应有的让人不愉快的异味	20~24
色泽 (20分)	具有均匀一致的乳白色	20
	颜色呈略带焦黄色	15~19
	颜色呈白色至青色	13~17
组织状态 (30分)	呈均匀的液体，无凝块，无粘稠现象	30
	呈均匀的液体，无凝块，无粘稠现象，有少量沉淀	25~29
	有少量上浮脂肪絮片，无凝块，无可见外来杂质	20~25
	有较多沉淀	11~19
	有凝块现象	5~10
	有外来杂质	5~10

2）调味灭菌乳。

a. 全脂灭菌调味乳感官评分如表 5 - 7 所示。

表 5 - 7　　　　　　　全脂灭菌调味乳感官评分

项　目	特　征	得分
滋味和气味 (50分)	具有灭菌调味乳应有的香味，无异味	50
	调香气味不舒适，过浓或感觉不到	40~45
	有轻微陈旧味	30~39
	有令人不愉快的异味	20~25
色泽 (20分)	具有均匀一致的乳白色或调味乳应有的色泽	20
	不是应有的颜色或颜色非典型	15~19
	呈现令人不愉快的颜色	13~14
组织状态 (30分)	呈均匀的液体，无凝块，无粘稠现象	30
	呈均匀的液体，无凝块，无粘稠现象，有少量沉淀	25~29
	有少量脂肪上浮絮片，无凝块，无可见外来杂质	20~24
	有较多沉淀	11~19
	有凝块现象	5~10
	有水析现象	5~10
	有外来杂质	5~10

b. 部分脱脂灭菌调味乳、脱脂灭菌调味乳感官评分如表 5 - 8 所示。

表5－8 部分脱脂灭菌调味乳、脱脂灭菌调味乳感官评分

项 目	特 征	得分
滋味和气味 （50分）	具有脱脂后灭菌调味乳的香味，奶味轻淡，无异味	50
	调香气味不舒适，过浓或感觉不到	40～45
	有轻微陈旧味	35～39
	有令人不愉快的异味	20～24
色泽 （20分）	具有均匀一致的乳白色或调味乳应有的颜色	20
	不是应有的颜色或颜色非典型	15～19
	呈现令人不愉快的颜色	13～15
组织状态 （30分）	呈均匀的液体，无凝块，无粘稠现象，有少量沉淀	30
	有少量上浮脂肪絮片，无凝块，无可见外来杂质	20～29
	有较多沉淀	11～19
	有凝块现象	5～9
	有外来杂质	5～9

3. 酸牛乳感官检验方法及评分要求。

（1）感官检验方法。

①酸牛乳样品须置于4～6℃冷藏环境中，感官检验开始前取出，检验时温度应在6～10℃范围内。

②色泽：取适量样品于50毫升透明容器中，在灯光下观察其色泽。

③滋味和气味：先闻气味，然后用温开水漱口，再品尝样品的滋味。

④组织状态：取适量试样于50毫升透明容器中，在灯光下观察其组织状态。

（2）感官指标评定及评分要求。

①感官检验项目按百分制评定，其中各项分数如表5－9所示。

表5－9 酸牛乳感官评分分数

项 目	分 数
色泽	10
滋味和气味	40
组织状态	50

②各项目的评分标准如表5－10所示。

表 5 – 10　　　　　　　　酸牛乳感官评分

项 目	特　征		得分
	纯酸牛奶、原味酸牛奶、果料酸牛奶		
	凝固型	搅拌型	
色泽 (10分)	呈均匀乳白色、微黄色或果料固有的颜色		10 ~ 8
	淡黄色		8 ~ 6
	浅灰色或灰白色		6 ~ 4
	绿色、黑色斑点或有霉菌生长、异常颜色		4 ~ 0
滋味和气味 (40分)	具有酸牛乳固有滋味和气味或相应的果料味，酸味和甜味比例适当		40 ~ 35
	过酸或过甜		35 ~ 20
	有涩味		20 ~ 10
	有苦味		10 ~ 5
	异常滋味或气味		5 ~ 0
组织状态 (50分)	组织细腻、均匀、表面光滑、无裂纹、无气泡、无乳清析出	组织细腻、凝块细小均匀滑爽、无气泡、无乳清析出	50 ~ 40
	组织细腻、均匀、表面光滑、无气泡、有少量乳清析出	组织细腻、凝块大小不均、无气泡、有少量乳清析出	40 ~ 30
	组织粗糙、有裂纹、无气泡、有少量乳清析出	组织粗糙、不均匀、无气泡、有少量乳清析出	30 ~ 20
	组织粗糙、有裂纹、有气泡、乳清析出	组织粗糙、不均匀、有气泡、乳清析出	20 ~ 10
	组织粗糙、有裂纹、有大量气泡、乳清析出严重、有颗粒	组织粗糙、不均匀、有大量气泡、乳清析出严重、有颗粒	10 ~ 0

（三）液体乳感官项目的一般缺陷

1. 色泽：用乳粉和部分乳粉加工的液体奶，外观色泽较深，常常见到少量乳清蛋白沉淀颗粒。

2. 滋味和气味：原料乳干物质偏低使得成品灭菌乳平淡无味，部分复原乳有热煮味，贮存时间较长的乳粉生产出的液体奶常伴有轻度氧化味。

3. 组织状态：生产工艺均质效果不好，易造成产品脂肪上浮。

二、乳粉感官检验方法

乳粉类包括全脂乳粉、全脂加糖乳粉、婴儿配方乳粉、中老年奶粉、豆奶粉等。其感官检验内容包括滋味与气味、组织状态、色泽和冲调等各项。

（一） 样品准备和检验室要求

首先将样品编号，编号是在样品分类的基础上进行的。然后按编号将袋剪开，勿将塑料袋碎片混入粉中。样品准备室要求明亮、干净、无棚皮和墙皮脱落现象，准备室要求光线充足，不得开窗。工作人员穿好工作服，要戴好帽子和口罩，绝不允许工作人员将异物带入样品中，样品盘编号不能用红蓝铅笔书写，可用油笔或橡皮膏贴好用钢笔书写。

取样量为每份样品不少于 30 克，不多于 50 克，评比样品中尽量一致，从开袋到检验不应超过 15 分钟，一轮不超过 5 个样品。

检验室要求每个检验人员都有独立的工作台桌，台前放样，台上安好红灯和日光灯，最好不用白炽灯。在品评滋味与气味时，开红灯，让评委不能分辨样品，只能根据滋味与气味判定。在品评滋味与气味结束后开日光灯，再进行组织状态、色泽和冲调性评定。检验台旁还应放置漱口杯或下水池，以便倾倒冲调后样品和漱口水。

同时还应给检验人员准备好评分表、笔、勺和毛巾，勺应选用不锈钢勺，不得用铝勺，根据检验人员要求还可给检验人员准备一些硫酸纸，用于检验样品中的硬粒。

（二） 感官检验方法步骤及评分要求

1. 感官检验方法。

（1）滋味和气味。应在红灯下评定滋味和气味。首先用清水漱口，然后取按定量冲调好的样品，用鼻子闻气味，最后喝一口（约 5 毫升）仔细品尝再咽下。

（2）组织状态和色泽。在日光灯或自然光线下观察其组织状态，首先按样品编号做样品色泽判定，其次进行组织状态评定。

（3）乳粉冲调性试验。乳粉的冲调性可通过下沉时间、热稳定性（蛋白变性点）、挂壁及团块来判定。

①下沉时间。量取 50～55℃的蒸馏水 100 毫升放入 200 毫升烧杯中，称取 13.6 克待检奶粉，倒入烧杯上方的漏斗（上下口外径相同）后，用刮刀器使样品均匀分布在玻璃或有机玻璃底板中，在把底板抽走的同时启动秒表开始计时（抽底板的动作要轻而连续，让奶粉均匀地落在水面上）。待水面上的奶粉全部下沉后结束计时，记录奶粉下

沉时间。

②热稳定性（蛋白变性点）、挂壁及团块情况。检验完奶粉的"下沉时间"后，立即用大号塑料勺沿容器壁按每秒转动两周的速度进行匀速搅拌（顺时针），搅拌时间为1分钟，然后观察复原乳的挂壁情况；将复原乳（约2塑料勺）倾倒在黑色塑料盘中观察小白点情况；最后观察容器底部是否有不溶团块。

2. 乳粉感官项目要求及评分。

（1）乳粉感官项目及分数。感官项目按百分制评定，其中各项分数如表5-11所示。

表5-11 乳粉感官评分分数

项 目	分 数
滋味及气味	40
冲调性	30
组织状态	20
色泽	10

（2）按乳粉分类分别进行感官评分。

①全脂乳粉感官评分如表5-12所示。

表5-12 全脂乳粉感官评分

项 目	特 征	得分
滋味及气味 （40分）	浓郁的乳香味	40
	乳香味不浓，无不良气味	39~32
	夹杂其他异味	31~24
	乳香味不浓，同时明显夹杂其他异味	23~16
色泽 （10分）	色泽均一，呈乳黄色或浅黄色；有光泽	10
	色泽均一，呈乳黄色或浅黄色；略有光泽	9~8
	黄色特殊或带浅白色	7~6
	色泽异常	5~4
组织状态 （20分）	颗粒均匀、适中、松散、流动性好	20
	颗粒较大或稍大，不松散，有结块或少量结块，流动性较差	19~16
	颗粒细小或稍小，有较多结块，流动性较差；有少量肉眼可见的焦粉粒	15~12
	粉质粘连，流动性非常差；有较多肉眼可见的焦粉粒	11~18

续表

项　目		特　征	得分
冲调性 (30分)	下沉时间 (10分)	≤10s	10
		11～20s	9～8
		21～30s	7～6
		≥30s	5～4
	挂壁和 小白点 (10分)	小白点≤10个，颗粒细小；杯底无小白点和絮片	10
		有少量小白点，颗粒细小；杯底上的小白点和絮片≤10个	9～8
		有少量小白点，周边较多，颗粒细小；杯壁有少量小白点和絮片	7～6
		有大量小白点和絮片，中间和四周无明显区别；杯壁有大量小白点和絮片而不下落	5～4
	团块 (10分)	0	10
		1≤团块≤5	9～8
		5＜团块≤10	7～6
		团块＞10	5～4

②全脂加糖奶粉感官评分同全脂乳粉感官评分如表5－12所示。

③婴儿配方奶粉感官评分如表5－13所示。

表5－13　　　　　　　　　　婴儿配方奶粉感官评分

项　目	特　征	得分
滋味和气味 (40分)	婴儿配方乳粉特有的香味，气味自然	40
	该产品特有的香味不浓，稍有植物油脂气味	39～32
	夹杂其他异味	31～24
	乳香味不浓同时明显夹杂其他异味	23～16
色泽 (10分)	色泽均一，呈乳黄色、浅黄色、浅乳黄色、深黄色等颜色；有光泽	10
	色泽均一，乳黄色、浅黄色、浅乳黄色、深黄色等颜色；略有光泽	9～8
	色泽基本均一、发暗；无光泽	7～6
	色泽明显不均一、发暗；无光泽	5～4
组织状态 (20分)	同表5－12	同表5－12
冲调性 (30分)	同表5－12	同表5－12

④其他乳粉的感官评分可参考以上乳粉的感官评分进行评定。

（三）乳粉感官项目的一般缺陷

1. 滋味和气味的缺陷有：滋味和气味淡、过度消毒味、过热味和焦粉味、不新鲜和不清洁味、饲料味、脂肪氧化味（亦称哈喇味）、其他异味（如塑料味、有机氯味及化学品药味等）。

2. 组织状态和色泽方面的缺陷有色泽深、焦粉粒多，有结块、异物等。

3. 冲调性方面的缺陷有原料乳不新鲜、生产工艺等原因造成的奶粉蛋白变性及冲调挂壁等。

三、感官评定数据处理

1. 分数：采用总分100分制，即最高分100分，最低分0分，单项最高分不能超过单项规定的分数，最低是0分。

2. 取舍：计算总分和单项得分时都要去掉一个最高分和一个最低分。

3. 总分：在全部得分中去掉两个最高分和一个最低分，按下列公式计算。

$$总分 = \frac{剩余的总得分之和}{全部品评员数 - 2}$$

4. 单项得分：在全部单项得分中去掉一个最高分和一个最低分，按下列公式计算。

$$总分 = \frac{剩余的单项得分之和}{全部品评员数 - 2}$$

第三节　乳及乳制品的理化检验

一、相对密度的测定

（一）测定相对密度的意义

相对密度是物质重要的物理常数之一。液体食品的相对密度可以反映食品的浓度和纯度。在正常情况下各种液体食品都有一定的相对密度范围。例如：

牛乳（全脂）　　1.028～1.032

（脱脂）　　1.033～1.037

当这些液体食品中出现掺杂、脱脂、浓度改变或品种改变时，均可出现相对密度的变化。因此，测定相对密度可初步判断液体食品质量是否正常及其纯净程度。

相对密度只能反映物质的一种物理性质，不能全面反映物质的本质变化。如果只靠相对密度来判断液体食品的质量就不十分可靠，必须在测定相对密度的同时配合感官检查和其他理化指标分析，才能做出正确的判断。

（二）牛乳相对密度的测定方法

此方法规定牛乳相对密度为20℃的牛乳与同体积4℃水的密度比值。

1. 仪器。

（1）乳稠计：牛乳相对密度用乳稠计测定，乳稠计有 20℃/4℃ 和 15℃/15℃ 两种。

两种乳稠计的换算关系式为：

$$a + 2 = b$$

式中，a——20℃/4℃测得的读数；

　　　b——15℃/15℃测得的读数。

（2）玻璃圆筒（或200～250毫升量筒）：圆筒高应大于乳稠计的长度，其直径大小应使乳稠计沉入后，玻璃圆筒（或量筒）内壁与乳稠计的周边距离不小于5毫米。

2. 测定方法。将 10～25℃ 的牛乳样品小心地注入容积为 250 毫升量筒中，加到量筒容积的 3/4，勿使发生泡沫。用手拿住乳稠计上部小心地将它沉入到相当标尺刻度 30 处，放手让它在乳中自由浮动，但不能与筒壁接触。待静止 1～2 分钟后，读取乳稠计读数，以牛乳表面层与乳稠计的接触点，即新月形表面的顶点为准。

根据牛乳温度和乳稠计读数，查牛乳温度换算表（见表 5-14）将乳稠计读数换算成20℃或15℃时的度数。

相对密度 d_4^{20} 与乳稠计度数的关系为：

$$乳稠计度数 = (d_4^{20} - 1.000) \times 1000$$

表 5 – 14　　　　　　　　　牛乳温度与相对密度值换算表

乳稠计读数	牛乳温度/℃															
	10	11	12	13	14	15	16	17	18	19	20	21	22	23	24	25
	换算为20℃时牛乳乳稠计度数															
25	23.3	23.5	23.6	23.7	23.9	24.0	24.2	24.4	24.6	24.8	25.0	25.2	25.4	25.6	25.8	26.0
25.5	23.7	23.9	24.0	24.2	24.4	24.5	24.7	24.9	25.1	25.3	25.5	25.7	25.9	26.1	26.3	26.5
26	24.2	24.4	24.5	24.7	24.9	25.0	25.2	25.4	25.6	25.8	26.0	26.2	26.4	26.6	26.8	27.0
26.5	24.6	24.8	24.9	25.1	25.3	25.4	25.6	25.8	26.0	26.3	26.5	26.7	26.9	27.1	27.3	27.5
27	25.1	25.3	25.4	25.6	25.7	25.9	26.1	26.3	26.5	27.0	27.0	27.2	27.5	27.7	27.9	28.1
27.5	25.5	25.7	25.8	26.1	26.1	26.3	26.6	26.8	27.0	27.3	27.5	27.7	28.0	28.2	28.4	28.6
28	26.0	26.1	26.3	26.5	26.6	26.8	27.0	27.3	27.5	27.8	28.0	28.2	28.5	28.7	29.0	29.2
28.5	26.4	26.6	26.8	27.0	27.1	27.3	27.5	27.8	28.0	28.3	28.5	28.7	29.0	29.2	29.5	29.7
29	26.9	27.1	27.3	27.5	27.6	27.8	28.0	28.3	28.5	28.8	29.0	29.2	29.5	29.7	30.0	30.2
29.5	27.4	27.6	27.8	28.0	28.1	28.3	28.5	28.8	29.0	29.3	29.5	29.7	30.0	30.3	30.5	30.7
30	27.9	28.1	28.3	28.5	28.7	28.9	29.0	29.3	29.5	29.8	30.0	30.2	30.5	31.0	31.0	31.2
30.5	28.3	28.5	28.7	28.9	29.1	29.3	29.5	29.8	30.0	30.3	30.5	30.7	31.0	31.2	31.5	31.7
31	28.8	29.0	29.2	29.4	29.6	29.8	30.0	30.3	30.5	30.8	31.0	31.2	31.5	31.7	32.0	32.2
31.5	29.3	29.5	29.7	29.9	30.1	30.2	30.5	30.7	31.0	31.3	31.5	31.7	32.0	32.2	32.5	32.7
32	29.8	30.0	30.2	30.4	30.6	30.7	31.0	31.2	31.5	31.8	32.0	32.3	32.3	33.0	33.0	33.3
32.5	30.2	30.4	30.6	30.8	31.1	31.3	31.5	31.7	32.0	32.3	32.5	32.5	33.0	33.3	33.5	33.7
33	30.7	30.8	31.1	31.3	31.5	31.7	32.0	32.2	32.5	32.8	33.0	33.3	33.5	33.8	34.1	34.3
33.5	31.2	31.3	31.6	31.8	32.0	32.2	32.5	32.7	33.0	33.3	33.5	33.9	34.3	34.6	34.6	34.7
34	31.7	31.9	32.1	32.3	32.6	32.7	33.0	33.2	33.5	33.8	34.0	34.3	34.4	34.8	35.1	35.3
34.5	32.1	32.3	32.6	32.8	33.0	33.2	33.5	33.7	34.0	34.3	34.5	35.0	35.5	35.5	35.7	35.7
35	32.6	32.8	33.1	33.3	33.5	33.7	34.0	34.2	34.7	35.0	35.0	35.3	35.5	35.5	36.1	36.3
35.5	33.0	33.3	33.5	33.8	34.2	34.2	34.4	35.0	35.2	35.5	35.7	36.0	36.2	36.5	36.5	36.7
36	33.5	33.8	34.0	34.3	34.5	34.7	34.9	35.2	35.6	35.7	36.0	36.2	36.5	36.7	37.0	37.3

　　3. 计算举例。牛乳试样温度为 16℃，用 20℃/4℃ 的乳稠计测得相对密度为 1.0305，即乳稠计读数为 30.5，然后换算成温度为 20℃ 时乳稠计度数。查表 5 – 14，同 16℃、30.5 对应的乳稠计度数为 29.5，即 20℃ 时的牛乳相对密度为 1.0295。

　　如若计算全乳固体，则可换算成 15℃/15℃ 的乳稠计度数。这可直接从 20℃/4℃ 的乳稠计读数 29.5 加 2 求得，即 29.5 + 2 = 31.5。

二、水分、全乳固体和非脂乳固体的测定

　　水分是乳和乳制品中主要成分之一，可分为作为分散介质的游离水、机械结合水和化学结合水。机械结合水是由分子间力形成的吸附在蛋白

质、磷脂、脂肪球膜上的水及充满在毛细管或巨大孔隙中的毛细管水。化学结合水是乳糖等物质中的结晶水，这种水以配价键与化学物质结合，其结合力比吸附水的分子与物质分子间的引力大得多，很难用蒸发的方法分离出去。

水分是一种无机物，本身没有营养价值，但有重要的生理功能，如帮助消化、调节体温、输送营养物质、排泄废物、为体内各种生化反应提供介质和润滑机体活动部位等。

（一）液体乳全乳（总）固体、非脂乳固体的测定

1. 原理。将样品放入（102±2）℃的烘箱中加热，直至恒量，所剩余的样品质量即为总固体含量。对于纯乳制品总固体含量即为全乳固体的含量。

2. 仪器。

（1）分析天平（灵敏度为0.1毫克）。

（2）干燥器（配有有效干燥剂）。

（3）鼓风干燥箱（可控制恒温在98～100℃，烘箱中的温度应均匀）。

（4）带盖铝皿（直径50～70毫米）。

（5）海沙（可通过500微米孔径的筛子，通不过180微米孔径的筛子，并通过下列适用性测试）：

①将约20克的海沙同短玻棒一起放于一皿盒中，然后敞盖在（102±2)℃的烘箱中至少烘2小时。把皿盒盖上盖后放入干燥器中冷却至室温后称量，准确至0.1毫克。

②用5毫升水将海沙润湿，用短玻棒混合海沙和水，将它们再次放入烘箱中烘4小时。把皿盒盖上盖后放入干燥器中冷却至室温后称量，准确至0.1毫克。两次称量的差不应超过0.5毫克。

如果两次称量的质量差超过了0.5毫克，则需对海沙进行下面的处理后，才能使用：

让海沙在25%（含量）的盐酸溶液中浸泡3天，经常搅拌。尽可能地倾出上层清液，用水洗涤海沙，直到不再有酸。在160℃条件下加热海沙4小时，然后重复进行适用性测试。

3. 操作步骤。

（1）在带盖铝皿中，加入海沙10～20克，于98～100℃烘箱内烘至恒重。

（2）称取 5 毫升液体乳置于此铝皿中，置分析天平上称量（准确至 0.2 毫克），再置于沸水浴上蒸干。

（3）擦去皿壁上的水迹，放入 98 ~ 100℃ 的干燥箱中干燥 2 小时后，加盖取出，但不要盖紧，置于干燥器中冷却后称重。

（4）再放入烘箱中干燥 2 小时取出，冷却 20 ~ 30 分钟，将盖盖紧，称重。如此重复至前后两次重量差不超过 2 毫克为止。

4. 分析结果表述。全乳（总）固体含量按下式计算：

$$w = \frac{m_2 - m_3}{m_1 - m_3} \times 100$$

式中，m_1——含有海沙的皿加样品质量（克）；

m_2——含有海沙的皿加样品干燥后质量（克）；

m_3——含有海沙的皿质量（克）；

w——全乳（总）固体含量（%）。

对于纯牛乳，除用烘干方法测定全乳固体含量外，还可用测得的比重和脂肪含量来计算全乳固体的含量，公式为：

$$T = 0.25L + 1.2F + 0.14$$

式中，T——全乳固体（%）；

F——脂肪（%）；

L——乳稠计（15℃/15℃）度数。

$$非脂乳固体(\%) = T - F$$

（二）乳粉中水分的测定

1. 原理。将样品放入 (102 ± 2)℃ 的烘箱中加热，直至恒量，所失去的质量即为水分含量。

2. 仪器。

（1）分析天平（灵敏度为 0.1 毫克）。

（2）适当的皿（最好是铝、镍、不锈钢或玻璃皿，配有移动盖，直径为 50 ~ 70 毫米，高度为 20 ~ 25 毫米）。

（3）干燥器（配有有效干燥剂）。

（4）鼓风干燥箱（可控制恒温在 (102 ± 2)℃，烘箱中的温度应均匀）。

（5）带密封盖的瓶子（用于混合乳粉）。

3. 操作步骤。

（1）样品的制备。将样品全部移入两倍于样品体积的干燥、带盖的瓶中，旋转振荡，使之充分混合（在此步骤中，不可能得到完全均匀的样品，必须在样品瓶中的相距较远的两点，取两份样品，平行分析）。

（2）测定。

①将皿和盖（盖不要放在皿上）放入（102±2）℃的烘箱中，加热1小时，加盖，然后将皿移入干燥器中，冷却至室温，称量。

②称样。将约3～5克乳粉样品放入皿中，加盖，迅速准确称量。

③将皿和盖（不要放在皿上）放入（102±2）℃的烘箱中，加热3小时。

④加盖，将皿移入干燥器中，冷却至室温，并迅速准确地称量。

⑤再将皿和盖（不要放在皿上）放入（102±2）℃的烘箱中，加热1小时。加盖后移入干燥器中，冷却至室温，并迅速称量。

⑥重复上述操作，直至两次连续称量质量之差不超过0.0005克。

4. 分析结果表述。样品中的水分含量按下式计算：

$$w = \frac{m_1 - m_2}{m_3} \times 100$$

式中，m_1——加入样品后皿和盖的最初质量（克）；

m_2——样品烘干后两次称量获得的较小的质量（克）；

m_3——样品的质量（克）；

w——样品中的水分含量（%）。

5. 允许差。两次测得结果的最大偏差不得超过0.05%。

三、脂肪的测定

乳脂肪是乳的一个主要成分，也是最易变化的成分。乳脂肪中98%～99%是甘油三酸酯的混合物。其余1%～2%的乳脂肪是磷脂，甾醇，类胡萝卜素，脂溶性维生素A、D、E、K和一些痕量游离脂肪酸。

脂肪的测定有罗兹－哥特里法和盖勃法，本书主要介绍盖勃法。

（一）原理

利用硫酸破坏乳品中的非脂成分，使脂肪游离出来；加入异戊醇可利于脂肪的析出，有助于脂肪层的结合；用离心机使脂肪层与溶液分离，根据乳脂计中脂肪柱读数，计算乳品中脂肪的含量。本方法只适用于脂肪100%为乳脂肪的产品。

（二）试剂

1. 硫酸（相对密度为 1.820～1.825）。

2. 异戊醇（沸程为 128～132℃，相对密度为 0.8090～0.8115）。

（三）仪器

1. 盖勃氏乳脂计。

2. 11 毫升牛乳吸管（测液体乳用）。

3. 25 毫升小烧杯（测其他乳制品用）。

4. 10 毫升刻度吸管。

5. 1 毫升刻度吸管。

6. 恒温水浴锅（控制在 65±2℃）。

7. 离心机（离心因数为 350，能使乳脂计斜向放置，能保证离心后的乳脂计的温度为 30～50℃）。

（四）操作步骤

1. 量取硫酸 10 毫升，注入牛乳乳脂计内，颈口勿沾湿硫酸。

2. 各种样品的称样量。

（1）液体乳样品：量取 11 毫升液体乳样品缓慢放入乳脂计内，使样品浮在硫酸上面，不和硫酸发生混合。

（2）乳粉样品：称取约 1.5 克乳粉放入 25 毫升烧杯中，准确至 0.01克，用 10 毫升约 65℃的水分数次将乳粉全部洗入乳脂计中。

3. 加入异戊醇 1 毫升，塞紧橡皮塞，充分摇动，混合乳脂计内溶物，使凝块溶解。

4. 乳脂计塞朝下放入 65～70℃的水浴中保温 5 分钟，转入或转出橡皮塞使脂肪柱适合乳脂计刻度部分，然后置于离心机中以离心因素等于350 旋转 5 分钟。

5. 取出乳脂计，再放入 65～70℃的水浴中保温 5 分钟，取出立即读数，读数时要将乳脂肪柱下弯月面放在与眼同一水平面上，以弯月面下限为准。所得数值即为脂肪的百分数。

（五）分析结果表述

1. 液体乳样品中脂肪的含量为乳脂计刻度管中脂肪柱上下弯月面的读数差。

2. 乳粉样品脂肪含量表示为：

$$w = \frac{a \times 11}{m}$$

式中，w——样品脂肪的含量（%）；

　　　a——脂肪柱的读数（%）；

　　　m——样品的质量（克）；

　　　11——换算系数。

（六）允许差

两次平行测定误差不应超过乳脂计最小刻度值的一半。

四、蛋白质的测定

蛋白质是乳和乳制品中最重要的成分之一。牛乳中蛋白质的平均含量为 3.45%，其中约 2.90% 为酪蛋白，约 0.52% 为清蛋白，其他为一些次要蛋白和酶。蛋白质中主要成分是碳、氮、氧、硫和少许的磷。常规分析中用半微量凯氏定氮法来测定乳和乳制品中蛋白质的含量，它是测定有机氮的最准确和操作最简单的方法之一，一直被作为法定的标准检验方法。此方法测定出来的是总蛋白质的含量。

（一）原理

在加热时，硫酸分解成亚硫酸酐、水和氧。有机物被氧化为二氧化碳和水，而蛋白质的氨态氮与过量硫酸反应转变为硫酸铵，硫酸铵在碱性溶液中进行蒸馏。将蒸馏出来的氨用硼酸吸收，再用酸标准溶液滴定。

（二）试剂

所有试剂，如未注明规格，均指分析纯；所有实验用水，如未注明其他要求，均指三级水。

1. 浓硫酸。

2. 硫酸钾。

3. 硫酸铜。

4. 过氧化氢溶液（体积分数为 30%）。

5. 硼酸溶液（$c(H_3BO_3)$ 为 30 克/升）。取 30 克硼酸，溶解在 1 升

水中。

6. 甲基红－溴甲酚绿混合指示剂（用体积分数为95%的乙醇）。将溴甲酚绿及甲基红分别配成1克/升的乙醇溶液，使用时按1克/升溴甲酚绿＋1克/升甲基红（5＋1）的比例混合。

7. 硫酸标准液（$c(H_2SO_4)$为0.0500摩尔/升）。取3毫升浓硫酸加到15毫升水中，冷却后洗入1000毫升容量瓶中，定容。

8. 氢氧化钠溶液，质量比为400/1000。称取400克氢氧化钠，用1000毫升水溶解，待冷却后移入试剂瓶中。

（三）仪器

常用实验室仪器及：

1. 凯氏烧瓶（500毫升或250毫升）。
2. 定氮蒸汽蒸馏器。
3. 滴定管（25毫升）。
4. 三角烧瓶（250毫升）。

（四）操作步骤

1. 样品的制备。将样品全部移入约两倍于样品体积的洁净干燥容器中，立即盖紧容器，反复旋转振荡，使样品彻底混合均匀。

2. 测定。

（1）液体乳样品称取10克，或者乳粉样品2克，精确至0.2毫克，放入凯氏烧瓶中，加入10克硫酸钾和1克硫酸铜，量取20毫升浓硫酸，徐徐加入凯氏烧瓶中，混合。

注：加入样品及试剂时，避免粘附在瓶颈上。

加入硫酸钾的作用：提高硫酸的沸点（338℃），增进反应速度。10克硫酸钾将沸点提高到400℃，但过多的硫酸钾会造成沸点太高，生成的硫酸氢铵在513℃会分解。

加入硫酸铜的作用：作催化剂，使氧化作用加速。

（2）凯氏烧瓶的瓶口放一小漏斗，用微火加热（小心瓶内泡沫冲出而影响结果），当瓶内发泡停止，稍加大火力。同时，可分数次加入10毫升过氧化氢溶液（但必须将烧瓶冷却数分钟以后加入）。当烧瓶内容物的颜色逐渐转化成透明的淡绿色时，继续消化0.5～1小时（若凯氏烧瓶壁粘有碳化粒时，进行摇动或待瓶中内溶物冷却数分钟后，用过氧化氢溶液冲下，继续消化至呈透明为止）。然后取下并使之冷却。

（3）将澄清的消化液小心移入 100 毫升容量瓶中，以水洗三次凯氏烧瓶，洗涤液并入上述容量瓶中，冷却后稀释至刻度并摇匀。

（4）吸取 25 毫升消化液于定氮蒸馏器中，在冷凝器的下端放置一个盛有 50 毫升硼酸溶液、3 滴甲基红—溴甲酚绿混合指示剂的 250 毫升锥形瓶，使冷凝器下端的玻璃管在液面以下。将 25 毫升氢氧化钠溶液慢慢地加入蒸馏瓶中（溶液应呈强碱性），迅速将塞子塞好，然后通入蒸汽进行蒸馏，蒸至液面达 150 毫升时，提出冷凝器下端的玻璃管，用蒸馏水冲洗冷凝管下端，将洗液一并聚集于硼酸溶液中，让玻璃管靠在锥形瓶的瓶壁，出液口在 200 毫升刻度线以上，继续蒸馏，蒸至液位达 200 毫升。

注：蒸馏时要注意蒸馏情况，避免瓶中的液体发泡冲出，进入接受瓶。火力太弱，蒸馏瓶内压力减低，则接受瓶内液体会倒流，造成实验失败。

（5）用硫酸标准溶液滴定至溶液出现酒红色为止，记录所用硫酸标准溶液的体积。同时进行空白试验，并在结果中加以校正。

3. 分析结果的表述。样品中蛋白质的含量按下式计算：

$$w = \frac{(V - V_0) \times c(\mathrm{H^+}) \times 2 \times 0.014 \times F}{m \times \dfrac{25}{100}} \times 100$$

式中，V——滴定时消耗硫酸标准溶液的体积（毫升）；

　　　V_0——空白试验消耗硫酸标准溶液的体积（毫升）；

　　　$c(\mathrm{H^+})$——硫酸标准溶液中 $\mathrm{H^+}$ 的浓度（摩尔/升）；

　　　m——样品的质量（克）；

　　　0.014——氮原子的摩尔质量（千克/摩尔）；

　　　F——氮换算为蛋白质的系数。乳粉为 6.38，纯谷物类（配方）食
　　　　　　品为 5.90，含乳婴幼儿谷物（配方）食品为 6.25；

　　　w——样品中蛋白质的含量（克/100 克）。

注：空白实验仅不加入样品，操作步骤与样品相同。

4. 允许差。同一样品的两次测定值之差不得超过平均值的 1.5%。

五、乳清蛋白的测定

（一）方法提要

试样用 SDS - 聚苯烯酰胺凝胶电泳（SDS - PAGE，Laemmli 法）后，

用光密度计对按分子量顺序分离开的酪蛋白与乳清蛋白各谱带进行测定，求得酪蛋白与乳清蛋白的含量比率。

（二）试剂

所有试剂，如未注明规格，均指分析纯；所有实验用水，如未注明其他要求，均指三级水。

1. 电泳缓冲液。将三羟甲基氨基甲烷 7.5 克、甘胺酸 36 克、SDS2.5 克溶于蒸馏水中，定容至 500 毫升。使用前以蒸馏水稀释 5 倍后使用。

2. 十二烷基磺酸钠（SDS）试样缓冲液。0.125 摩尔/升 Tris – 盐酸（pH6.8），体积分数 20% 的甘油，4%（质量浓度）的 SDS，体积分数 10% 的 2 – 硫基乙醇，质量分数 0.0025% 的溴酚蓝（Bromophnol Blue）。

3. 染色剂。质量分数 0.1% 的考马斯蓝 R – 250（CBB R – 250），体积分数 10% 的甲醇，体积分数 7.5% 的乙酸。

4. 脱色剂。体积分数 10% 的甲醇，体积分数 7.5% 的乙酸。

5. 酪蛋白。

6. 精制乳清蛋白（WPC）。

7. SDS—PAGE：用梯度凝胶（10% ~ 20%）或同效凝胶。

（三）仪器

1. 常用实验室仪器。

2. 平板式电泳槽。

3. 供电设备。

4. 光密度计。

（四）操作步骤

1. 样液的制备。将试剂按蛋白质 10 ~ 20 微克/微升的质量浓度范围溶解在蒸馏水中。加入与试样同体积的 SDS 试样缓冲液，在煮沸热水中静置 5 分钟后，作为试样液。

2. 标准溶液的制备。使用前，酪蛋白和乳清蛋白的蛋白质浓度按凯氏（Kjeldahl）法精确测定。将酪蛋白和乳清蛋白按上述方法分别进行溶解和处理后作为标准溶液。此外，还可将酪蛋白与乳清蛋白的标准溶液按蛋白质含量的任意比率（比如蛋白质的浓度比为 75 + 25，50 + 50，25 + 75）进行混合作为混合标准溶液。

3. 电泳。将凝胶设置在电泳槽中，加入电泳缓冲液。试样溶液与标准溶液的添加量为每孔 10 微升。电泳时间因电泳凝胶的种类不同而异。以 10%～20% 的梯度复合凝胶进行电泳时，定电流为 40 毫安，时间为 60 分钟。

电泳结束时间可按溴酚蓝的蓝谱带到达离凝胶下端 5 毫米时为标志。电泳结束后将凝胶放入染色液中振荡染色 1 小时，然后转入脱色液中振荡脱色 12 小时再移到蒸馏水中。

4. 测定。以光密度计对带色的各谱带进行测定，求得其颜色深度（OD）的积分值（= Trace 值）。

（五）分析结果的表述

1. 谱带的测定。电泳后的谱带中，参照分子量以及标准酪蛋白与乳清蛋白的电泳图，分别选择以下谱带进行计算。

（1）酪蛋白：α_3 - 酪蛋白（相对分子质量 23500），β - 酪蛋白（相对分子质量 24000），κ - 酪蛋白（相对分子质量 19000）；

（2）乳清蛋白：α - 乳白蛋白（相对分子质量 14000），β - 乳球蛋白（相对分子质量 18000），血清白蛋白（相对分子质量 66000）。

2. 计算方法。将以上三种酪蛋白谱带的 Trace 值合计，再除以该条泳线中所有谱带的 Trace 值的总和，求得酪蛋白的比率（C_1 值）。以同样方式将以上三种乳清蛋白谱带的 Trace 值合计，再除以该条泳线中所有谱带 Trace 值的总和，求得乳清蛋白的比率（W_1 值）。

当以酪蛋白与乳清蛋白的单独溶液为标准溶液时。按以上方法分别求得标准酪蛋白的值 C_1（= C_S 值）与标准乳清蛋白的 W_1 值（= W_s 值）。将试样的 C_1 值与 W_1 值分别除以 C_S 值与 W_s 值，求得暂定的酪蛋白含量比率（C_2 值）与乳清蛋白的含量比率（W_2）。当 C_2 值 + W_2 值不等于 1 时，将 C_2 值、W_2 值分别除以 C_2 值与 W_2 值的总和进行补整，求得试样中的酪蛋白以及乳清蛋白的比率。

当以酪蛋白与乳清蛋白的混合溶液为标准溶液时，按以上方法分别求得各混合比率中酪蛋白的 C_1 值与乳清蛋白的 W_1 值。将混合标准溶液的 C_1 值与酪蛋白含量比，以及 W_1 值与乳清蛋白含量比作成坐标检量线，利用该检量线求得试样的 C_2 值与 W_2 值。当 C_2 值 + W_2 值不等于 1 时，将 C_2 值、W_2 值分别除以 C_2 值与 W_2 值的总和进行补整，求得试样中酪蛋白以及乳清蛋白的比率。

六、乳糖、蔗糖和总糖的测定

乳糖是所有种类的乳中都有的特性碳水化合物。以前人们认为乳糖是乳中唯一才有的也是乳中唯一的糖，但科学家在血液和尿中也发现了乳糖，特别是在孕期和哺乳期，但无可争辩的是高含量的乳糖只存在于乳和乳腺中。正常牛乳中的乳糖含量为 4.2% ~ 5.0%，平均值为 4.70%。母乳中的乳糖要比牛乳中的乳糖多很多，平均含量为 7.0%。因此，在用牛乳生产婴儿配方食品时，要添加乳糖或其他的糖类。乳糖常温条件下多以 α - 乳糖水合物（$C_{12}H_{22}O_{11} \cdot H_2O$）的形式存在。

蔗糖是生产乳制品时添加进去的，在酸性条件下转化后，它能转化为还原糖而被定量测定出来。现代乳品种类众多，样品中的碳水化合物现在也不仅仅是只有乳糖和蔗糖这两种，除了乳糖外，它们有的是作为碳水化合物添加进来的糖，如蔗糖、饴糖、葡萄糖，糊精；有的是别的生产配料中带进来的糖，如大豆中的纤维素、棉子糖、水苏糖、玉米和麦中的淀粉等。对于仅含乳糖和蔗糖的乳制品，其乳糖、蔗糖和总糖的含量可用莱因—埃农氏法准确测得；但对于除乳糖和蔗糖以外还含有其他碳水化合物的乳制品，常规实验只能靠间接的方法得到总糖的含量值（减量法），而对各种碳水化合物的准确含量，靠常规化学法已无能为力，必须使用高压液相色谱等仪器进行分析，才能获得这些数据。

（一）高压液相色谱法

1. 原理。婴幼儿食品中如含有多种糖，可利用高压液相色谱法的 μ - 碳水化合物柱或氨基柱（Lichrosorb - NH₂ 柱）将它们分离，用示差折光检测器，检出各糖液的折光指数，此折光指数与其浓度成正比。

2. 试剂。所有试剂，如未注明规格，均指分析纯，所有实验用水，如未注明其他要求，均指三级水。

（1）澄清剂：硫酸铜（含量7%）；氢氧化钠（含量4%）。

（2）乙腈。

（3）标准溶液。

①标准糖贮备液（10毫克/毫升）。精确称取被测糖的标样1克，溶于水中，用水稀释至100毫升容量瓶内，定容。

②标准糖工作液（4毫克/毫升）。吸取4毫升贮备液，置于10毫升

容量瓶中，用乙腈稀释至刻度。

3. 仪器。常用实验室仪器及高压液相色谱仪，带碳水化合物柱或氨基柱。

4. 操作步骤。

（1）样液的制备。精确称取 2 克左右样品，加 30 毫升水溶解，移至 100 毫升容量瓶中，加澄清剂硫酸铜 10 毫升，氢氧化钠 4 毫升振摇，加水至刻度，静置 0.5 小时，过滤。取 4 毫升样品母液置 10 毫升容量瓶用乙腈定容，通过 0.45 微米过滤器过滤，滤液备用。

（2）高压液相色谱仪工作条件。

R401 示差折光检测器：30 厘米 × 4.6 毫米内径——碳水化合物分析柱（夹套保温 20℃）。

流动相：乙腈/水 = 85/15。

流动相流速：0.5 毫升/分钟。

（3）进样。在仪器稳定后，用注射器或进样阀注射 50 微升标准样液共 4 次。记下保留时间，测定峰高，放弃第一次数据，取后三者平均峰高值，同样进样 50 微升 4 次得出平均峰高。

5. 分析结果表述。样品中糖的含量按下式计算：

$$w = \frac{\rho \times H}{H' \times \frac{m}{100} \times \frac{4}{10} \times 1000} \times 100 = \frac{25\rho \times H}{H' \times m}$$

式中，ρ——标准糖溶液质量浓度（毫克/毫升）；

H——样品中糖的平均峰高；

H'——标准糖溶液的峰高；

m——样品的质量（克）；

w——样品中糖的含量（克/100 克）。

注：如果需同时测定样品中所含其他糖类，可在标准糖溶液中加入各种糖 1g，进样如前，记下各种糖保留时间，按上式计算各值。

6. 允许差。同一样品两次测定值之差不得超过两次测定平均值的 5%。

（二）莱因－埃农氏法

1. 原理。

乳糖：样品经除去蛋白质以后，在加热条件下，直接滴定已标定过的费林氏液，样液中的乳糖将费林氏液中的二价铜还原为氧化亚铜。以次甲基蓝为指示剂，在终点稍过量时，乳糖将蓝色的氧化型次甲基蓝还原为无色的还原型次甲基蓝。根据样液消耗的体积，计算乳糖含量。

蔗糖：样品除去蛋白质后，其中蔗糖经盐酸水解转化为具有还原能力的葡萄糖和果糖，再按还原糖测定。将水解前后转化糖的差值乘以相应的系数即为蔗糖含量。

总糖：乳糖和蔗糖之和。

此方法只适用于全脂乳粉、全脂加糖乳粉、脱脂乳粉和其他总糖中只含有乳糖、蔗糖的乳粉制品中乳糖、蔗糖和总糖的测量。

2. 试剂。所有试剂，如未注明规格，均指分析纯；所有实验用水，如未注明其他要求，均指三级水。

（1）费林氏液（甲液和乙液）：

①甲液：取 34.639 克硫酸铜，溶于水中，加入 0.5 毫升浓硫酸，加水至 500 毫升。

②乙液：取 173 克酒石酸钾钠及 50 克氢氧化钠溶解于水中，稀释至 500 毫升，静置 2 天后过滤。

（2）次甲基蓝溶液（10 克/升）。

（3）盐酸溶液（体积为 1 + 1）。

（4）甲基红（1 克/升）。

（5）氢氧化钠溶液（$c(NaOH)$ 为 300 克/升）。取 300 克氢氧化钠溶于 1000 毫升水中。

（6）乙酸锌（219 克/升）。称取 219 克乙酸锌，用适量的水溶解，向其中加入 30 毫升冰乙酸，混匀，移入 1000 毫升容量瓶内定容。

（7）亚铁氰化钾（106 克/升）。称取 106 克亚铁氰化钾，用适量的水溶解，移入 1000 毫升容量瓶内定容。

3. 仪器。常用理化实验室仪器。

4. 操作步骤及结果计算。

（1）费林氏液的标定。

①用乳糖标定。

1）称取预先在 92 ~ 94℃ 烘箱中干燥 2 小时的乳糖标样约 0.75 克（准确到 0.2 毫克），用水溶解并稀释至 250 毫升。将此乳糖溶液注入一个 50 毫升滴定管中，待滴定。

2）预滴定：取 10 毫升费林氏液（甲、乙液各 5 毫升）于 250 毫升三角烧瓶中。再加入 20 毫升蒸馏水，从滴定管中放出 15 毫升乳糖溶液于三角瓶中，置于电炉上加热，使其在 2 分钟内沸腾，沸腾后关小火焰，保持沸腾状态 15 秒，加入 3 滴次甲基蓝溶液，继续滴入乳糖溶液至蓝色完全褪尽为止，读取所用乳糖的毫升数。

3）精确滴定：另取 10 毫升费林氏液（甲、乙液各 5 毫升）于 250 毫升三角烧瓶中，再加入 20 毫升蒸馏水，一次加入比预备滴定量少 0.5～1.0 毫升的乳糖溶液，置于电炉上，使其在 2 分钟内沸腾，沸腾后关小火焰，维持沸腾状态 2 分钟，加入 3 滴次甲基蓝溶液，然后继续滴入乳糖溶液（一滴一滴徐徐滴入），待蓝色完全褪尽即为终点。以此滴定量作为计算的依据（在同时测定蔗糖时，此即为转化前滴定量）。

4）按式（5-1）、式（5-2）计算乳糖测定时费林氏液的乳糖校正值（f_1）。

$$A_1 = \frac{V_1 \times m_1 \times 1000}{250} = 4 \times V_1 \times m_1 \qquad (5-1)$$

$$f_1 = \frac{4 \times V_1 \times m_1}{A_{L_1}} \qquad (5-2)$$

式中，A_1——实测乳糖质量（毫克）；

$\qquad V_1$——滴定时消耗乳糖液量（毫升）；

$\qquad m_1$——称取乳糖的质量（克）；

$\qquad A_{L_1}$——由乳糖液滴定毫升数查表 5-15 所得的乳糖质量（毫克）。

表 5-15 乳糖及转化糖因数表（10 毫升费林氏液）

滴定量/ml	乳糖/mg	转化糖/mg	滴定量/ml	乳糖/mg	转化糖/mg
15	68.3	50.5	33	67.8	51.7
16	68.2	50.6	34	67.9	51.7
17	68.2	50.7	35	67.9	51.8
18	68.1	50.8	36	67.9	51.8
19	68.1	50.8	37	67.9	51.9
20	68.0	50.9	38	67.9	51.9
21	68.0	51.0	39	67.9	52.0
22	68.0	51.0	40	67.9	52.0
23	67.9	51.1	41	68.0	52.1
24	67.9	51.2	42	68.0	52.1
25	67.9	51.2	43	68.0	52.2
26	67.8	51.3	44	68.0	52.2
27	67.8	51.4	45	68.1	52.3
28	67.8	51.4	46	68.1	52.3
29	67.8	51.5	47	68.2	52.4
30	67.8	51.5	48	68.2	52.4
31	67.8	51.6	49	68.2	52.5
32	67.8	51.6	50	68.3	52.5

注："因数"系指与滴定量相对应的数目，可自表中查得。若蔗糖含量与乳糖含量的比超过 3+1 时，则在滴定量中加表 5-16 中的校正数后计算。

②用蔗糖标定。称取在105℃烘箱中干燥2小时的蔗糖约0.2克（准确至0.2毫克），用50毫升水溶解并洗入100毫升容量瓶中，加水10毫升，再加入10毫升盐酸，置75℃水浴锅中，时时摇动，在150～165秒之间，使瓶内温度升至67℃。自达到67℃后继续在水浴中保持5分钟，于此时间内使其温度升至69.5℃，取出，用冷水冷却，当瓶内温度冷却至35℃时，加2滴甲基红指示剂，用300克/升氢氧化钠中和至中性。冷却至20℃，用水稀释至刻度，摇匀。并在此温度下保温30分钟后再按4.(2)①中2)，3)操作，得出滴定10毫升费林氏液所消耗的转化糖量。

按式（5－3）、式（5－4）计算蔗糖测定时费林氏液的蔗糖校正值（f_2）。

$$A_2 = \frac{V_2 \times m_2 \times 1000}{100 \times 0.95} = 10.5263 \times V_2 \times m_2 \qquad (5-3)$$

$$f_2 = \frac{10.5263 \times V_2 \times m_2}{A_{L_2}} \qquad (5-4)$$

式中，A_2——实测转化糖质量（毫克）；

$\quad V_2$——滴定时消耗蔗糖液体积（毫升）；

$\quad m_2$——称取蔗糖的质量（克）；

$\quad A_{L_2}$——由蔗糖液滴定毫升数查表5－15所得的转化糖质量（毫克）。

（2）乳糖的测定。

样品处理。

①称取2.5～3克样品（准确至0.01克），用100毫升水分数次溶解并洗入250毫升容量瓶中。

②加5毫升乙酸锌、5毫升亚铁氰化钾溶液，每次加入试剂时都要徐徐加入，并摇动容量瓶，用水稀释至刻度。静置数分钟，用干燥滤纸过滤，弃去最初25毫升滤液后，所得滤液作滴定用。

③滴定。

预滴定：将此滤液注入一个50毫升滴定管中，待滴定。取10毫升费林氏液（甲、乙液各5毫升）于250毫升三角烧瓶中。再加入20毫升蒸馏水，从滴定管中放出15毫升乳糖溶液于三角瓶中，置于电炉上加热，使其在2分钟内沸腾，沸腾后关小火焰，保持沸腾状态15秒，加入3滴次甲基蓝溶液，继续滴入乳糖溶液至蓝色完全褪尽为止，读取所用乳糖的毫升数。

精确滴定：另取10毫升费林氏液（甲、乙液各5毫升）于250毫升三角烧瓶中，再加入20毫升蒸馏水，一次加入比预备滴定量少0.5～1.0

毫升的乳糖溶液，置于电炉上，使其在 2 分钟内沸腾，沸腾后关小火焰，维持沸腾状态 2 分钟，加入 3 滴次甲基蓝溶液，然后继续滴入乳糖溶液（一滴一滴徐徐滴入），待蓝色完全褪尽即为终点。以此滴定量作为计算的依据（在同时测定蔗糖时，此即为转化前滴定量）。

乳糖含量的计算：

$$w = \frac{F_1 \times f_1 \times 0.25 \times 100}{V_1 \times m}$$

式中，w——样品中乳糖的含量（克/100 克）；

F_1——由消耗样液的毫升数查表 5 – 15 所得乳糖数（毫克）；

f_1——费林氏液乳糖校正值；

V_1——滴定消耗滤液量（毫升）；

m——样品的质量（克）。

（3）蔗糖的测定。

①转化前转化糖量的计算。利用测定乳糖时的滴定量，自表 5 – 15 中查出相对应的转化糖量，按下式计算：

$$w = \frac{F_2 \times f_2 \times 0.25 \times 100}{V_1 \times m}$$

式中，F_2——由测定乳糖时消耗样液的毫升数查表 5 – 15 所得转化糖数（毫克）；

f_2——费林氏液蔗糖校正值；

V_1——滴定消耗滤液量（毫升）；

m——样品的质量（克）；

w——转化前转化糖的含量（%）。

②样液的转化及滴定。取 50 毫升样液于 100 毫升容量瓶中，加水 10 毫升，再加入 10 毫升盐酸，置 75℃ 水浴锅中，时时摇动，在 150 ~ 165 秒之间，使瓶内温度升 67℃。自达到 67℃ 后继续在水浴中保持 5 分钟，于此时间内使其温度升至 69.5℃，取出，用冷水冷却，当瓶内温度冷却至 35℃ 时，加 2 滴甲基红指示剂，用 300 克/升氢氧化钠中和至中性。冷却至 20℃，用水稀释至刻度，摇匀。并在此温度下保温 30 分钟后再按 4.（2）中①中 2）操作。得出滴定 10 毫升费林氏液所消耗的转化糖量。

$$w = \frac{F_3 \times f_2 \times 0.50 \times 100}{V_2 \times m}$$

式中，F_3——由 V_2 查得转化糖数（毫克）；

f_2——费林氏液蔗糖校正值；

V_2——滴定消耗转化液量（毫升）；

m——样品的质量（克）；

w——转化后转化糖含量（%）。

③蔗糖含量的计算。

$$w = (w_1 - w_2) \times 0.95$$

式中，w_1——转化后转化糖的含量（%）；

w_2——转化前转化糖的含量（%）；

w——样品中蔗糖含量（克/100 克）。

④若样品中乳糖与蔗糖之比超过 3∶1 时，则计算乳糖时应在滴定量中加上表 5 – 16 中的校正值数后再查表 5 – 15 来计算。

总糖 = 蔗糖 + 乳糖

5. 允许差。

（1）重复性。由同一分析人员在短时间间隔内测定的两个结果之间的差值，不应超过结果平均值的 1.5% 。

（2）重现性。由不同实验室的两个分析人员对同一样品测得的两个结果之差，不应超过结果平均值的 2.5% 。

表 5 – 16   乳糖滴定量校正值数

滴定终点时所用糖液体积/毫升	用 10 毫升费林氏液、蔗糖及乳糖量的比例	
	3 + 1	6 + 1
15	0.15	0.30
20	0.25	0.50
25	0.30	0.60
30	0.35	0.70
35	0.40	0.80
40	0.45	0.90
45	0.50	0.95
50	0.55	1.05

七、灰分的测定

灰分是指乳和乳制品经高温灼烧后残留下来的化合物，主要是氧化物或无机盐。

（一）原理

样品于 600℃ 以下灼热、灰化所得的残留物的质量，即为样品的灰分。以含量表示。

（二）仪器

1. 常用实验室仪器。

2. 分析天平。

3. 瓷坩埚（40～60 毫升）。用清水清洗后，再用王水浸泡 1 小时，洗去酸液，置于电炉上烧灼 0.5 小时，取出，称量，待用。

4. 电炉。

5. 高温炉（保持温度 550℃ 左右）。

6. 干燥器（装有有效干燥剂）。

7. 坩埚夹。

（三）操作步骤

1. 称取约 3～5 克样品（准确到 0.2 毫克）于已准备好并已称量的坩埚中，置于电炉上初步灼烧，使之碳化至无烟。

2. 移入高温炉维持温度在 550℃ 左右，灼烧，使之成白灰（约 2 小时）后，冷至 100～200℃ 后取出，放入干燥器中冷却至室温（约 30 分钟），称量。

3. 重复第 2 步操作，直至前后两次质量差不超过 2 毫克。

（四）分析结果表述

样品中的灰分含量按下式计算：

$$w = \frac{m_3 - m_1}{m_2} \times 100$$

式中，m_1——空坩埚的质量（g）；

m_2——样品的质量（g）；

m_3——坩埚加样品灰化后的质量（g）；

w——样品中的灰分含量（%）。

结果精确至 0.01%。

（五）允许差

同一样品两次测定值之差不得超过测定平均值的 0.05%。

八、酸度的测定

乳制品的酸度是样品中乳酸、乳酸盐、磷酸、磷酸盐等酸及盐的浓度。酸度测定对于生鲜牛乳尤为重要。乳与乳制品中的酸度常用两种方法表示，一种是用碱液中和所得的酸度称为滴定酸度；另一种是用 pH 计测定其氢离子浓度，即 pH 值。

（一）基准法

1. 原理。用 0.1 摩尔/升氢氧化钠滴定一定量的样品至 pH 值为 8.30，将滴定所消耗的 0.1 摩尔/升氢氧化钠溶液体积乘以相应的系数，得到样品的滴定酸度或乳酸含量。

滴定过程中所消耗氢氧化钠溶液的量随样品中存在的自然缓冲物质、变酸情况或添加酸性或碱性物质的量而变化。

2. 试剂。所有试剂，如未注明规格，均指分析纯；所有实验用水，如未注明其他要求，均指三级水。

（1）氢氧化钠标准溶液（$c(OH^-)$ 为（0.1 ± 0.0002）摩尔/升）。保护此溶液，防止二氧化碳渗透。

氢氧化钠标准溶液的标定：称取约 0.18 克于 105～110℃ 至恒重的邻苯二甲酸氢钾，准确至 0.1 毫克，用 50 毫升无二氧化碳的水溶于锥形瓶中，加两滴 5 克/升的酚酞指示剂，用配好的氢氧化钠溶液滴定至粉红色，同时作空白实验。氢氧化钠标准溶液的浓度为：

$$c(NaOH) = \frac{m}{(V_1 - V_2) \times 0.2042}$$

式中，$c(NaOH)$——氢氧化钠的浓度（摩尔/升）；

m——称取的邻苯二甲酸氢钾的质量（克）；

V_1——氢氧化钠溶液的用量（毫升）；

V_2——空白试验氢氧化钠溶液的用量（毫升）。

（2）酚酞溶液。取 0.5 克酚酞溶于 75 毫升体积分数为 95% 的乙醇中，并加入 20 毫升水，然后再加入氢氧化钠溶液，直至加入一滴立即变成粉红色，再加入水定容至 100 毫升。

（3）氮气。

3. 仪器。

（1）常用实验室仪器。

（2）分析天平（灵敏度为 0.01 克或更高）。

（3）滴定管（分刻度为 0.1 毫升，可准确至 0.05 毫升）。

（4）pH 计（带玻璃电极和适当的参比电极，已用 pH6 和 pH9 的缓冲溶液校准，可读至 0.01pH 单位）。

（5）磁力搅拌器。

（6）量筒（100 毫升）。

（7）锥形瓶（250 毫升，带磨口和磨口玻璃塞，颈部可容纳电极，一个滴定管头和一根氮气管）。

4. 样品的称取和处理。

（1）生鲜牛乳和液体乳：在 150 毫升干净、干燥的锥形瓶中移入 10 毫升奶样，加入 20 毫升、20℃ 的水，用磁力搅拌器剧烈搅拌，混好后静置 20 分钟。

（2）酸奶样品：在 150 毫升锥形瓶中移入 10 毫升（或称取 10 克）样品，准确至 10 毫克，加入 20 毫升水。

（3）乳粉样品：称取 4 克样品于锥形瓶中，准确至 10 毫克。加入 96 毫升约 20℃ 的水，使样品复原，剧烈搅拌，然后静置 20 分钟。

5. 测定。用滴定管向锥形瓶中滴加氢氧化钠标准溶液，直到 pH 值达到 8.30（用 pH 计测定），滴定过程中，始终用磁力搅拌器进行搅拌，同时向锥形瓶中吹氮气，防止溶液吸收空气中的二氧化碳。整个滴定过程在 1 分钟内完成。记录所用氢氧化钠标准溶液的毫升数，精确至 0.05 毫升。

6. 分析结果表述。

（1）生鲜牛乳、液体乳和酸奶的酸度，以 °T 表示为：

$$A = 10 \times V \times c(\text{NaOH}) \times 10$$

式中，A——样品的酸度（°T）；

V——滴定消耗的氢氧化钠标准溶液的体积（毫升）；

$c(\text{NaOH})$——氢氧化钠标准溶液的浓度（摩尔/升）。

（2）乳粉的酸度（脱脂乳粉除外），以 °T 表示为：

$$A = \frac{c \times 10 \times V \times 12}{m \times (1 - w)}$$

式中，c——氢氧化钠标准溶液的浓度（摩尔/升）；

V——滴定时所消耗的氢氧化钠标准溶液的体积（毫升）；

m——称取样品的质量（克）；

w——样品中水分的含量（%）；

12——12克乳粉相当100毫升复原乳（脱脂乳粉应为9，脱脂乳清粉为7）。

结果保留至小数点后一位。

注：若以乳酸含量表示样品的酸度，那么，样品的乳酸含量（克/100克）＝A×0.009°T为样品的滴定酸度（°T）；0.009为乳酸的换算系数，即1毫升0.1摩尔/升的氢氧化钠标准溶液相当于0.009克乳酸。

7. 允许差。本方法的重复性为由同一分析人员，同时或在短时间间隔内，对同一样品所做的两次单独试验的结果之差不得超过1.0°T。

（二）常规法

1. 原理。用0.1摩尔/升的氢氧化钠标准溶液滴定一定量的样品，以酚酞作指示剂，硫酸钴作参比色，滴定至终点。将滴定所消耗的氢氧化钠标准溶液的体积乘以相应的系数，得到样品的滴定酸度或乳酸含量。

所需氢氧化钠溶液的量随产品中的自然缓冲物质变酸或添加酸性或碱性物质的量而变化。

2. 试剂。所有试剂，如未注明规格，均指分析纯；所有实验用水，如未注明其他要求，均指三级水。

（1）氢氧化钠标准溶液（$c(OH^-)$为0.1±0.0002摩尔/升）。保护此溶液，防止二氧化碳渗透。

（2）参比溶液。将3克七水硫酸钴（$CoSO_4 \cdot 7H_2O$）溶解于水中，并定容至100毫升。

（3）酚酞溶液。取0.5克酚酞溶于75毫升体积分数为95%的乙醇中，并加入20毫升水，然后再加入氢氧化钠溶液，直至加入一滴立即变成粉红色，再加入水定容至100毫升。

3. 仪器

（1）分析天平（灵敏度为0.01克或更高）。

（2）滴定管（分刻度为0.1毫升，可准确至0.05毫升）。

（3）量筒（100毫升）。

（4）锥形瓶（250毫升，带磨口和磨口玻璃塞）。

（5）刻度吸管（2毫升）。

4. 样品的称取和处理。

（1）生鲜牛乳和液体乳：在150毫升干净、干燥的锥形瓶中移入10毫升奶样，加入20毫升、20℃的水，用磁力搅拌器剧烈搅拌，混好后静置20分钟。

（2）酸奶样品：在 150 毫升锥形瓶中移入 10 毫升（或称取 10 克）样品，准确至 10 毫克，加入 20 毫升水。

（3）乳粉样品：称取 4 克样品于锥形瓶中，准确至 10 毫克。加入 96 毫升约 20℃ 的水，使样品复原，剧烈搅拌，然后静置 20 分钟。

5. 滴定终点标准色溶液的制备。称取样品和溶解时同时作两份，一份用于滴定测定，一份在锥形瓶中加入 2 毫升的 3% 硫酸钴溶液，混匀，得到滴定终点的标准色。如果对很多类似的样品同时进行酸度测定，制备的标准色溶液可连续使用，但使用时间不得超过 2 小时。

6. 在样品滴定用锥形瓶中加入 1.5 毫升酚酞指示剂，混匀。

7. 用氢氧化钠标准溶液滴定样品，边滴边摇，直到出现与标准色近似的淡粉红色，且 5 秒内不消褪。整个滴定过程需在 45 秒内完成。同时做空白试验。

8. 记录所用氢氧化钠标准溶液的毫升数，精确至 0.05 毫升。

9. 分析结果的表述。

（1）生鲜牛乳、液体乳和酸奶的酸度，以 °T 表示为：

$$A = 10 \times V \times c(\text{NaOH}) \times 10$$

式中，A——样品的酸度（°T）；

　　　V——滴定消耗的氢氧化钠标准溶液的体积（毫升）；

　　　$c(\text{NaOH})$——氢氧化钠标准溶液的浓度（摩尔/升）。

（2）乳粉的酸度（脱脂乳粉除外），以 °T 表示为：

$$A = \frac{c \times 10 \times V \times 12}{m \times (1 - w)}$$

式中，c——氢氧化钠标准溶液的浓度（摩尔/升）；

　　　V——滴定时所消耗的氢氧化钠标准溶液的体积（毫升）；

　　　m——称取样品的质量（克）；

　　　w——样品中水分的含量（%）；

　　　12——12 克乳粉相当于 100 毫升复原乳（脱脂乳粉应为 9，脱脂乳清粉为 7）。

结果保留至小数点后一位。

注：若以乳酸含量表示样品的酸度，那么，样品的乳酸含量（克/100 克）= A×0.009。A 为样品的滴定酸度（°T）；0.009 为乳酸的换算系数，即 1 毫升 0.1 摩尔/升的氢氧化钠标准溶液相当于 0.009 克乳酸。

10. 允许差。本方法的重复性为由同一分析人员，同时或在短时间间隔内，对同一样品所做的两次单独试验的结果之差不得超过 1.0°T。

九、乳粉溶解度的测定

合格的乳粉加水冲调后，应具有接近鲜乳的风味。乳粉的溶解度是重要的质量指标。原料乳的质量、加工方法、操作条件、成品水分含量、成品包装情况及成品贮存条件都会成为影响乳粉溶解度的因素。如果使用酸度过高和乳蛋白质不稳定的异常乳加工乳，则会影响乳粉的溶解度。在乳的热处理时，如温度过高，时间过长，则会导致乳蛋白质变性，也会影响溶解度。

含水 3% 左右的乳粉，保存一年以上仍具有良好的溶解度。如果乳粉中水含量高，就会影响溶解度，这是由于蛋白质胶体状态的改变导致溶解能力迅速降低，在乳粉生产中，由于喷雾干燥的方法不同，其产品颗粒大小也不一致。而颗粒大小是影响乳粉溶解度的重要因素，离心喷雾干燥乳粉颗粒比压力喷雾干燥乳粉大，其溶解度也较高。

溶解度是指每百克样品经规定的溶解过程后，全部溶解的质量。

（一）仪器

1. 常用实验室仪器。
2. 离心管（50 毫升，厚壁、硬质）。
3. 烧杯（50 毫升）。
4. 离心机。
5. 称量皿（直径 50~70 毫米的铝皿或玻璃皿）。

（二）操作步骤

1. 称取样品 5 克（准确至 0.01 克）于 50 毫升烧杯中，用 38 毫升 25~30℃的水分数次将乳粉溶解于 50 毫升离心管中，加塞。
2. 将离心管置于 30℃水中保温 5 分钟，取出，振摇 3 分钟。
3. 置离心机中，以适当的转速离心 10 分钟，使不溶物沉淀，倾去上清液，并用棉栓擦净管壁。
4. 再加入 25~30℃的水 38 毫升，加塞，上、下摇动，使沉淀悬浮。
5. 再置离心机中离心 10 分钟，倾去上清液，用棉栓仔细擦净管壁。
6. 用少量水将沉淀冲洗入已知质量的称量皿中，先在沸水浴上将皿中水分蒸干，再移入 100℃烘箱中干燥至恒重（最后两次质量差不超过 2

毫克)。

(三) 分析结果表述

样品的溶解度按下式计算:

$$R = 100 - \frac{(m_2 - m_1) \times 100}{(1 - w_1) \times m}$$

式中, m——样品的质量 (克);

　　m_1——称量皿质量 (克);

　　m_2——称量皿和不溶物干燥后质量 (克);

　　w_1——样品水分 (克/100 克);

　　R——样品的溶解度 (克/100 克)。

(四) 允许差

同一样品两次测定值之差不得超过两次测定平均值的2%。

十、氯的测定

(一) 原理

有机酸沉淀样品中的蛋白质,用硝酸银溶液滴定样品中的氯离子,生成氯化银沉淀;过量的硝酸银与指示剂铬酸钾反应生成铬酸银使溶液呈橘红色即为滴定终点,由硝酸银溶液的消耗量计算样品中的氯含量。

(二) 试剂

所有试剂,如未注明规格,均指分析纯;所有实验用水,如未注明其他要求,均指三级水。

1. 三氯乙酸溶液 (500 克/升)。

2. 标准氯化钠溶液 ($c(NaCl)$ 为 0.1 摩尔/升)。准确称取烘干 (130℃) 2 小时的氯化钠 5.8440 克于 1000 毫升容量瓶中,用去离子水溶解并定容。

3. 铬酸钾溶液 ($c(K_2CrO_4)$ 为 50 克/升,作指示剂)。

4. 硝酸银溶液 ($c(AgNO_3)$ 为 0.05 摩尔/升)。取 10 毫升标准氯化钠溶液于 125 毫升容量瓶中,加 10 滴铬酸钾指示剂,用上述硝酸银溶液滴定，根据消耗的硝酸银溶液体积，计算硝酸银溶液的实际浓度。

5. 氢氧化钠溶液（$c(NaOH)$ 50 克/升）。

6. 酚酞乙醇指示剂（10 克/升乙醇）。

7. 硝酸溶液（$c(HNO_3)$ 0.1 摩尔/升）。

（三）仪器

1. 常用实验室仪器。

2. 分析天平。

3. 容量瓶（100 毫升）。

4. 三角瓶（125 毫升）。

5. 棕色滴定管（10 毫升）。

（四）操作步骤

1. 准确称取样品 10.0000 克于小烧杯中，加 50 毫升水溶解后移入 100 毫升容量瓶中，加三氯乙酸溶液 10 毫升混匀定容，静置约 1 分钟后过滤。

2. 吸取滤液 10 毫升于 125 毫升三角瓶中，加 3 滴酚酞指示剂，用氢氧化钠溶液调节至微红色。用硝酸溶液回调至红色刚好褪去。再加 10 滴铬酸钾指示剂后用硝酸银溶液滴定至橘红色 1 分钟内不褪色，即为终点，滴定时在底端放一黄色纸，更易辨认终点。同时做空白试验。

（五）分析结果表述

样品中氯的含量按下式计算：

$$w = (V - V_0) \times c \times 35.5 \times \frac{V_1}{V_2} \times \frac{100}{m}$$

式中，V——滴定样液所消耗的硝酸银溶液的体积（毫升）；

$\quad V_0$——空白液所消耗的硝酸银溶液的体积（毫升）；

$\quad c$——硝酸银溶液的浓度（摩尔/升）；

$\quad V_1$——样液体积（毫升）；

$\quad V_2$——吸取滤液体积（毫升）；

$\quad m$——样品的质量（克）；

$\quad w$——样品中氯的含量（毫克/100 克）。

计算结果精确至小数点后第二位。

（六）允许差

同一样品的两次测定值之差不得超过两次测定平均值的 5%。

十一、脲酶定性试验

（一）原理

脲酶在适当酸碱度和温度下，催化尿素转化成碳酸铵，而碳酸铵在碱性条件下形成氢氧化铵，与钠氏试剂中的碘化钾汞复盐作用形成棕色的碘化双汞铵。

（二）试剂

1. 尿素溶液（10 克/升）。
2. 钨酸钠溶液（100 克/升）。
3. 酒石酸钾钠溶液（20 克/升）。
4. 硫酸（体积分数 5%）。
5. 中性缓冲液。取下述磷酸氢二钠溶液 611 毫升，磷酸二氢钾溶液 389 毫升，两种溶液混合均匀。
6. 磷酸氢二钠溶液。称取无水磷酸氢二钠 9.47 克，溶于 1000 毫升蒸馏水中。
7. 磷酸二氢钾溶液。称取磷酸二氢钾 9.07 克，溶于 1000 毫升蒸馏水中。
8. 钠氏试剂。称取红色碘化汞（HgI_2）55 克，碘化钾 41.25 克，溶于 250 毫升蒸馏水中，溶解后，倒入 1000 毫升容量瓶中。再称取氢氧化钠 144 克溶于 500 毫升水中，溶解并冷却后，再缓慢地倒入上述 1000 毫升的容量瓶中，加水至刻度，摇匀，倒入试剂瓶静置后，用上清液。

（三）操作步骤

1. 取 10 毫升比色管甲、乙两支，各加入 0.1 克样品，1 毫升蒸馏水。振摇 0.5 分钟（约 100 次）。然后各加入 1 毫升中性缓冲溶液。
2. 向甲管（样品管）加入 1 毫升尿素溶液。再向乙管（空白对照管）加入 1 毫升蒸馏水，两管摇匀后，置于 40℃水浴中：保温 20 分钟。

3. 从水浴中取出两管后，各加 4 毫升蒸馏水，摇匀，再加 1 毫升钨酸钠溶液，摇匀，加 1 毫升硫酸溶液，摇匀，过滤备用。

4. 取上述滤液 2 毫升，分别注入两支 25 毫升具塞的比色管中。各加入 15 毫升水，1 毫升酒石酸钾钠溶液，2 毫升钠氏试剂，最后以蒸馏水定容至 25 毫升，摇匀。观察结果。

（四）分析结果表述

分析结果按表 5－17 进行判断。

表 5－17　　　　　　　　　　　结果的判断

脲酶定性	表示符号	显示情况
强阳性	＋＋＋＋	砖红色混浊或澄清液
次强阳性	＋＋＋	橘红色澄清液
阳性	＋＋	深金黄色或黄色澄清液
弱阳性	＋	淡黄色或微黄色澄清液
阴性	－	样品管与空白对照管同色或更淡

十二、铅的测定

常用的铅测定方法有四种：火焰原子吸收光谱法和二硫腙比色法的灵敏度较低，在乳品检测中应用困难，本书不作介绍；石墨炉原子吸收光谱法灵敏度高，但在乳与乳制品这样基体复杂的试样测定中有严重的干扰问题有待解决；氢化物原子荧光光谱法，灵敏度更高，且所用国产设备技术成熟，应用成本较低，是一种较理想的检测方法。

（一）石墨炉原子吸收光谱法

1. 原理。试样经酸消解后，注入原子吸收分光光度计石墨炉中，电热原子化后吸收 283.3 纳米共振线，在一定浓度范围，其吸收值与铅含量成正比，与标准系列比较定量。

2. 试剂。如未经特别注明，所用试剂均为分析纯，实验用水均为三级水。

（1）MOS 级硝酸、高氯酸、2% 磷酸二氢铵溶液。混合酸：取 4 份硝酸与 1 份高氯酸混合。

（2）硝酸（0.5 摩尔/升）。取 3.2 毫升硝酸加入 50 毫升水中，稀释至100毫升。

（3）铅标准储备液（国家标准物质研究中心，浓度为1000微克/毫升）。

（4）铅标准使用液。每次吸取铅标准储备液1.0毫升于100毫升容量瓶中，加0.5摩尔/升硝酸至刻度。如此经多次稀释成10.0纳克/毫升、20.0纳克/毫升、40.0纳克/毫升、60.0纳克/毫升、80.0纳克/毫升铅的标准系列使用液。

3. 仪器。所用玻璃仪器均需以硝酸（1+5）浸泡过夜，用水反复冲洗，最后用去离子水冲洗干净。

附石墨炉及铅空心阴极灯的原子吸收分光光度计、恒温干燥箱、可调式电炉。

4. 操作步骤。

（1）样品处理（在采样和制备过程中，应注意不使试样污染）。湿法消解：称取试样1.00～5.00克于锥形瓶中，放数粒玻璃珠，加10毫升混合酸，加盖浸泡过夜。加盖一小漏斗于电炉上消解，若变棕黑色，再加混合酸，直至冒白烟，消化液呈无色透明或略带黄色。放冷，用滴管将试样消化液洗入25毫升容量瓶中，用水少量多次洗涤锥形瓶，洗液合并于容量瓶并定容至刻度，混匀备用。同时作试剂空白。

（2）标准曲线的绘制。吸取上面配制的铅标准系列使用液各10微升注入石墨炉，测得其吸光值并求得吸光值与浓度关系的一元线性回归方程。

（3）样品测定。分别吸取样液和试剂空白液各10微升，注入石墨炉，测得其吸光值，代入标准系列的一元线性回归方程中求得样液中的铅含量。

注：绘制铅标准曲线和试样测定时应注入10微升基体改进剂磷酸二氢铵溶液以消除干扰。

5. 仪器条件。检测波长283.3纳米、狭缝0.2～1.0纳米、灯电流5～7毫安；干燥温度120℃，20秒；灰化温度450℃，15～20秒；原子化温度1700～2300℃，4～5秒；背景校正为氘灯或塞曼效应。

6. 分析结果表述。试样中铅的含量按下式进行计算：

$$X = \frac{(\rho_1 - \rho_0) \times V \times 1000}{m \times 1000}$$

式中，X——试样中铅含量（微克/千克或微克/升）；

ρ_1——测定样液中铅质量浓度（纳克/毫升）；

ρ_0——试剂空白液中铅的质量浓度（纳克/毫升）；

V——试样消化液总体积（毫升）；

m——试样质量或体积（克或毫升）。

（二）氢化物原子荧光光谱法

1. 原理。试样经酸热消化后，在酸性介质中，试样中的铅与硼氢化钠（$NaBH_4$）或硼氢化钾（KBH_4）反应生成挥发性铅的氢化物（PbH_4）。以氩气为载气，将氢化物导入电热石英原子化器中原子化，在特制铅空心阴极灯照射下，基态铅原子被激发至高能态；在去活化回到基态时，发射出特征波长的荧光，其荧光强度与铅含量成正比，根据标准系列进行定量。

2. 试剂。如未经特别注明，所用试剂均为分析纯，实验用水均为三级水。

（1）MOS 级硝酸、高氯酸、盐酸。

（2）混合酸：分别量取硝酸 400 毫升和高氯酸 100 毫升，混匀。

（3）盐酸（50%）溶液。

（4）草酸（10 克/升）溶液。

（5）铁氰化钾 [$K_3Fe(CN)_6$]（100 克/升）溶液。

（6）氢氧化钠（2 克/升）溶液。

（7）硼氢化钠 [$NaBH_4$]（10 克/升）溶液。称取 5.0 克硼氢化钠溶于 500 毫升 2 克/升的氢氧化钠溶液中，混匀，用前现配。

（8）铅标准储备液（国家标准物质研究中心，浓度为 1000 微克/毫升）。

（9）铅标准应用液（精确吸取铅标准储备液，逐级稀释至 1.0 微克/毫升）。

3. 仪器。所用玻璃仪器均需以硝酸（1+5）浸泡过夜，用水反复冲洗，最后用去离子水冲洗干净。

双道原子荧光光度计、计算机系统及编码铅空心阴极灯、电热板。

4. 分析步骤。

（1）样品处理（在采样和制备过程中，应注意不使试样污染）。湿法消解：精确称取试样 2.00 克（液体试样 10.00 毫升），置于 100 毫升锥形瓶中，然后加入混合酸 10 毫升摇匀浸泡，放置过夜。次日置于电热板上加热消解，至消化液呈淡黄色或无色（如消解过程色泽较深，稍冷补加少量硝酸，继续消解），稍冷加入 20 毫升水再继续加热赶酸，至消解液

0.5~1.0毫升。冷却后用少量水转入25毫升容量瓶中，并加入50%的盐酸溶液0.5毫升，10克/升的草酸溶液0.5毫升，摇匀，再加入100克/升的铁氰化钾1.0毫升，用水准确稀释定容至25毫升，摇匀，放置30分钟后测定。同时做试剂空白。

（2）标准系列制备。取25毫升的容量瓶7支，依次准确加入铅标准应用液0.00毫升、0.125毫升、0.25毫升、0.50毫升、0.75毫升、1.00毫升、1.25毫升（各相当于铅浓度0.0纳克/毫升、5.0纳克/毫升、10.0纳克/毫升、20.0纳克/毫升、30.0纳克/毫升、40.0纳克/毫升、50.0纳克/毫升），用少量水稀释后，加入50%的盐酸溶液0.5毫升、10克/升的草酸溶液0.5毫升摇匀，再加入100克/升的铁氰化钾溶液1.0毫升，用水稀释至刻度，摇匀。放置30分钟后待测。

（3）测定。设定好仪器的最佳条件，在试样参数画面，输入以下参数：试样质量或体积（克或毫升）、稀释体积（毫升）、浓度单位、报告形式和自动清洗进样器程序等。然后逐步将炉温升至所需温度，稳定20分钟后测量。连续用标准系列的零管进样，待读数稳定后，转入标准系列测量，绘制标准曲线。在转入试样测量之前，先进入空白值测量状态，用试样空白消化液进样，让仪器取其均值作为扣除的空白值。随后即可依次测定试样溶液。

5. 仪器条件。

（1）光电倍增管负高压：323伏；铅空心阴极灯电流：75毫安；

（2）原子化器：炉温200℃，炉高8毫米；

（3）氩气流速：载气800毫升/分钟，屏蔽气1000毫升/分钟；

（4）延迟时间：0.0秒；读数时间：15秒；加硼氢化钾溶液时间：7.0秒；

（5）测量方式：标准曲线法；读数方式：峰面积；进样体积：2.0毫升。

6. 分析结果表述。试样中铅的含量按下式进行计算：

$$X = \frac{(\rho - \rho_0) \times V \times 1000}{m \times 1000 \times 1000}$$

式中，X——试样中铅含量（毫克/千克或毫克/升）；

ρ——试样消化液测定质量浓度（纳克/毫升）；

ρ_0——试剂空白液测定质量浓度（纳克/毫升）；

m——试样质量或体积（克或毫升）；

V——试样消化液总体积（毫升）；

十三、总汞的测定

本书介绍乳与乳制品中总汞的两种测定方法：氢化物原子荧光光谱法和二硫腙比色法，这两种方法灵敏度均较高。

（一）氢化物原子荧光光谱法

1. 原理。试样经酸加热消解后，在酸性介质中，试样中汞被硼氢化钾（KBH_4）或硼氢化钠（$NaBH_4$）还原成原子态汞，由载气（氩气）带入原子化器中，在特制汞空心阴极灯照射下，基态汞原子被激发至高能态，在去活化回到基态时，发射出特征波长的荧光，其荧光强度与汞含量成正比，与标准系列比较定量。

2. 试剂。如未经特别注明，所用试剂均为分析纯，实验用水均为三级水。

（1）优级纯硝酸、优级纯硫酸、过氧化氢（30%）、氢氧化钾（5克/升）溶液。

（2）硫酸 + 硝酸 + 水（1 + 1 + 8）：量取 10 毫升硝酸和 10 毫升硫酸，缓缓倒入 80 毫升水中，冷却后小心混匀。

（3）硝酸（10%）溶液：量取 50 毫升硝酸，缓缓倒入 450 毫升水中，混匀。

（4）硼氢化钾（5克/升）溶液：称取 5.0 克硼氢化钾，溶于 5.0 克/升的氢氧化钾溶液中，并稀释至 1000 毫升，混匀，现用现配。

（5）汞标准储备液（国家标准物质研究中心，浓度为 1000 微克/毫升）。

（6）汞标准使用溶液：用移液管吸取汞标准储备液 1 毫升于 100 毫升容量瓶中，用 10% 的硝酸溶液稀释至刻度，混匀，再吸取此液 1 毫升用 10% 的硝酸溶液稀释并定容于 100 毫升容量瓶中，混匀，溶液浓度为 100 纳克/毫升。

注：可在汞标准溶液中加入 0.05% 重铬酸钾作保护剂以延长保存时间。

3. 仪器。双道原子荧光光度计、计算机系统及编码汞空心阴极灯、100 毫升容量的高压消解罐。

4. 分析步骤。

（1）试样消解。高压消解法：称取样品 1.00 克（液体样品适当加大称样量），置于聚四氟乙烯塑料内罐中（液体样品还要加盖留缝放于65℃鼓风干燥烤箱中烘至近干），加5毫升硝酸，混匀后放置过夜。再加7毫升过氧化氢，盖上内盖放入不锈钢外套中，旋紧密封。然后将消解器放入干燥箱中120℃恒温2~3小时，至消解完全，自然冷至室温。将消解液用10%硝酸溶液定量转移并定容至25毫升，摇匀。同时做试剂空白试验。

（2）标准系列配制。分别吸取100纳克/毫升汞标准使用液0.25毫升、0.50毫升、1.00毫升、2.00毫升、2.50毫升于25毫升容量瓶中，用10%的硝酸溶液稀释至刻度，混匀。各自相当于汞浓度1.00纳克/毫升、2.00纳克/毫升、4.00纳克/毫升、8.00纳克/毫升、10.00纳克/毫升。

（3）样品测定。设定好仪器最佳条件，在试样参数画面输入以下参数：试样质量（克或毫升）、稀释体积（毫升）、浓度单位、报告形式和自动清洗进样器程序等。逐步将炉温升至所需温度，稳定20分钟后测量。连续用10%硝酸溶液进样，待读数稳定之后，转入标准系列测量，绘制标准曲线。在转入试样测定之前，先进入空白值测量状态，用试样空白消化液进样，让仪器取其均值作为扣底的空白值。随后即可依法测定试样。

5. 仪器条件。

（1）光电倍增管负高压：240伏；汞空心阴极灯电流：30毫安；

（2）原子化器：温度200℃，高度8.0毫米；

（3）氩气流速：载气400毫升/分钟，屏蔽气800毫升/分钟；

（4）读数延迟时间：1.0秒；读数时间：10秒；硼氢化钾溶液加液时间：8.0秒；

（5）测量方式：标准曲线法；读数方式：峰面积；进样体积：1毫升。

6. 分析结果表述。试样中汞的含量按下式进行计算：

$$X = \frac{(\rho - \rho_0) \times V \times 1000}{m \times 1000 \times 1000}$$

式中，X——试样中汞的含量（毫克/千克或毫克/升）；

　　　ρ——试样消化液中汞的质量浓度（纳克/毫升）；

　　　ρ_0——试剂空白液中汞的质量浓度（纳克/毫升）；

　　　m——试样质量或体积（克或毫升）；

　　　V——试样消化液总体积（毫升）；

（二）二硫腙比色法

1. 原理。试样经消化后，汞离子在酸性溶液中可与二硫腙生成橙红色络合物，溶于三氯甲烷，与标准系列比较定量。

2. 试剂。如未经特别注明，所用试剂均为分析纯，实验用水均为三级水。

（1）硝酸、硫酸、氨水、不含氧化物的三氯甲烷、高锰酸钾溶液（50克/升）、溴麝香草酚蓝的乙醇指示液（1克/升）、二硫腙的三氯甲烷溶液（0.5克/升）。

（2）硫酸（1+19）：量取5毫升硫酸，缓缓倒入水中，冷后加水至100毫升。

（3）硫酸（1+35）：量取5毫升硫酸，缓缓倒入150毫升水中，冷后加水至180毫升。

（4）盐酸羟胺（200克/升）溶液：吹清洁空气，除去溶液中含有的微量汞。

（5）二硫腙使用液：吸取1.0毫升二硫腙溶液，加三氯甲烷至10毫升，混匀。用1厘米比色杯，以三氯甲烷调节零点，于波长510纳米处测吸光度（A），用下式算出配制100毫升二硫腙使用液（70%透光率）所需二硫腙溶液的体积V（毫升）。

$$V = \frac{10 \times (2 - \lg 70)}{A} = \frac{1.55}{A}$$

（6）汞标准储备液（国家标准物质研究中心，浓度为1000微克/毫升）。

（7）汞标准使用液：吸取1.0毫升汞标准溶液，置于100毫升容量瓶中，用硫酸（1+35）稀释至刻度，此溶液浓度为10.0微克/毫升。再吸取此液5.0毫升于50毫升容量瓶中，用硫酸（1+35）稀释至刻度，此溶液浓度为1.0微克/毫升。

注：可在汞标准溶液中加入0.05%的重铬酸钾作保护剂以延长保存时间。

3. 仪器。消化装置、可见分光光度计。

4. 操作步骤。

（1）样品处理。称取10.00克样品（液体样品适当加大称样量），置于锥形瓶中，加玻璃珠数粒、45毫升硝酸和15毫升硫酸。装上冷凝管，小火加热，待开始发泡即停止加热，然后加热回流2小时，如加热过程中溶液变棕色，再加5毫升硝酸，继续回流2小时，放冷。用适量水洗涤冷凝管，洗液并入消化液中，取下锥形瓶，加水至总体积为150毫升。按同一方法做试剂空白试验。

（2）样品测定。取全量消化液，加 20 毫升水，在电炉上煮沸 10 分钟，除去二氧化氮等，放冷。于试样消化液及试剂空白液中各加 50 克/升高锰酸钾溶液至溶液呈紫色，然后再加 200 克/升盐酸羟胺溶液使紫色褪去，加 2 滴麝香草酚蓝指示液，用氨水调节 pH 值，使橙红色变为橙黄色。定量转移至 125 毫升分液漏斗中。

吸取 0 微升、0.5 微升、1.0 微升、2.0 微升、3.0 微升、4.0 微升、5.0 微升、6.0 微升汞标准使用液，分别置于 125 毫升分液漏斗中，加 10 毫升硫酸（1+19），再加水至 40 毫升，混匀。再各加 1 毫升 200 克/升盐酸羟胺溶液，放置 20 分钟，并时时振摇。

于试样消化液、试剂空白液及标准液振摇放冷后的分液漏斗中加 5.0 毫升二硫腙使用液，剧烈振摇 2 分钟，静置分层后，经脱脂棉将三氯甲烷层滤入 1 厘米比色杯中，以三氯甲烷调节零点，在波长 490 纳米处测吸光度，标准管吸光度减去零管吸光度，绘制标准曲线。

5. 分析结果表述。试样中汞的含量按下式进行计算：

$$w = \frac{(m_1 - m_2) \times 1000}{m \times 1000}$$

式中，w——试样中汞的含量（毫克/千克）；

　　　m_2——试样消化液中汞的质量（微克）；

　　　m_1——试剂空白液中汞的质量（微克）；

　　　m——试样质量（克）。

第六章

水产品的检验

╔══════════════ **本章学习提要与目标** ══════════════╗

　　了解水产品的卫生标准，掌握水产品的感官检验和理化检验方法，学会在生活中对水产品的鲜度进行感官鉴定。

╚═══════════════════════════════════════╝

第一节　水 产 品 的 卫 生 标 准

一、感官指标

1. 鲜黄鱼的感官指标如表 6 – 1 所示。

表 6 – 1　　　　　　　　　　鲜黄鱼的感官指标

项目	一级品	二级品
体表	金黄色或虎黄黄色，有光泽，鳞片紧贴较完整，不易脱落	淡黄色、淡苍黄或白色，光泽差，鳞片不完整，易脱落
鳃	色鲜红或紫红（小黄鱼多为暗红或紫红），粘液透明，无异味，鳃丝清晰	色淡红、暗红或带棕黄、灰红色，粘液略混浊，腥味稍重，鳃丝粘连
眼	眼球饱满凸出，角膜清晰透明	眼球平坦或稍陷，角膜稍混浊
肌肉	坚实，富有弹性	稍软，弹性稍差
粘液腔	鲜红色	淡红色

2. 鲜带鱼的感官指标如表 6 - 2 所示。

表 6 - 2　　　　　　　　　　鲜带鱼的感官指标

项目	一级品	二级品
体表	银白富有光泽，鱼鳞不易擦落	光泽稍差，脱鳞不超过体表 1/4
鳃	色鲜红或紫红，粘液透明	色淡红或暗红，粘液略混浊
眼	眼球饱满凸出，角膜清晰透明	眼球平坦或稍陷，角膜稍混浊
肌肉	坚实，富有弹性	稍软，弹性稍差

3. 鲜鲳鱼的感官指标如表 6 - 3 所示。

表 6 - 3　　　　　　　　　　鲜鲳鱼的感官指标

项目	一级品	二级品
体表	鱼体坚挺，有光泽	光泽稍差
鳃	色紫红或红色，鳃丝清晰	色暗紫或灰红色，腥味稍重
眼	眼球饱满凸出，角膜清晰透明	眼球平坦或稍陷，角膜稍混浊
肌肉	坚实，富有弹性	稍软，弹性稍差

4. 鲜青鱼、草鱼、鲢鱼、鳙鱼、鲤鱼的感官指标如表 6 - 4 所示。

表 6 - 4　　　　　　鲜青鱼、草鱼、鲢鱼、鳙鱼、鲤鱼的感官指标

项目	一级品	二级品
体表	鱼体具有固有色泽和光泽，鳞片完整，不易脱落，体态匀称，不畸形	光泽稍差，鳞片不完整，不畸形
鳃	色鲜红或紫红，鳃丝清晰，具有固有腥味，无粘液或有少量透明粒液	色淡红或暗红，粘液发暗但透明，鳃丝稍有粘连，无异味及腐败臭
眼	眼球明亮饱满凸出，角膜透明	眼球平坦或稍陷，角膜稍混浊
肌肉	坚实，富有弹性	肉质稍松弛，弹性稍差
肛门	紧缩不外凸（雌鱼产卵期除外）	发软，稍凸出
内脏	无印胆现象	允许轻微印胆

5. 对虾的感官指标如表 6 - 5 所示。

表6-5 对虾的感官指标

项目	一级品	二级品
色泽	正常，卵黄按不同产期呈现自然色泽，允许稍有松懈，在正常冷藏中允许卵黄变色	虾体不得变红，卵黄按不同产期呈现自然色泽，允许稍有松懈，在正常冷藏中，允许卵黄变色
体表	①虾体完整，允许节间松弛，联结膜可有两处破裂，破裂处虾肉可有轻微裂口，但甲壳不脱落，联结膜破裂一处者，其第一节甲壳允许脱落，允许有愈合的伤疤、不大的刺擦伤和部分尾肢脱落，不允许有软壳虾 ②允许有黑箍一个，黑斑四处，黑斑可以抵补黑箍，虾尾允许轻微变色，甲壳可有轻微水锈和自然斑点 ③颈肉允许因虾头感染呈现轻微异色（不包括变质红色） ④虾体清洁，允许串清水及局部串血水	①虾体基本完整，允许甲壳断节，但不脱落（第一节甲壳可脱落），虾体可有愈合的伤疤、不大的刺擦伤，虾尾可有不大残缺或尾肢脱落，不允许有软壳虾 ②允许有黑箍三个和不严重影响外观的黑斑，自然斑点不限 ③颈肉允许因虾头感染呈现轻微异色（不包括变质红色） ④虾体清洁，允许串血水
肌肉	紧密，富有弹性	弹性稍差
气味	正常无异味	正常无异味

6. 梭子蟹的感官指标。

体表：背壳青褐色或紫色，纹理清晰有光泽，脐上部无胃印，螯足内壁洁白。

鳃：鳃丝清晰，白色或稍带微褐色。

蟹黄：凝固不流动。

肢体连接程度：步足和躯体连接紧密，提起蟹体时步足不松弛下垂。

二、理化指标

鲜、冻动物性水产品理化指标应符合表6-6的规定。

表6-6 鲜、冻动物性水产品理化指标

项　　目		指标
挥发性盐基氮*/（毫克/100 克）		
海水鱼、虾、头足类	≤	30
海蟹	≤	25
淡水鱼、虾	≤	20
海水贝类	≤	15
湟鱼、牡蛎	≤	10

续表

项　目		指标
组胺*/（毫克/100 克）		
鲐鱼	≤	100
其他鱼类	≤	30
铅（Pb）/（毫克/千克）		
鱼类	≤	0.5
无机砷/（毫克/千克）		
鱼类	≤	0.1
其他动物性水产品	≤	0.5
甲基汞/（毫克/千克）		
食肉鱼（鲨鱼、旗鱼、金枪鱼、梭子鱼等）	≤	1.0
其他动物性水产品	≤	0.5
镉（Cd）/（毫克/千克）		
鱼类	≤	0.1
多氯联苯**/（毫克/千克）	≤	2.0
PCB 138/（毫克/千克）	≤	0.5
PCB 153/（毫克/千克）	≤	0.5

* 不适用于活的水产品。
** 仅适用于海水产品，并以 PCB 28、PCB 52、PCB 101、PCB 118、PCB 138、PCB 153 和 PCB 180 总和计。

第二节　水产品的检验

水产品的质量检验分为感官检验、理化检验和微生物检验，由于大多数水产品在常温下极易腐败变质，故在生产和销售上均以感官检验为主要手段。

一、感官检验

（一）活鱼的检验

优质的活鱼活泼好游动，对外界刺激有敏锐的反应，身体上有一层清洁透亮的粘液，俗称"宝色"，无伤残，不掉鳞。

质次的活鱼在水中肚皮朝上，不能立背，即或能立背也游动迟缓，身体有伤残或有病，鳞片脱落。

（二）鲜鱼的检验

由于使用的保鲜方法不同，鲜鱼分为冰鲜鱼和冻鱼。

1. 冰鲜鱼的检验。冰鲜鱼的质量优劣，可以从鱼体硬度、体表粘液、腹部、嘴、鳃、眼、鳞片和鱼体内部的变化等方面进行检验。

（1）鱼体硬度：质量好的鱼体硬肉实，用手抓着鱼头时，鱼体挺而不软，弯度小，肉有弹性，用手按压后有凹陷，抬手凹陷立即消失。质量差的鱼表皮结缔组织已经分解，鱼体松软，肉无弹性，用手按压时，其凹陷处不能平复。

（2）粘液：质量好的鱼，体表面有一层清洁透亮的粘液，俗称"宝色"。当鱼的质量开始下降时，"宝色"逐渐退去，皮色变得灰暗。这是由于鱼体表面的粘液成分是粘液蛋白，微生物很容易孳生，当微生物大量繁殖时，粘液变为不透明的混浊状态。这种粘液粘度大，颜色黄，并有腥臭味。

（3）腹部：质量好的鱼，腹部坚实无破裂，腹内无胀气，腹色正常，内脏清晰可辨，无异味，肛门紧缩成圆坑状、颜色发白。质量次的鱼，腹部发软，膨胀，或有破肚现象，腹色发黄或发绿，内脏混浊，有异味，肛门突起，呈淡红色。

（4）嘴：质量好的鱼，口腔清洁无污物。质量次的鱼，由于粘蛋白分解使口腔不洁净，嘴发糊（粘液过多，把嘴糊住）。

（5）鳃盖：质量好的鱼，鳃盖紧闭，用手抠时感觉很紧。质量次的鱼，鳃盖松弛，严重腐败时鳃盖略张开。

（6）鳃：质量好的鱼，鳃的色泽鲜艳，淡水鱼鳃色鲜红或粉红，海水鱼鳃色紫或紫红，鳃丝清晰，无粘液或均匀地覆盖着一层透明的粘液，无异味。质量次的鱼，鱼鳃中的血红素发生了氧化分解，鳃色呈暗紫色或灰白色，鳃上有混浊的粘液，严重腐败的鱼有酸臭味或陈腐味。

（7）眼：质量好的鱼，眼球凸起饱满，黑白分明，角膜清亮透明，洁净无污物。当鱼体质量下降时，眼球下陷，黑眼球起白蒙并逐渐增多，角膜起皱，稍变混浊，有时稍溢血发红，严重腐败的瞎眼，眼球破裂并下陷得更深，角膜模糊或呈脓样封闭。

（8）鳞片：质量好的鱼，鳞片完整，有光泽，紧附在鱼体上，不易脱落。质量次的鱼，鳞片松弛无光泽，容易脱落。鳞片为鱼体的保护层，如果鳞片脱落，细菌就容易侵入鱼体，加速鱼体变质。

（9）鱼体内部：质量好的鱼，肉的横断面紧密，新鲜。肠、鳔坚韧有弹性，胆囊完整，肋骨与脊椎骨处的鱼肉组织坚实，无离刺现象，腹腔清洁，无异味，鱼肉的色泽和状态为该品种鱼特有的色泽与状态。质量次的鱼，肉质发软，横断面肉色无光泽。肠、鳔失去弹性，由于内部溢血，脊椎骨处的肉出现浅红色，有离刺现象。严重腐败的，肉松懈易脱落，腹腔出现血水并有异味。

（10）水煮试验：质量好的鱼经过水煮，鱼汤透明，油亮，气味正常。质量次的鱼，鱼汤混浊，脂肪乳化，气味和滋味都不正常。

对于冰鲜鱼的质量要求，不同品种要区别对待，如鲳鱼的鳞，很容易擦落，因此，一级鱼应允许有较大面积的脱鳞。又如鱼的肌肉，一般要求坚实，组织紧密，富有弹性，但鲐、鲱等鱼类的肌肉组织，在运输、装卸过程中，容易产生腹肉离骨、肌肉破裂等现象。因此，在检验时，应结合其他质量指标，进行具体分析，综合评定。

2. 冻鱼的检验。冻鱼的质量好坏，不如鲜鱼容易鉴别，如果化冻后检验，又受客观条件的限制，不易进行，因此，冻鱼的质量鉴别，主要检验鱼的眼球、体表状态、硬度和鱼体内部四项指标。

（1）眼球：质量好的冻鱼，眼球凸起，黑白分明，洁净无污物。如眼球下陷，黑眼球上有白蒙的即为次品。

（2）体表：质量好的冻鱼，色泽鲜亮，体表清洁无污物，肛门紧缩。质量次的冻鱼，皮色灰暗无光泽，体表有污物，肛门突起。

（3）硬度：质量好的冻鱼，鱼体冻得坚实，用硬物敲击能发出清晰的声音。从鱼体温度来讲，一般要求 $-6 \sim -8℃$，如果鱼体温度高，鱼就会变软，质量就要下降。

（4）鱼体内部：质量好的冻鱼，用刀切开后肉不离刺，脊骨处无红线，胆囊完整无破裂，反之为次品。

检验化了冻的鱼，可按检验鲜鱼的项目进行，检验标准可稍低于鲜鱼。

（三）卤鲜鱼、咸鱼和干鱼的检验

1. 卤鲜鱼的检验：质量好的卤鲜鱼，外形完整，基本保持了鱼的原有色泽，肉质坚实不粘，口味清鲜，含盐量小，咸淡适中。打开包装后，一经抖动，鱼体即可散开。质量次的卤鲜鱼，体表灰暗无光，鳞片脱落较多。打开包装后鱼体粘成一团，经抖动也不易分开，味咸苦。

2. 咸鱼的检验：质量好的咸鱼，外形完整，基本保持了鱼的原有色泽，肉质坚实，鳞片紧密，味清香。质量次的咸鱼，皮色和味道均不正常，鱼肉松弛，掉鳞较多，鱼体干燥得不均匀，体表有粘液。严重腐败的鱼体发黄或发红，出油，有油烧味。鱼体发红是嗜盐细菌在咸鱼体上大量繁殖，分解产生红色素的结果，油烧是油脂氧化酸败的结果，氧化酸败的咸鱼吃起来感觉涩嘴麻口。

3. 干鱼的检验：质量好的干鱼，体形完整，剖割的刀口整齐，鳞片不脱落，肉质坚实，基本保持了鱼的原有色泽，无油斑，味清香。干鱼含水量要求不超过40%，咸干鱼含盐量要求不超过20%。质量次的干鱼，鳞片脱落，肉质发软，体色灰暗，有油斑，无清香味。严重腐败的肉发黄，出油，有粘液，肉糟烂，有油烧味。

（四）虾、蟹的检验

1. 虾的检验。虾的质量好坏，主要从它头与体的连接情况，壳与肉的连接情况，身体硬度和皮色来鉴别。

（1）对虾：质量好的对虾，头、体紧密相连，外壳与虾肉紧贴成一体，用手按虾体时感到硬而有弹性，体两侧和腹面为白色，背面为青色（雄虾全身蛋黄色），有光泽。质量次的对虾头、体连接松懈，壳、肉分离，虾体软而失去弹性，体色变黄（雄虾变成深黄色），失去光泽，虾身节间出现黑腰。黑腰的出现是因为虾体中的酪氨酸在酶的作用下氧化成黑色素的结果。质量极次的对虾，掉头、体软如泥，外壳脱落，体色黑紫。

（2）白虾：质量好的白虾，体色白而透明，微有蓝色或红色小斑点。质量次的白虾，虾体变黄，斑点增多。质量极不佳的白虾，虾体呈深黄色或粉红色。其他部位的检验方法与对虾相同。

（3）青虾：质量好的青虾，体呈青绿色，有光泽。质量次的青虾，体呈青白色，质量严重不佳者，虾体呈粉白色。其他部位的检验方法与对虾相同。

2. 蟹的检验。

（1）海蟹：海蟹的质量好坏，主要从皮色、蟹体重量、蟹腿和钳来检验。质量好的海蟹，背面为青色，纹理清晰，腹面为白色，有光泽，脐上无胃印。用手拿之感到重实，按头胸甲两侧感到壳内坚实，蟹腿、钳均挺而硬并与身体牢固连接。不新鲜的海蟹背面呈青灰色，纹理模糊无光泽，腹面为灰色；脐上部透现出深色胃印。用手拿时感到轻飘，按头胸甲两侧感到壳肉不实，蟹腿和钳均松懈，碰时容易脱落。质量严重不佳者，背面发白或微黄，腹面变黑，头胸甲两侧空而无物，蟹腿、钳均易自行脱落。

（2）河蟹：河蟹只能食活的，并应将其胃、肠、鳃等部分去掉，切忌食死蟹。河蟹肉本身并无毒，但河蟹喜食动物尸体，它的肠、胃内含有大量细菌，蟹死后极易腐败变质，所以死蟹不能吃。

优质活蟹应体肥、腿硬，皮色青褐发亮，活动力强。河蟹的品质鉴定主要看肥不肥，蟹的肥瘦不在个的大小，主要看后腿壳边和后腿胸盖处的裂缝大小，俗称看顶壳不顶壳，肥蟹的裂缝较大，如韭菜厚薄，缝小的中肥，无缝的则是瘦蟹。

二、理化检验

（一）鲜度检验

水产品的鲜度检验主要是对水产原料进行检验，水产原料的好坏是保证水产品质量的一个重要条件。捕获的水产品离水死亡后，由于自身的酶和附着体表及内脏微生物的作用，发生一系列的化学变化，如蛋白质的分解，脂肪的氧化，色泽减退，臭味出现，等等。在这一系列的变化过程中，除了感官表现外还产生一些活的及新鲜的水产品所不含的分解产物。有些分解产物在水产品鲜度发生变化过程中，以稳步的速度增长或消失，并可以通过化学方法定量分析测定，因此，可以作为水产品原料鲜度的指标。如挥发性盐基氮、三甲胺、氨、pH值等。水产动物蛋白质由于酶的作用，分解成膘胨、肽、氨基酸等，再经微生物作用，氨基酸进一步分解成更低级的失去营养价值的化合物。如氨、胺类（甲胺、二甲胺、三甲胺）、二氧化碳、吲哚、硫化氢等。

挥发性盐基氮包括氨和胺类（淡水水产品鲜度变化主要产生氨，海水水产品除氨外，还有胺类），具有挥发性，均呈碱性（又称盐基），故称挥发性盐基氮。一般用TVBN或TVB－N（Total Volatile Basis Nitrogen）表示，单位为毫克/100克。不同种类的水产品由于其氨基酸组成不同，鲜度变化过程中产生的TVBN速度及数量也不同。因此，初期腐败时的TVBN界限值不同。例如，大黄鱼一级品TVBN<13毫克/100克，二级品TVBN<30毫克/100克；青鱼、草鱼一级品TVBN<13毫克/100克，二级品TVBN<20毫克/100克等。软骨鱼类由于肌肉内自身含有尿素以平衡体内外的渗透压，因此，新鲜的软骨鱼含TVBN就很高。

氧化三甲胺是水产动物肌肉中具有鲜味的碱性物质，一般海水硬骨鱼类含有氧化三甲胺 100～1000 毫克/100 克，海水软骨鱼类含氧化三甲胺 700～1400 毫克/100 克，淡水鱼类氧化三甲胺含量很少，一般氧化三甲胺在 10 毫克/100 克以下。

当水产动物鲜度发生变化时，肌肉中的氧化三甲胺被还原成三甲胺，其单位也是毫克/100 克。此外，水产动物体内的卵磷脂经微生物作用分解也产生三甲胺。测得三甲胺含量越多，说明水产品鲜度越差。

由于肌肉中乳酸的产生，肌肉 pH 值下降；随着鲜度变化，蛋白质分解，呈碱性的产物不断增加，肌肉 pH 值上升。肌肉 pH 值先降后升的规律性变化，是随水产品鲜度变化而变化，pH 值高说明鲜度不好。

1. 吲哚的测定——分光光度法。

（1）原理。样品中的吲哚随水蒸气蒸馏蒸出；用三氯甲烷萃取，加显色剂振摇，分离出酸层，以乙酸定容，用分光光度计测定，标准曲线法定量。

（2）试剂和材料。无水乙醇（分析纯）；磷酸（分析纯）；浓盐酸（分析纯）；消泡剂（聚醚）；饱和硫酸钠溶液；三氯甲烷（分析纯）；显色剂（对二甲氨基苯甲醛）；稀盐酸（5＋95）；乙酸；吲哚标准溶液。

显色剂的配制：溶解 0.4 克对二甲氨基苯甲醛于 5 毫升乙酸中，加 92 毫升磷酸和 3 毫升盐酸混匀。由于对二甲氨基苯甲醛的纯度影响试剂空白的强度，如果试剂是黄色的，则按下述方法提纯。溶解 100 克对二甲氨基苯甲醛于 600 毫升稀盐酸（1＋6）中，加 300 毫升水，边用力搅拌边缓慢地加入 10% 的氢氧化钠溶液沉淀对二甲氨基苯甲醛，一出现白色沉淀，马上停止加氢氧化钠溶液，过滤，弃去沉淀。继续中和至对二甲氨基苯甲醛大部分沉淀。过滤，并用水洗涤沉淀至洗液不再呈酸性。将对二甲氨基苯甲醛干燥，应为白色，置于干燥器中保存。

乙酸：若该试剂与显色剂反应后变为桃红色，则按以下方法提纯。将 500 毫升乙酸，25 克高锰酸钾和 20 毫升硫酸，依次加到 1000 毫升圆底烧瓶中，在全玻璃蒸馏器中蒸馏，收集馏出液应不大于 400 毫升。

吲哚标准溶液的配制：准确称取 20 毫克吲哚，加乙醇溶解，定容至 200 毫升，其质量浓度为 0.10 毫克/毫升。贮存在冰箱内，两周内使用有效。标准工作液作 1:10 稀释。

（3）仪器和设备。

①分光光度计。

②蒸馏装置（使用单独的蒸汽发生器）。蒸汽发生器可由 1000 毫升锥形瓶制成。用最短的橡皮管与全玻璃蒸汽蒸馏瓶连接，蒸馏瓶容量应在

500 毫升以上，用 500 毫升锥形瓶作接受器。没有保护层的天然或合成橡胶连接器和塞，会产生不同的蒸馏空白。

③均质器。

（4）测定步骤。称取试样 25～50 克（取决于所预计的吲哚量，蟹肉、牡蛎称取 50 克样品），移至均质器中，加 80 毫升乙醇（蟹肉加 80 毫升水），均质（3000 转/分钟，保持 5 分钟）。转入蒸馏瓶中，用少量乙醇冲洗均质器（蟹肉、牡蛎用少量水冲洗），加 5 滴消泡剂。

将蒸馏瓶与蒸汽发生器连接，缓慢地供汽至开始蒸馏（注意通入蒸汽不可太猛以免产生过多泡沫）。给蒸汽发生器提供足够的热量，使蒸馏瓶保持 80～90 毫升的体积，在约 45 分钟内收集 450 毫升蒸馏液（蟹肉、牡蛎收集 350 毫升），用少量乙醇洗涤蒸馏瓶，并入接受瓶中。

将馏出液移至 500 毫升分液漏斗中，加入 5 毫升稀盐酸和 5 毫升饱和硫酸钠溶液，依次用 25 毫升、20 毫升和 15 毫升三氯甲烷提取，每次用力振摇 1 分钟，静置分层。先将 25 和 20 毫升三氯甲烷提取液合并到另一 500 毫升分液漏斗中，依次加入 400 毫升水、5 毫升饱和硫酸钠溶液和 5 毫升稀盐酸溶液洗涤，保留洗涤液，通过脱脂棉花将合并的提取液滤入干燥的 125 毫升分液漏斗中。再用同一三氯甲烷提取液 15 毫升洗涤，将三氯甲烷合并入同一 125 毫升分液漏斗中。

测定：加 10 毫升显色剂于合并的三氯甲烷提取液中，用力振摇 2 分钟，使酸层尽可能地分层。取 8 毫升酸层移至 50 毫升容量瓶中，用乙酸稀释定容，混匀，移取该溶液于分光光度计比色池中，在 560 纳米处测定吸光度 A。将 8 毫升显色剂用乙酸稀释定容至 50 毫升，混匀，测定空白。

通过蒸汽蒸馏一组新制备的吲哚标准工作液，分别移取 1 毫升、2 毫升、3 毫升、4 毫升、5 毫升按测定步骤制备标准曲线。用不加吲哚的标准工作液，按同样方法测定蒸馏空白。同时做空白试验。

（5）结果计算。

样品中吲哚含量按下式计算：

$$w = \frac{m_1}{m_2} \times 100$$

式中，w——试样中吲哚的含量（微克/100 克）；

　　　m_1——从标准曲线上查得的吲哚质量（微克）；

　　　m_2——最终测试样液所代表的样品质量（克）。

注：空白值应从计算结果中扣除。

本方法测定底线为 200 微克/千克。

虾仁中吲哚的添加浓度和回收率的实验数据为：

添加浓度在 20 微克/100 克时，回收率为 96.4%；

添加浓度在 60 微克/100 克时，回收率为 95.8%；

添加浓度在 100 微克/100 克时，回收率为 97.5%。

2. 挥发性盐基氮。同"肉及肉制品的检验"中"挥发性盐基氮的测定"。

3. 三甲胺氮。

（1）原理。三甲胺是鱼类食品由于细菌的作用，在腐败过程中将氧化三甲胺还原而产生的，系挥发性碱性含氮物质，将此项物质抽提于无水甲苯中，与苦味酸作用，形成黄色的苦味酸三甲胺盐，然后与标准管同时比色，即可测得试样中三甲胺氮的含量。

（2）试剂。

①三氯乙酸（20%）溶液。

②甲苯（试剂级）。用无水硫酸钠脱水，再用 0.5 摩尔/升的硫酸振摇，蒸馏，除去干扰物质，最后再用无水硫酸钠脱水使其干燥。

③苦味酸甲苯溶液。

④储备液。将 2 克干燥的苦味酸（试剂级）溶于 100 毫升无水甲苯中，使其成为 2% 的苦味酸甲苯溶液。

⑤应用液。将储备液稀释成为 0.02% 苦味酸甲苯溶液即可应用。

⑥碳酸钾溶液（1+1）。

⑦甲醛（10%）溶液。先将甲醛（试剂级，含量为 36% ~ 38%）用碳酸镁振摇处理并过滤，然后稀释成浓度为 10%。

⑧无水硫酸钠。

⑨三甲胺氮标准溶液的配制：称取盐酸三甲胺（试剂级）约 0.5 克，稀释到 100 毫升，取其 5 毫升再稀释到 100 毫升，取最后稀释液 5 毫升用微量或半微量凯氏蒸馏法准确测定三甲胺氮含量，并计算出每毫升的含量，然后稀释使每毫升含有 100 微克的三甲胺氮，作为储备液用。测定时将上述储备液 10 倍稀释，使每毫升含有 10 微克三甲胺氮。准确吸取最后稀释标准液 1.0 毫升、2.0 毫升、3.0 毫升、4.0 毫升、5.0 毫升（相当于 10 微克、20 微克、30 微克、40 微克、50 微克）于 25 毫升 Maijel Gerson 反应瓶中，加蒸馏水至 5.0 毫升，并同时做一空白，以下处理按试样测定操作方法，以光密度数制备成标准曲线。

（3）仪器。

①Maijel Gerson 反应瓶（25 毫升）。

②玻塞三角瓶（100 毫升或 150 毫升）。

③量筒（100 毫升）。

④试管。

⑤吸管。

⑥微量或半微量凯氏蒸馏器。

⑦581 型或 72 型光电比色计。

（4）分析步骤。

①试样处理。取被检样品 20 克（视试样新鲜程度确定取样量）剪细研匀，加水 70 毫升移入玻塞三角瓶中，并加 20% 的三氯乙酸 10 毫升，振摇，沉淀蛋白后过滤，滤液即可供测定用。

②测定方法。取上述滤液 5 毫升（亦可视试样新鲜程度确定之，但必须加水补足至 5 毫升）于 Maijel Gerson 反应瓶中，加 10% 的甲醛溶液 1 毫升，甲苯 10 毫升及碳酸钾溶液（1 + 1）3 毫升，立即盖塞，上下剧烈振摇 60 次，静置 20 分钟，吸去下面水层，加入无水硫酸钠约 0.5 克进行脱水，吸出 5 毫升于预先已置有 0.02% 的苦味酸甲苯溶液 5 毫升的试管中，在 410 纳米处或用蓝色滤光片测得吸光度，并做一空白试验，同时将上述三甲胺氮标准溶液（相当于 10 微克、20 微克、30 微克、40 微克、50 微克）按上法同样测定，制备标准曲线。

（5）结果计算。试样中的三甲胺氮含量按下式计算：

$$w = \frac{\dfrac{OD_1}{OD_2} \times m}{m_1 \times \dfrac{V_1}{V_2}} \times 100$$

式中，w——试样中三甲胺氮含量（毫克/100 克）；

　　OD_1——试样光密度；

　　OD_2——标准光密度；

　　m——标准管三甲胺氮质量（毫克）；

　　m_1——试样质量（克）；

　　V_1——测定时体积（毫升）；

　　V_2——稀释后体积（毫升）。

4. 氨。

（1）操作。取蚕豆大一块鱼肉，挂在一端附有胶塞另一端带钩的玻璃棒上，用吸管吸取爱贝尔试液（取 25% 比重为 1.12 的盐酸 1 份，无水乙醚 1 份，96% 的酒精 3 份混合即成）2 毫升，注入试管内，稍加振摇后，把带胶塞的玻璃棒放入试管内（注意，勿碰管壁），直到检样距液面 1 ~ 2 厘米处，迅速拧紧胶塞，立即在黑色背景下观察，看试管中样品周围的变化。

（2）识别。

新鲜鱼：无白色云雾出现，为阴性反应（ － ）。

次新鱼：在取出检样离开试管的瞬间有少许白色云雾出现，但立即消散，为弱阳性反应（ ＋ ）；或检样放入试管后，经数秒钟后才出现明显的云雾状，为阳性反应（ ＋ ＋ ）。

变质鱼：检样放入试管后，立即出现云雾，为强阳性反应（ ＋ ＋ ＋ ）。

5. 酸价。

新鲜鱼：pH 值为 6.5 ~ 6.8。

次鲜鱼：pH 值为 6.9 ~ 7.0。

变质鱼：pH 值为 7.1 以上。

（1）原理。水产品中游离脂肪酸用氢氧化钾标准溶液滴定，每克试样消耗的氢氧化钾的毫克数，称为酸价。

（2）试剂。

①乙醚 + 乙醇混合液：按乙醚 + 乙醇（2 + 1）混合，用氢氧化钾溶液（3 克/升）中和至酚酞指示液呈中性。

②氢氧化钾标准滴定溶液 $[c(KOH) = 0.050$ 摩尔/升$]$。

③酚酞指示液（10 克/升乙醇溶液）。

（3）分析步骤。称取 3.00 ~ 5.00 克混匀试样，置于锥形瓶中，加入 50 毫升中性乙醚 + 乙醇混合液，振摇使样品中的油脂溶解，必要时置于热水中，温热促其充分溶解。冷至室温，加入酚酞指示液 2 ~ 3 滴，以氢氧化钾标准滴定溶液（0.050 摩尔/升）滴定，至初现微红色，且 0.5 分钟内不褪色为终点。

（4）结果计算。试样的酸价按下式进行计算：

$$w = \frac{V \times c \times 56.11}{m}$$

式中，w——试样的酸价（以氢氧化钾计）（毫克/克）；

　　　　V——试样消耗氢氧化钾标准滴定溶液体积（毫升）；

　　　　c——氢氧化钾标准滴定溶液的实际浓度（摩尔/升）；

　　　　m——试样质量（克）；

　　　　56.11——与 1.0 毫升氢氧化钾标准滴定溶液（1.000 摩尔/升）相

当的氢氧化钾毫克数。

计算结果保留两位有效数字。

6. 组胺。

（1）原理。鱼体中组胺用正戊烷提取，遇偶氮试剂显橙色，与标准系列比较定量。

（2）试剂。

①正戊醇。

②三氯乙酸溶液（100 克/升）。

③碳酸钠溶液（50 克/升）。

④氢氧化钠溶液（250 克/升）。

⑤盐酸（1 + 11）。

⑥组胺标准储备液。准确称取 0.2767 克于（100 ± 5）℃干燥 2 小时的磷酸组胺溶于水，移入 100 毫升容量瓶中，再加水稀释至刻度。此溶液每毫升相当于 1.0 毫克组胺。

⑦磷酸组胺标准使用液。吸取 1.0 毫升组胺标准溶液，置于 50 毫升容量瓶中，加入稀释至刻度。此溶液每毫升相当于 20.0 微克组胺。

⑧偶氮试剂。

甲液：称取 0.5 克对硝基苯胺，加 5 毫升盐酸溶液溶解后，再加水稀释至 200 毫升，置于冰箱中。

乙液：亚硝酸钠溶液（5 克/升），临用现配。

吸取甲液 5 毫升、乙液 40 毫升混合后立即使用。

（3）分析步骤。

①试样处理。称取 5.00 ~ 10.00 克绞碎并混合均匀的试样，置于具塞锥形瓶中，加入 15 ~ 20 毫升三氯乙酸溶液，浸泡 2 ~ 3 小时，过滤。吸取 2.0 毫升滤液，置于分液漏斗中，加氢氧化钠溶液，使呈碱性。每次加入 3 毫升盐酸（1 + 11）振摇提取 3 次，合并盐酸提取液并稀释到 10.0 毫升，备用。

②测定。吸取 2.0 毫升盐酸提取液于 10 毫升比色管中，另吸取 0 毫升、0.20 毫升、0.40 毫升、0.60 毫升、0.80 毫升、1.0 毫升组胺标准使用液（相当于 0 微克、4.0 微克、8.0 微克、12 微克、16 微克、20 微克组胺），分别置于 10 毫升比色管中，加水至 1 毫升，再各加 1 毫升盐酸（1 + 11）。试样与标准管各加 3 毫升碳酸钠溶液（5 克/升），3 毫升偶氮试剂，加水至刻度，混匀，放置 10 分钟后用 1 厘米比色杯以零管调节零点，于 480 纳米波长处测吸光度，与绘制标准曲线比较，或与标准系列目

测比较。

（4）结果计算。试样中组胺的含量按下式进行计算：

$$w = \frac{m_1}{m_2 \times \dfrac{2}{V_1} \times \dfrac{2}{10} \times \dfrac{2}{10} \times 1000} \times 100$$

式中，w——试样中组胺的含量（毫克/100 克）；

V_1——加入三氯乙酸溶液（100 克/升）的体积（毫升）；

m_1——测定时试样中组胺的质量（微克）；

m_2——试样质量（克）。

7. 硫化氢的测定操作。称取检样鱼肉 20 克，装入小广口瓶内，加入 10% 的硫酸 40 毫升，置大于瓶口的方形或圆形滤纸一张，在滤纸中央滴 10% 的醋酸铅碱性液 1～2 滴，然后将有液滴的一面向下盖在瓶口上并用橡皮圈扎好。15 分钟后取下滤纸块，观察其颜色有无变化。

识别方法如下：

新鲜鱼：滴乙酸铅碱性液处，颜色无变化，为阴性反应（－）。

次鲜鱼：在接近滴液边缘处，呈现微褐色或褐色痕迹，为疑似反应（±）或弱阳性反应（＋）。

腐败鱼：滴液处全是褐色，边缘处色较深，为阳性反应（＋＋）；或全部呈深褐色，为强阳性反应（＋＋＋）。

（二）蛋白质的测定——凯氏定氮法

1. 原理。用浓硫酸加热分解样品，加入无水硫酸钠提高硫酸的沸点，加入硫酸铜进行催化，使有机物全部分解，蛋白质中的氮生成铵盐，再加入过量的氢氧化钠，使溶液呈碱性，进行蒸馏，铵盐成为氨逸出，用酸吸收。蒸馏时加入锌粒可以避免暴沸。通过氨所消耗的酸量计算蛋白质的含量。反应式如下：

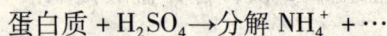

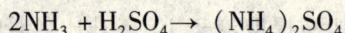

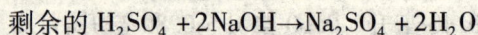

$$蛋白质 + H_2SO_4 \rightarrow 分解\ NH_4^+ + \cdots$$

$$2NH_3 + H_2SO_4 \rightarrow (NH_4)_2SO_4$$

$$剩余的\ H_2SO_4 + 2NaOH \rightarrow Na_2SO_4 + 2H_2O$$

样品经过高温消化后分解出的氮以硫酸铵的形式存在于样液中，通过测定总氮含量即可求出样品中蛋白质的含量。一般食品中蛋白质含氮为 16%，因此，测得总氮乘以系数 6.25 为蛋白质含量。

2. 试剂与材料。

①混合催化剂：0.4 克硫酸铜，6 克硫酸钾或硫酸钠，磨碎混匀。

②氢氧化钠水溶液（40％）。

③硫酸（化学纯，含量98％，无氮）。

④硼酸水溶液（2％）。

⑤混合指示剂：0.1％甲基红乙醇溶液，0.5％溴甲酚绿乙醇溶液，两溶液等体积混合，在阴凉处保存期为3个月。

⑥盐酸标准溶液（0.1摩尔/升）：9.0毫升盐酸注入1000毫升蒸馏水中（需标定）。

⑦盐酸标准溶液（0.02摩尔/升）：1.80毫升盐酸注入1000毫升蒸馏水中（需标定）。

⑧蔗糖（分析纯）。

⑨硫酸铵（分析纯，干燥）。

⑩硼酸吸收液：1％的硼酸水溶液1000毫升，加入0.1％的甲基红乙醇溶液7毫升，0.1％的溴甲酚绿乙醇溶液10毫升，40％的氢氧化钠水溶液0.5毫升，混合，置阴凉处保存期为1个月。

3. 仪器。凯氏定氮装置。

4. 测定步骤。选取具有代表性的试样用四分法缩分至200克，粉碎后全部通过40目筛，装于密封容器中，防止试样成分的变化。

（1）试样的消煮。精确称取样品0.5~1克（含氮量5~80毫克），准确至0.0002克，置于800毫升凯氏烧杯中，加入6.4克混合催化剂，与试样混合均匀，而后小心地加入12毫升硫酸和2粒玻璃珠，缓慢加热，尽量减少起泡，待泡沫消失后加大火力至沸腾，消化至溶液澄清无黑点，并呈蓝绿色。再继续加热2小时，放冷，小心加入蒸馏水60~100毫升，再放冷。

①常量蒸馏法。将试样消煮液加入60~100毫升蒸馏水，摇匀，冷却。

将蒸馏装置中冷凝器上端与氮气球出气端连接，下端插入已盛有精确量取的25毫升硼酸吸收液和2滴混合指示剂的锥形瓶内液面下至少1厘米（为保持此深度可将锥形瓶斜放），并开启冷凝水。

凯氏烧瓶口配以装置好分液漏斗并与氮气球进气端相连接的瓶塞，向凯氏烧瓶中加入40％的氢氧化钠溶液5毫升，轻轻摇动凯氏烧瓶，使溶液混合均匀。加热蒸馏1~1.5小时至蒸馏出的水汽明显冲击锥形瓶内液体（一般约蒸馏出瓶内1/2左右的溶液），将冷凝器离开液面继续蒸馏1~2分钟，然后停止加热，用少量蒸馏水冲洗冷凝器外壁，洗液并入锥形瓶。

②半微量蒸馏法。试样消煮液加入20毫升蒸馏水，移入100毫升容

量瓶中，冷却后用水稀释至刻度，摇匀作为试样分解液。将半微量蒸馏装置的冷凝管末端浸入装有 20 毫升硼酸吸收液和 2 滴混合指示剂的锥形瓶内。蒸汽发生器的水中应加入甲基红指示剂数滴，硫酸数滴，在蒸馏过程中保持此液为橙红色，否则需补加硫酸。

准确移取试样分解液 10~20 毫升注入蒸馏装置的反应室中，用少量蒸馏水冲洗进样入口，塞好入口玻璃塞，再加 40% 的氢氧化钠溶液 10 毫升，小心提起玻璃塞使之流入反应室，将玻璃塞塞好，且在入口处加水密封，防止漏气。蒸馏 4 分钟后降下锥形瓶使冷凝管末端离开吸收液面，再蒸馏 1 分钟。用蒸馏水冲洗冷凝管末端，洗液均流入锥形瓶内，然后停止蒸馏。

（2）蒸馏步骤的检验。准确称取 0.2 克硫酸铵，代替试样，按以上测定步骤进行操作，测得硫酸铵含氮量为 21.9% ±0.2%，否则应检查加碱、蒸馏和滴定各步骤是否正确。

（3）滴定。蒸馏后的吸收液立即用 0.1 摩尔/升的盐酸标准溶液或 0.02 摩尔/升的盐酸标准溶液滴定，溶液由蓝绿色变成灰红色为终点。

（4）同时做一空白测定。称取蔗糖 0.5 克代替试样，除不加样品外，从消化开始操作完全相同。消耗 0.1 摩尔/升盐酸标准溶液的体积不得超过 0.2 毫升；消耗 0.02 摩尔/升盐酸标准溶液的体积不得超过 0.3 毫升。

（5）结果计算。蛋白质的含量按下式计算：

$$w = \frac{(V_2 - V_1) \times c \times 0.014 \times 6.25}{m \times \frac{V_0}{V}}$$

式中，w——蛋白质含量（%）；

V_2——滴定试样时所需盐酸标准溶液的体积（毫升）。

V_1——滴定空白时所需盐酸标准溶液的体积（毫升）；

c——盐酸标准溶液的浓度（摩尔/升）；

m——试样质量（克）；

V——试样分解液总体积（毫升）；

V_0——试样分解液蒸馏用体积（毫升）；

0.014——每毫摩尔氮的克数；

6.25——氮与蛋白质的换算系数。

平行试验结果允许误差为 0.40%。

（三）脂肪的测定——索氏抽提法

1. 原理。使用索氏（Soxhlet）脂肪提取器，用乙醚提取试样，称得提取物的质量，除脂肪外还有有机酸、磷脂、脂溶性维生素、叶绿素等，因而测定结果称粗脂肪（脂肪）或乙醚提取物。

2. 试剂。无水乙醚（分析纯）。

3. 仪器。索氏脂肪抽提器（带球形冷凝管，100 或 150 毫升）。

4. 测定步骤。索氏提取器应干燥无水。提取瓶在（105±2）℃烘箱中烘干 60 分钟，取出，于干燥器中冷却 30 分钟，称重。再烘干 30 分钟，同时冷却称重，两次质量之差小于 0.001 克为恒重。

（1）称取试样 1～5 克（准确至 0.0002 克），将其移入预先在 105℃烘干 1 小时的滤纸筒中，或用滤纸包好，放入 105℃烘箱中，烘干 2 小时，或采用测定水分后的样品（记录其测定水分前的质量）置于干燥的滤纸筒内，而后移入索氏脂肪抽提器的抽提器筒中，抽提器下连接已干燥至恒重的脂肪提取瓶，并一起与脂肪提取瓶干燥至恒重，脂肪提取瓶中盛有无水乙醚 60～100 毫升。全部装置连接好后，放在 60～75℃水浴上加热，控制温度使每小时能虹吸 10 次，共回流约 50 次，抽提 6 小时或检查抽提管流出的乙醚挥发后不留下油迹为抽提终点。

（2）抽提完毕，取出滤纸筒，利用抽提器回收全部乙醚。而后将脂肪瓶取下，外部揩擦干净，用常压干燥或减压干燥法使残留的溶剂挥发至尽。

（3）将脂肪提取瓶连同抽出物在普通烘箱中（105±2）℃下烘干 2 小时，取出后迅速移入干燥器中冷却 30 分钟，称重；再如以上条件烘 30 分钟，冷却，称重；重复此操作，直至前后两次质量差不超过 0.001 克。如后一次质量增加，则应按前一次的质量计算。

（4）结果计算。脂肪的含量按下式计算：

$$w = \frac{m_2 - m_1}{m} \times 100$$

式中，w——脂肪含量（%）；

　　　m——试样质量（克）；

　　　m_1——已恒重的抽提瓶质量（克）；

　　　m_2——已恒重的盛有脂肪的抽提瓶质量（克）。

每个试样取两平行样进行测定，以算术平均值为结果。

脂肪的含量在 10% 以上（含 10%），允许相对偏差为 3%；脂肪的含量在 10% 以下时，允许相对偏差为 5%。

（四）灰分的测定

1. 原理。样品经灰化后，再以酸处理，酸不溶性炽灼残渣为灰分。

2. 试剂。盐酸溶液（15%）：以浓盐酸（浓度 36% ~ 38%）分析纯配制。

3. 测定步骤。将预先用稀盐酸煮过 1 ~ 2 小时并洗净的 50 毫升坩埚，在 550 ~ 600℃高温炉中加热 30 分钟，取出在空气中冷却 1 分钟，放入干燥器中冷却 30 分钟，精确称重至 0.001 克。

称取 5 克试样，精确至 0.001 克，置于坩埚中，先在电炉上逐步加热，使试样充分碳化，而后将坩埚移入高温炉中，550 ~ 600℃下灼烧 4 小时，至颜色变白，如仍有灰粒，在高温炉中继续加热 1 小时，如仍有可疑黑点存在，则放冷后用水湿润，在烘箱中烘干，而后再移入高温炉中至灰化完全。取出，冷却。将 15% 的盐酸溶液 50 毫升移入 250 毫升烧杯中，然后用约 50 毫升蒸馏水充分冲洗坩埚，洗液并入烧杯小心加热煮沸 30 分钟。用无灰滤纸趁热过滤，并用热蒸馏水洗净至流下洗液不呈酸性为止。而后将滤纸和滤渣一起移入原坩埚中，先在烘箱中烘干，再移入 550 ~ 600℃高温炉灼烧 30 分钟，取出在空气中冷却 1 分钟，再在干燥器中冷却 30 分钟，精品称重，准确至 0.001 克。

4. 结果计算。灰分的含量按下式计算：

$$w = \frac{m_2 - m_0}{m_1 - m_0} \times 100$$

式中，w——灰分含量（%）；

m_0——坩埚质量（克）；

m_1——坩埚加试样质量（克）；

m_2——灼烧后坩埚加试样质量（克）。

5. 重复性。每个试样应取两个平行样测试，取其算术平均值，当两个平行样相对误差超过 5% 时应重做。

第七章

蔬菜和水果的检验

本章学习提要与目标

　　了解蔬菜和水果的扦样方法，掌握蔬菜和水果的感官检验和理化检验方法，学会在生活中对蔬菜和水果的质量进行感官鉴定，在实验室条件下对蔬菜和水果的质量进行理化鉴定。

第一节　扦　　样

样品应该从同批同质的果、蔬中扦取，扦取的样品必须具有代表性。

一、批量货物的扦样

　　批量货物取样要及时，每批货物要单独取样。如果在运输过程中发生损坏，其损坏部分（盒子、袋子等）必须隔离，并从完整部分进行单独取样。同样，如果认为货物不均匀，除贸易双方另行磋商，应当把正常部分单独分出来，并从每一批中按规定数量扦样鉴定。

二、抽检货物的扦样

　　抽检货物要从批量货物的不同位置进行随机扦样。

（一）包装产品

对于包装产品（木箱、纸箱、袋装等），按照表7－1中的件数进行扦样。

表7－1   抽检货物的扦样件数

批量货物中同类货物件数	抽检货物的扦样件数
≤100	5
101～300	7
301～500	9
501～1000	10
＞1000	15（最低限度）

（二）散装产品

对于散装产品，扦样数量应视总量的多少而定，每批货物至少采取5个抽检货物。在蔬菜或水果个体较大的情况下（大于2千克/个），抽检货物至少由5个个体组成。抽检货物的扦样量按表7－2进行。

表7－2   抽检货物的扦样量

批量货物的重量（千克）或件数	抽检货物总重量（千克）或总件数
≤200	10
201～500	20
501～1000	30
1001～5000	60
＞5000	100（最低限度）

三、缩减样品的制备

将样品混合、缩减、制备成缩减样品。

对混合样品或缩减样品，应当就地取样就地检验。为了避免受检性状发生变化，扦样之后应尽快完成检验工作。

四、实验室样品的数量

实验室样品的数量应按照合同要求，或按检验项目所需样品量的3倍扦样。其中一份作为检验之用，一份作复验，一份作备查。其最低取样量如表7-3所示。

表7-3　　　　　　　　　　实验室样品取样量

产品名称	取样量
核桃、榛子、扁桃、板栗、毛豆、豌豆	1千克
樱桃、李子、荸荠	2千克
杏、香蕉、柑橘、桃、苹果、梨、葡萄、大蒜、黄瓜、结球甘蓝、洋葱、甜椒、萝卜、番茄	3千克
南瓜、西瓜、甜瓜、菠萝、大白菜	5个个体
花椰菜、莴苣	10个个体
甜玉米	10个
捆装蔬菜	10捆

第二节　蔬菜和水果的检验

一、感官检验

将检取的样品逐件铺放在检验台上，再按规定项目进行检验。

（一）色泽

观察样品色泽，果、蔬应该具有本品种固有的色泽。根据集中着色面多少加以分级。

（二）外形（或果形）

外形必须正常并具有本品种的特征。还应注意有无沾污、冻伤、发芽、霉烂、损伤和病虫害等变化。

（三）滋味和气味

对可以直接入口的样品，还可以尝其滋味，应有本品种的正常滋味和气味。

二、理化检验

（一）检重

取出样品，称计毛重；而后将检取样品平摊在检验盘上，再把空容器、包装纸和衬垫物合在一起称其皮重；然后以毛重减去皮重即可求出净重，测得的净重必须符合规定的重量。

（二）果实大小

果实大小可以用分级标准镂板来测定。

（三）不合格果的百分率

从样品果中按标准规定拣出不合格果，如横径不合格果、腐烂果、病虫害果（必要时可将果实切开检查，如发现内部病变，应扩大检果切剖数量）、次级果和损伤果等。再分别计算出单项不合格果的百分率，按下式计算至小数点后一位。

$$单项不合格果（\%）=\frac{单项不合格果重}{检验的总果重}\times100$$

腐烂果：不得有；

次级果：横径低于本级的果实不超过5%；品质低于本级的果实不超过5%；

隔级果：不得有；

重伤果：不得有；

轻伤果：如橙类和柠檬类不超过4%、宽皮柑橘类不超过3%。

各单项不合格果百分率的总和即为该批中不合格果所占的百分率。

（四）果实硬度的测定

将样品试样在果实中央阴阳两面的预测部位削去果皮，略大于压力计测头面积。将压力计活塞垂直地对准果面的测试部位，施加压力，直到仪器顶端的规定部分压入果肉为止，从压力计表盘上或标尺游标所指处直接读数，即为果实的硬度（公斤或磅）。统一规定以公斤/平方厘米表示试验结果（1公斤=2.205磅；1磅=0.454公斤）。

(五) 干物质含量的测定

新鲜果蔬、罐藏、冷冻产品，除去试样的非可食部分，用四分法分取可食部分，然后在瓷盘中迅速切碎混匀，放入高速组织捣碎机内，捣碎1～2分钟，装入磨口瓶中，作为测定用试样。有些试样 (如叶菜、甜椒等) 难以捣碎，可在试样中加入等量水一起捣碎，每2克匀浆折算为1克试样。

在称量皿中放入滤纸条或两张纸片或20克沙和一根玻璃棒，置于真空干燥箱中，皿盖斜支于称量皿边上，在约3千帕的压力、70℃的温度并通入流速为10～40升/小时干燥空气的条件下烘1小时，取出，盖好皿盖，置于干燥器内冷却0.5小时，称重，再烘0.5小时，同样冷却，称重。直至前后两次重量相差不超过0.001克为恒重。

称取2～5克固体试样或5～10克充分混合的半液体或液体试样 (约含干物质1～1.5克) 于恒重的称量皿中，精确至0.0002克。将称量皿放入控制在70℃的真空干燥箱中，皿盖斜支于称量皿上。将干燥箱连接真空泵，使气压降到3千帕 (约25～30毫米汞柱)，然后通入流速为10～40升/小时的干燥空气，使真空干燥箱内保持一定的温度和压力。干燥4小时后，打开阀门，使空气经干燥装置缓缓通入真空干燥箱内，待压力恢复常压后，启开干燥箱门。盖好皿盖取出称量皿，放入干燥器中冷却0.5小时，称重，精确至0.0002克。再烘干1小时，同样冷却，称重。直至前后两次重量相差不超过0.001克为恒重。

对含水高的试样，要先放在常压70℃左右的通风式恒温干燥箱内，预干燥2～3小时，并随时搅拌，然后移到真空干燥箱内。

果蔬中干物质的质量分数按下式计算：

$$X = \frac{m_2 - m_0}{m_1 - m_0} \times 100$$

式中，X——样品中干物质的含量 (%)；

　　　m_0——称量皿 (滤纸或沙和玻璃棒) 的重量 (克)；

　　　m_1——称量皿 (滤纸或沙和玻璃棒) 和样品的重量 (克)；

　　　m_2——称量皿 (滤纸或沙和玻璃棒) 和样品干燥后的重量 (克)。

双试验结果允许差：干物质含量大于10%时，不超过1%；干物质含量小于或等于10%时，不超过2%。求其平均值，即为测定结果，测定结果保留小数点后第一位。

(六) 总酸量的测定

1. 氢氧化钠标准溶液的配制与标定。称取化学纯的氢氧化钠 4 克, 用蒸馏水溶解后, 移入 1000 毫升容量瓶中, 用煮沸放冷的蒸馏水稀释至刻度, 摇匀, 按下面标定其当量浓度。

将化学纯的邻苯二甲酸氢钾放入 120℃ 烘箱中, 烘 2 小时至恒重, 冷却后, 准确称取 0.4~0.5 克 (精确至 0.0002 克), 置于 250 毫升锥形瓶中, 加入 100 毫升蒸馏水溶解后, 摇匀, 加入 1% 的酚酞指示剂 2~3 滴, 用上述配制的氢氧化钠溶液滴定至微红色。氢氧化钠溶液的当量浓度按下式计算:

$$N = \frac{W}{V \times 0.2042}$$

式中, N——氢氧化钠溶液的当量浓度;

V——滴定时所消耗的氢氧化钠标准溶液的体积 (毫升);

W——邻苯二甲酸氢钾的重量 (克);

0.2042——每毫升 0.1N 氢氧化钠标准溶液所相当的邻苯二甲酸氢钾的重量 (克)。

2. 苹果中总酸量的测定 (以苹果酸计)。取试样液 (测干物质制备的样液) 20 克 (精确至 0.01 克) 于小烧杯中, 用煮沸放冷的蒸馏水 50~80 毫升, 将试样洗入 250 毫升容量瓶中, 置于 75~80℃ 水浴上加温 30 分钟, 并摇动数次促使其溶解, 冷却后, 加蒸馏水至刻度, 摇匀, 用脱脂棉过滤。吸取滤液 50 毫升于 250 毫升锥形瓶中, 加入 1% 的酚酞指示剂 2~3 滴, 用氢氧化钠标准溶液滴定至微红色。其总酸量按下式计算:

$$总酸量(\%) = \frac{V \times N \times 0.067}{W \times \frac{50}{250}} \times 100$$

式中, N——氢氧化钠标准溶液的当量浓度;

V——滴定时所消耗的氢氧化钠标准溶液的体积 (毫升);

W——样品重量 (试样 20 克相当于实际样品 10 克) (克);

0.067——苹果酸的毫克当量。

3. 柑橘中总酸量的测定 (以柠檬酸计)。用移液管吸取过滤的果汁 (测定干物质制备的样液) 25 毫升于 250 毫升容量瓶中, 加入煮沸后冷却的蒸馏水至刻度, 摇匀, 再吸取稀释样液 25 毫升于 250 毫升锥形瓶中, 加入 1% 的酚酞指示剂 2~3 滴, 用氢氧化钠标准溶液滴定至微红色, 其

总酸量按下式计算:

$$总酸量(克/100\ 毫升果汁) = \frac{V \times N \times 0.064}{25 \times \frac{50}{250}} \times 100$$

式中,N——氢氧化钠标准溶液的当量浓度;

$\qquad V$——滴定时所消耗的氢氧化钠标准溶液的体积(毫升);

$\qquad$ 0.064——柠檬酸的毫克当量。

双试验结果允许差为 0.05%,取其平均值,即为测定结果。测定结果保留至小数点后第一位。

(七) 可食部分的测定

先称样品果(至少 10 个)的全果重,而后仔细将果实各部分分开,分别称量果皮、种子的重量,可食部分的百分率按下式计算:

$$可食部分 = \frac{全果重 - (果皮重 + 种子重)}{全果重} \times 100$$

(八) 总糖的测定

1. 0.1% 标准葡萄糖溶液的制备。精确称取分析纯葡萄糖 1 克(精确到 0.0001 克),置于 100 毫升容量瓶中,加蒸馏水至刻度,摇匀。吸取 1% 标准葡萄糖溶液 25 毫升置于 250 毫升容量瓶中,加蒸馏水至刻度,摇匀待用(此溶液 1 毫升相当于葡萄糖 1 毫克)。

2. 样品提取液的配制及非还原糖的转化。精确称取试样浆状物 50 克(相当于试样 25 克,精确到 0.0001 克),用 80~100 毫升蒸馏水将试样洗入 250 毫升容量瓶中。再用 6N 氢氧化钠中和有机酸,每加 1~2 滴酸时,摇匀溶液,直至将瓶中溶液调成中性为止。将容量瓶置于 70~80℃ 水浴中,使瓶内外液面高度相同,每隔 5 分钟摇动一次,加热半小时。取下冷却至室温,然后用滴管滴加 10% 醋酸铅溶液沉淀蛋白质和色素,边加边摇,至溶液清亮,静置 3~5 分钟,再加饱和硫酸钠溶液沉淀过量的铅离子,至不出现白色沉淀为止,加蒸馏水至刻度,摇匀后过滤至锥形瓶中备用。

吸取上述溶液 50 毫升于 100 毫升容量瓶中,加 6N 盐酸 5 毫升摇匀,将容量瓶置于 80℃ 水浴中加热 10 分钟,取出容量瓶迅速冷却至室温,加入 0.1% 酚酞指示剂 2 滴,以 6N 氢氧化钠溶液中和,加蒸馏水至刻度,摇匀待用。

3. 费林氏试剂液滴定度（T）的标定。费林氏试剂的配制同"乳及乳制品的检验"中"乳糖、蔗糖和总糖的测定"中"莱因－埃农氏法"，其滴定分为两次。

预备滴定：吸取费林氏试液甲、乙各 5 毫升于 100 毫升锥形瓶中，在电炉上加热至沸，开始滴定时以每秒 4 滴速度，将 0.1% 标准葡萄糖溶液滴入费林氏试液中，滴定时应使费林氏试液保持沸腾，直至瓶内溶液由紫红色变为白色或淡黄色为止，记录消耗糖液的毫升数。

正式滴定：吸取费林氏试液甲、乙各 5 毫升于 100 毫升的锥形瓶中，用滴定管先放入较预备滴定消耗量少于 1 毫升的 0.1% 标准葡萄糖溶液，置于电炉上加热沸腾 1 分钟，待瓶内溶液由蓝色变为紫红色，然后趁沸腾继续滴入标准糖液，直至出现白色或淡黄色为止。重复滴定两次取其平均值。

$$费林氏试液的滴定度(T) = a \times b$$

式中，a——滴定费林氏试液所消耗的标准葡萄糖液的体积（毫升）；

　　　b——1 毫升标准葡萄糖液中所含葡萄糖的量（克）。

4. 总糖的测定。用制备的试样溶液，注入滴定管。吸取费林氏试液甲、乙各 5 毫升置于 100 毫升锥形瓶中，按上述费林氏试液滴定度标定的同样方法进行滴定，至瓶中溶液出现淡黄色为止，总糖量按下式计算：

$$总糖量(\%) = \frac{T \times 250 \times 100}{W \times V \times 50} \times 100$$

式中，T——费林氏试剂的滴定度（克）；

　　　W——样品重量（克）；

　　　V——滴定时所消耗试样溶液的体积（毫升）；

　　　250——试样洗液定容后的体积（毫升）。

双试验结果允许差不超过 0.01，取其平均值，即为测定结果。测定结果保留至小数点后第一位。

（九）维生素 C 含量的测定（2, 6 - 二氯靛酚滴定法）

1. 抗坏血酸标准溶液的制备。称取 100 毫克（准确至 0.1 毫克）抗坏血酸（纯度为 99.5% 以上，可不标定），溶于浸提剂中并稀释至 100 毫升，现配现用。

2. 2, 6 - 二氯靛酚（2, 6 - 二氯靛酚吲哚酚钠盐）溶液的标定。称取碳酸氢钠 52 毫克溶解在 200 毫升热蒸馏水中，然后称取 2, 6 - 二氯靛酚 50 毫克溶解在上述碳酸氢钠溶液中。冷却定容至 250 毫升，过滤至棕色瓶内，保存在冰箱中。每次使用前，用标准抗坏血酸标定其滴定度，即吸取1毫升抗坏血酸标准溶液于50毫升锥形瓶中，加入10毫升浸提剂，摇匀，用2，6－二氯靛酚溶液滴定至溶液呈粉红色15秒不褪色为止。同时，另取10毫升浸提剂做空白试验。

滴定度按下式计算：

$$滴定度 \, T(毫克/毫升) = \frac{C \times V}{V_1 - V_2}$$

式中，T——每毫升2，6－二氯靛酚溶液相当于抗坏血酸的毫克数；

C——抗坏血酸的浓度（毫克/毫升）；

V——吸取抗坏血酸的体积（毫升）；

V_1——滴定抗坏血酸溶液所用2，6－二氯靛酚溶液的体积（毫升）；

V_2——滴定空白所用2，6－二氯靛酚溶液的体积（毫升）。

3. 维生素C含量的测定。称取具有代表性样品的可食部分100克，放入组织捣碎机中，加100毫升浸提剂，迅速捣成匀浆。称10~40克浆状样品，用浸提剂将样品移入100毫升容量瓶，并稀释至刻度，摇匀过滤。若滤液有色，可按每克样品加0.4克白陶土脱色后再过滤。

吸取10毫升滤液放入50毫升锥形瓶中，用已标定过的2，6－二氯靛酚溶液滴定，直至溶液呈粉红色15秒不褪色为止。同时做空白试验。

维生素C含量按下式计算：

$$维生素 \, C(毫克/100 \, 克) = \frac{(V - V_0) \times T \times A}{W} \times 100$$

式中，V——滴定样液消耗2，6－二氯靛酚溶液的体积（毫升）；

V_0——滴定空白消耗2，6－二氯靛酚溶液的体积（毫升）；

T——2，6－二氯靛酚溶液滴定度（毫克/毫升）；

A——稀释倍数；

W——样品重量（克）。

双试验结果允许差：维生素C含量大于20毫克/100克时，不得超过2%，小于20毫克/100克时，不得超过5%。求其平均值即为测定结果，测定结果保留小数点后第一位，含量低的保留小数点后第二位。

（十）pH 值的测定

1. 样品的制备。

（1）液态样品和易过滤的产品（果汁、菜汁、果浆、发酵的液体等）：将试验样品充分混合均匀。

（2）稠厚或半稠厚的产品和难以分离出液体的产品（果酱、果冻、糖浆等）：取一部分实验样品，在捣碎机中捣碎或在研钵中研磨，如果得到的样品仍较稠，加入等量的水混匀。

（3）冷冻产品：取一部分试验样品解冻，除去核或籽腔硬壁后，根据情况按（1）或（2）制备。

（4）干产品：取一部分实验样品，切成小块，除去核或籽腔硬壁，将其置于烧杯中，加入 2～3 倍重量或更多些的水，以得到合适的稠度。在水浴中加热 30 分钟，然后在捣碎机中捣至均匀。

（5）固相和液相明显分开的新鲜制品：按（2）方法制备。

2. pH 值的测定。按仪器说明书校正 pH 值测定装置。先将样品处理液和已知 pH 值的标准缓冲溶液调至同一温度，并将仪器温度补偿旋钮调至该温度上，如果仪器无温度校正系统，则只适合在 25℃时进行测定。

在玻璃或塑料容器中加入样品处理液，使其容量足够浸没电极，用 pH 测定装置测定样品处理液，并记录 pH 值，精确值 0.02 单位。同一制备样品至少进行两次测定。

对于同一操作者连续两次测定的结果之差不超过 0.1 单位，否则重新测定；取两次测定的平均值，即为测定结果，测定结果保留小数点后第二位。

第八章

饮料酒的检验

本章学习提要与目标

　　了解各种酒类的理化指标，掌握各种酒类的感官指标，掌握白酒的香型和风味特点以及白酒、啤酒、黄酒、葡萄酒的感官品评和质量指标的理化检验。

第一节　酒的卫生标准

一、白酒的卫生标准

（一）感官指标

透明无色液体，无沉淀杂质，无异臭异味。

（二）理化指标

白酒理化指标如表 8 – 1 所示。

表 8 – 1　　　　　　　　　　白酒理化指标

项目		指标
甲醇（克/100 毫升）		
以谷类为原料者	≤	0.04
以薯干及代用品为原料者	≤	0.12

续表

项目		指标
杂醇油（克/100 毫升，以异丁醇与异戊醇计） ≤		0.20
氰化物（毫克/升，以 HCN 计）		
以木薯为原料者 ≤		5
以代用品为原料者 ≤		2
铅（毫克/升，以 Pb 计） ≤		1
锰（毫克/升，以 Mn 计） ≤		2
食品添加剂		按 GB 2760－81

注：以上系指 60 度白酒的标准，高于或低于 60 度者，按 60 度折算。

二、啤酒的卫生标准

（一）感官指标

1. 淡色啤酒感官指标。淡色啤酒，即色度 3～14EBC 的啤酒，其感官指标如表 8－2 所示。

表 8－2 淡色啤酒感官指标

项目			优级	一级	二级
外观[a]	透明度		清亮透明，允许有肉眼可见的细微悬浮物和沉淀物（非外来异物）		
	浊度，EBC ≤		0.9	1.2	1.5
泡沫	形态		泡沫洁白细腻，持久挂杯	泡沫较洁白细腻，较持久挂杯	泡沫尚洁白，尚细腻
	泡持性[b] s ≥	瓶装	200	170	120
		听装	170	150	
香气和口味			有明显的酒花香气，口味纯正，爽口，酒体协调，柔和，无异香、异味	有较明显的酒花香气，口味纯正，较爽口，协调，无异香、异味	有酒花香气、口味较纯正，无异味
a 对非瓶装的"鲜啤酒"无要求					
b 对桶装（鲜、生、熟）啤酒无要求					

注：熟啤酒：经过巴氏灭菌或瞬时高温灭菌的啤酒。

生啤酒：不经巴氏灭菌或瞬时高温灭菌，而采用物理过滤方法除菌，达到一定生物稳定性的啤酒。

鲜啤酒：不经巴氏灭菌或瞬时高温灭菌，成品中允许含有一定量活酵母菌，达到一定生物稳定性的啤酒。

2. 浓色啤酒、黑色啤酒感官指标。浓色啤酒，即色度 15～40EBC 的啤酒；黑色啤酒，即色度等于、大于41EBC的啤酒。浓色、黑色啤酒感官指标如表8-3所示。

表8-3　　　　　　　　　　浓色啤酒、黑色啤酒感官指标

项目			优级	一级	二级
外观[a]	酒体有光泽，允许有肉眼可见的细微悬浮物和沉淀物（非外来异物）				
泡沫	形态		泡沫细腻挂杯	泡沫较细腻挂杯	泡沫尚细腻
	泡持性[b] s ≥	瓶装	200	170	120
		听装	170	150	
	香气和口味		具有明显的麦芽香气，口味纯正，爽口，酒体醇厚，柔和，杀口，无异味	有较明显的麦芽香气，口味纯正，较爽口，杀口，无异味	有麦芽香气、口味较纯正，较爽口，无异味
a 对非瓶装的"鲜啤酒"无要求 b 对桶装（鲜、生、熟）啤酒无要求					

（二）理化指标

1. 淡色啤酒理化指标如表8-4所示。

表8-4　　　　　　　　　　淡色啤酒理化指标

项目		优级	一级	二级
酒精度[a] %（V/V） 或 %（m/m） ≥	大于、等于14.1°P	5.5 [4.3]	5.2 [4.1]	
	12.1°P~14.0°P	4.7 [3.7]	4.5 [3.5]	
	11.1°P~12.0°P	4.3 [3.4]	4.1 [3.2]	
	10.1°P~11.0°P	4.0 [3.1]	3.7 [2.9]	
	8.1°P~10.0°P	3.6 [2.8]	3.3 [2.6]	
	等于、小于8.0°P	3.1 [2.4]	2.8 [2.2]	
原麦汁浓度[b] °P ≥	大于、等于10.1°P	$X-0.3$		
	等于、小于10.0°P	$X-0.2$		
总酸 （毫升/100毫升） ≤	大于、等于14.1°P	3.5		
	10.1~14.0°P	2.6		
	等于、小于10.0°P	2.2		
二氧化碳[c]（%（m/m））		0.40~0.65		0.35~0.65
双乙酰（毫克/升） ≤		0.10	0.15	0.20
蔗糖转化酶活性[d]		呈阳性		
a 不包括低醇啤酒。 b "X"为标签上标注的原麦汁浓度，"-0.3"或"-0.2"为允许的负偏值。 c 桶装（鲜、生、熟）啤酒二氧化碳不得小于0.25%（m/m）。 d 仅对"生啤酒"和"鲜啤酒"有要求。				

2. 浓色啤酒、黑色啤酒理化指标如表 8 - 5 所示。

表 8 - 5　　　　　　　　浓色啤酒、黑色啤酒理化指标

项目		优级	一级	二级
酒精度[a] %（V/V） 或 %（m/m）　≥	大于、等于 14.1°P	5.5 [4.3]	5.2 [4.1]	
	12.1°P ~ 14.0°P	4.7 [3.7]	4.5 [3.5]	
	11.1°P ~ 12.0°P	4.3 [3.4]	4.1 [3.2]	
	10.1°P ~ 11.0°P	4.0 [3.1]	3.7 [2.9]	
	8.1°P ~ 10.0°P	3.6 [2.8]	3.3 [2.6]	
	等于、小于 8.0°P	3.1 [2.4]	2.8 [2.2]	
原麦汁浓度[b] °P　　　≥	大于、等于 10.1°P	$X - 0.3$		
	等于、小于 10.0°P	$X - 0.2$		
总酸（毫升/100 毫升）　≤		4.0		
二氧化碳[c]（%（m/m））		0.40 ~ 0.65		0.35 ~ 0.65

a 不包括低醇啤酒。
b "X" 为标签上标注的原麦汁浓度，"-0.3" 或 "-0.2" 为允许的负偏值。
c 桶装（鲜、生、熟）啤酒二氧化碳不得小于 0.25%（m/m）。

（三）卫生指标

啤酒的卫生指标如表 8 - 6 所示。

表 8 - 6　　　　　　　　啤酒卫生指标

项目		指标	
		生啤酒	熟啤酒
细菌总数（个/毫升）　　　　　　　　　　≤		—	50
大肠菌群（个/100 毫升）　　　　　　　　≤		50	3
二氧化硫残留量（克/千克，以游离 SO_2 计）　≤		0.05	
黄曲霉毒素 B_1（微克/千克）　　　　　　≤		5	
铅（毫克/升，以 Pb 计）		0.5	
N - 二甲基亚硝胺（微克/升）		3	

三、黄酒的卫生标准

黄酒按总糖含量分为：（1）干黄酒，总糖含量等于或低于 15.0 克/升的酒，如元红酒；（2）半干黄酒，总糖含量在 15.1 ~ 40.0 克/升的酒，如加饭酒；（3）半甜黄酒，总糖含量在 40.1 ~ 100 克/升的酒，如善酿酒；（4）甜黄酒，总糖含量高于 100 克/升的酒，如香雪酒。

黄酒净含量负偏差应符合"定量包装商品计量监督规定"的要求。

（一）感官指标

黄酒的感官指标如表8-7所示。

表8-7　　　　　　　　　黄酒感官指标

项目	类型	优级	一级	二级
外观	干黄酒、半干黄酒、半甜黄酒、甜黄酒	橙黄色至深褐色，清亮透明，有光泽，允许瓶（坛）底有微量聚集物		橙黄色至深褐色，清亮透明，有光泽，允许瓶（坛）底有少量聚集物
香气	干黄酒、半干黄酒、半甜黄酒、甜黄酒	具有黄酒特有的浓郁醇香，无异香	黄酒特有的醇香较浓，无异香	具有黄酒特有的醇香，无异香
口味	干黄酒	醇和，爽口，无异味	醇和，较爽口，无异味	尚醇和，爽口，无异味
	半干黄酒	醇厚，柔和鲜爽，无异味	醇厚，较柔和鲜爽，无异味	尚醇厚鲜爽，无异味
	半甜黄酒	醇厚，鲜甜爽口，无异味	醇厚，较鲜甜爽口，无异味	醇厚，尚鲜甜爽口，无异味
	甜黄酒	鲜甜，醇厚，无异味	鲜甜，较醇厚，无异味	鲜甜，尚醇厚，无异味
风格	干黄酒、半干黄酒、半甜黄酒、甜黄酒	酒体协调，具有黄酒品种的典型风格	酒体较协调，具有黄酒品种的典型风格	酒体尚协调，具有黄酒品种的典型风格

（二）理化指标

1. 干黄酒理化指标如表8-8所示。

表8-8　　　　　　　　　干黄酒理化指标

项目		稻米黄酒			非稻米黄酒
		优级	一级	二级	
总糖（以葡萄糖计，克/升）	≤	15.0			
非糖固形物（克/升）	≥	20.0	16.5	13.5	
酒精度（20℃，%）	≥	8.0			
总酸（以乳酸计，克/升）		3.5~7.0			
氨基酸态氮（克/升）	≥	0.50	0.40	0.30	0.20
pH		3.5~4.5			
氧化钙（克/升）	≤	1.0			
β-苯乙醇（毫克/升）	≥	60.0			—

注：
1. 稻米黄酒：酒精度低于14%（V/V）时，非糖固形物、氨基酸态氮、β-苯乙醇的值按14%（V/V）折算。非稻米黄酒：酒精度低于11%（V/V）时，非糖固形物、氨基酸态氮的值按11%（V/V）折算。
2. 采用福建红曲工艺生产的黄酒，氧化钙指标值可以放宽到≤4.0克/升。

2. 半干黄酒理化指标如表 8 - 9 所示。

表 8 - 9　　　　　　　　　半干黄酒理化指标

项目		稻米黄酒			非稻米黄酒
		优级	一级	二级	
总糖（以葡萄糖计，克/升）		15.1 ~ 40.0			
非糖固形物（克/升）	≥	27.5	23.0	18.5	
酒精度（20℃，%）	≥	10.0			
总酸（以乳酸计，克/升）		3.5 ~ 7.5			
氨基酸态氮（克/升）	≥	0.60	0.50	0.40	0.25
pH		3.5 ~ 4.5			
氧化钙（克/升）	≤	1.0			
β - 苯乙醇（毫克/升）	≥	80.0			—

注：
1. 稻米黄酒：酒精度低于 14%（V/V）时，非糖固形物、氨基酸态氮、β - 苯乙醇的值，按 14%（V/V）折算。非稻米黄酒：酒精度低于 11%（V/V）时，非糖固形物、氨基酸态氮的值按 11%（V/V）折算。
2. 采用福建红曲工艺生产的黄酒，氧化钙指标值可以放宽到 ≤4.0 克/升。

3. 半甜黄酒理化指标如表 8 - 10 所示。

表 8 - 10　　　　　　　　　半甜黄酒理化指标

项目		稻米黄酒			非稻米黄酒
		优级	一级	二级	
总糖（以葡萄糖计，克/升）		40.1 ~ 100			
非糖固形物（克/升）	≥	27.5	23.0	18.5	
酒精度（20℃，%）	≥	8.0			
总酸（以乳酸计，克/升）		4.5 ~ 8.0			
氨基酸态氮（克/升）	≥	0.50	0.40	0.30	0.20
pH		3.5 ~ 4.5			
氧化钙（克/升）	≤	1.0			
β - 苯乙醇（毫克/升）	≥	60.0			

注：
1. 稻米黄酒：酒精度低于 14%（V/V）时，非糖固形物、氨基酸态氮、β - 苯乙醇的值，按 14%（V/V）折算。非稻米黄酒：酒精度低于 11%（V/V）时，非糖固形物、氨基酸态氮的值按 11%（V/V）折算。
2. 采用福建红曲工艺生产的黄酒，氧化钙指标值可以放宽到 ≤4.0 克/升。

4. 甜黄酒理化指标如表 8 - 11 所示。

表 8 – 11　　　　　　　　　　　　甜黄酒理化指标

项目		稻米黄酒			非稻米黄酒
		优级	一级	二级	
总糖（以葡萄糖计，克/升）	>	100			
非糖固形物（克/升）	≥	27.5	23.0	18.5	
酒精度（20℃，%）	≥	8.0			
总酸（以乳酸计，克/升）		4.5~8.0			
氨基酸态氮（克/升）	≥	0.40	0.35	0.30	0.20
pH		3.5~4.5			
氧化钙（克/升）	≤	1.0			
β-苯乙醇（毫克/升）	≥	40.0			—

注：
1. 稻米黄酒：酒精度低于 14%（V/V）时，非糖固形物、氨基酸态氮、β-苯乙醇的值，按 14%（V/V）折算。非稻米黄酒：酒精度低于 11%（V/V）时，非糖固形物、氨基酸态氮的值按 11%（V/V）折算。
2. 采用福建红曲工艺生产的黄酒，氧化钙指标值可以放宽到 ≤4.0 克/升。

（三）卫生指标

黄酒的卫生指标如表 8 – 12 所示。

表 8 – 12　　　　　　　　　　　　黄酒卫生指标

项目		指标
细菌总数（个/毫升）	≤	50
大肠菌群（个/100 毫升）	≤	3
二氧化硫残留量（克/千克，以游离 SO_2 计）	≤	0.05
黄曲霉毒素 B_1（微克/千克）	≤	5
铅（毫克/升，以 Pb 计）	≤	0.5

（四）其他指标

黄酒中可按 GB 2760 规定添加（符合 GB 8817 要求的）焦糖色，但不得添加任何非自身发酵产生的物质。

四、葡萄酒的卫生标准

（一）葡萄酒的分类

1. 按色泽分为白葡萄酒、桃红葡萄酒、红葡萄酒。
2. 按二氧化碳压力分为：

（1）平静葡萄酒。在20℃时，二氧化碳的压力小于0.05兆帕的葡萄酒。

平静葡萄酒分为干葡萄酒，含总糖（以葡萄糖计，下同）小于或等于4.0克/升的葡萄酒；半干葡萄酒，含总糖4.1～12.0克/升的葡萄酒；半甜葡萄酒，含总糖12.1～50.0克/升的葡萄酒；甜葡萄酒，含总糖大于或等于50.1克/升的葡萄酒；加香葡萄酒，以葡萄原酒为酒基，经浸泡芳香植物或加入芳香植物的浸出液（或蒸馏液）而制成的葡萄酒，有干加香葡萄酒（含总糖小于或等于50.0克/升）和甜加香葡萄酒（含总糖大于或等于50.1克/升）；非加香葡萄酒，除加香葡萄酒以外的葡萄酒。

（2）起泡葡萄酒。葡萄原酒经密闭二次发酵产生二氧化碳，在20℃时二氧化碳的压力大于或等于0.35兆帕的葡萄酒。

起泡葡萄酒分为天然起泡葡萄酒，含总糖小于或等于12.0克/升的起泡葡萄酒；绝干起泡葡萄酒，含总糖12.1～20.0克/升的起泡葡萄酒；干起泡葡萄酒，含总糖20.1～35.0克/升的起泡葡萄酒；半干起泡葡萄酒，含总糖35.1～50.0克/升的起泡葡萄酒；甜起泡葡萄酒，含总糖大于或等于50.1克/升的起泡葡萄酒。

（3）加气起泡葡萄酒。在20℃时二氧化碳（全部或部分由人工充填）的压力大于或等于0.35兆帕（以250毫升/瓶计）的葡萄酒。

加气起泡葡萄酒分为天然加气起泡葡萄酒，含总糖小于或等于12.0克/升的加气起泡葡萄酒；绝干加气起泡葡萄酒，含总糖12.1～20.0克/升的加气起泡葡萄酒；干起加气泡葡萄酒，含总糖20.1～35.0克/升的加气起泡葡萄酒；半干加气起泡葡萄酒，含总糖35.1～50.0克/升的加气起泡葡萄酒；甜加气起泡葡萄酒，含总糖大于或等于50.1克/升的加气起泡葡萄酒。

（二）卫生标准

1. 感官指标如表8－13所示。

表8－13　　　　　　　　　　葡萄酒感官指标

项　　目		要　　求
外观	色泽 白葡萄酒	近似无色、微黄带绿、浅黄、禾秆黄、金黄色
	红葡萄酒	紫红、深红、宝石红、红微带棕色、棕红色
	桃红葡萄酒	桃红、淡玫瑰红、浅红色
	加香葡萄酒	深红、棕红、浅红、金黄色、淡黄色
	澄清程度	澄清透明，有光泽，无明显悬浮物（使用软木塞封口的酒允许有3个以下不大于1毫米的软木渣）
	起泡程度	起泡葡萄酒注入杯中时，应有细微的串珠状气泡升起，并有一定的持续性

续表

项 目			要 求
香气与滋味	香气	非加香葡萄酒	具有纯正、优雅、怡悦、和谐的果香和酒香
		加香葡萄酒	具有优美、纯正的葡萄酒香与和谐的芳香植物香
	滋味	干、半干葡萄酒	具有纯净、幽雅、爽怡的口味和新鲜悦人的果香味，酒体完整
		甜、半甜葡萄酒	具有甘甜醇厚的口味和陈酿的酒香味，酸甜协调，酒体丰满
		起泡葡萄酒	具有优美纯正、和谐悦人的口味和发酵起泡酒的特有香味，有杀口力
		加气起泡葡萄酒	具有清新、愉快、纯正的口味，有杀口力
		加香葡萄酒	具有醇厚、爽舒的口味和协调的芳香植物香味，酒体丰满
典型性			典型突出、明确

2. 理化指标如表 8 – 14 所示。

表 8 – 14   **葡萄酒理化指标**

项目			要求
酒精度（20℃）% （V/V）	甜、加香葡萄酒		11.0～24.0
	其他类型葡萄酒		7.0～13.0
总糖（以葡萄糖计，克/升）	平静葡萄酒	干型	≤4.0
		半干型	4.1～12.0
		半甜型	12.1～50.0
		甜型	≥50.1
		干加型	≤50.0
		甜加香	≥50.1
	起泡、加气起泡葡萄酒	天然型	≤12.0
		绝干型	12.1～20.0
		干型	20.1～35.0
		半干型	35.1～50.0
		甜型	≥50.1
滴定酸（以酒石酸计，克/升）	甜、加香葡萄酒		5.0～8.0
	其他类型葡萄酒		5.0～7.5
挥发酸（以乙酸计，克/升）			≤1.1
游离二氧化硫（毫克/升）			≤50
总二氧化硫（毫克/升）			≤250
干浸出物（克/升）	白葡萄酒		≥15.0
	红、桃红、加香葡萄酒		≥17.0
铁（毫克/升）	白、加香葡萄酒		≤10.0
	红、桃红葡萄酒		≤8.0
二氧化碳（20℃）兆帕	起泡、加气起泡	<250 毫升/瓶	≥0.30
		≥250 毫升/瓶	≥0.35

3. 卫生指标同黄酒。

第二节　白酒的香型及风味特点

白酒是一种酒精浓度较高的无色透明的饮料酒，是用淀粉原料经糖化、发酵、蒸馏而制成的。根据原料及工艺的不同，白酒具有各种不同的风味。全国第三届评酒会讨论确定，我国白酒分为以下几种香型。

一、酱香型

其风味特点是：香而不艳、低而不淡、酱香突出、幽雅细致、酒体醇厚、回味绵长。倒入杯中放置过夜，香气不失，饮后空杯香气犹存。酱香的组成成分极为复杂，除了含有多种酯类化合物外，还含有丰富的挥发性酚类化合物。酱香型白酒的主体香气成分目前还未有定论，有待于进一步研究探讨。我国酱香型白酒的种类不多，除茅台酒外，四川的古蔺郎酒、湖南常德武陵酒和北京昌平华都酒等也属于酱香型白酒。

二、浓香型

其风味特点是：窖香浓郁、绵柔甘洌、入口甜、落口绵，香味协调，尾子干净，可以概括为"香、甜、浓、净"四个字。这类酒香气"艳郁"很突出，开瓶时酒香扑面，入口时满口生香，回味时余香不尽，饮后尤香，因此极易引起消费者的喜好。浓香型白酒的主体香气成分是乙酸乙酯和适量的丁酸乙酯，一般乙酸乙酯的含量是丁酸乙酯的 8～15 倍。另外，乙酸乙酯、乳酸乙酯、乙酸等在浓香型酒中起着衬托、协调主体香的作用。浓香型白酒在我国白酒中占的比重最多，除典型代表泸州老窖特曲外，名酒中的五粮液、洋河大曲、古井贡酒等都属于浓香型白酒。

三、清香型

其风味特点是：清香纯正、诸味协调、醇甜柔和、余味净爽，可以用"清、正、净、长"四个字概括，代表着传统老白干的风格。乙酸乙酯和乳酸乙酯是清香型白酒的主体香气成分，其中乙酸乙酯的含量大于乳酸乙酯。同时，琥珀酸乙酯含量也较高。清香型白酒的典型代表是汾酒。

四、米香型

其风味特点是：蜜香清柔、幽雅纯净、入口绵甜、回味怡畅。这类酒是以大米为原料，以小曲为糖化剂发酵酿制而成的。所谓米香就是米酿香。米香型酒的主体香气组成同清香型酒的香气成分相同但比例不同，乳酸乙酯的含量大于乙酸乙酯4倍以上。除了酯类外，异戊醇、异丁醇和β-苯乙醇的含量要高于其他香型的白酒。这类酒的代表有桂林云花酒，全州湘山酒、长乐烧等小曲米酒。

五、复香型

复香型又称兼香型，即兼有两种以上主体香的白酒。这类酒的闻香、口香和回味香各有不同，具有一酒多香的风格。如湖南白沙液既有酱香又有浓香；辽宁凌川白酒清香显著而回味有酱香；山东景芝白干清香之中还有芝麻香；湖北白云边酒闻香为清香中有酱香，进口为浓香，回味是酱香。

第三节 白酒的品评与检验

酒的品评又叫尝评或鉴评，是利用人的感觉器官（视觉、嗅觉和味觉）来鉴别酒质量优劣的一门检测技术。到目前为止，它还没有被任何分析仪器所替代,是国内外用以鉴别食品内在质量的重要手段。它具有快速、准确的特点,它不需经过样品处理,而直接观色、闻香和品味,根据色、香、味的情况确定风格。这个过程短则几分钟,长则半小时即可完成。然而,感官品评也不是十全十美的,它受品评者的个人习惯以及个人爱好和心理等因素影响,同时难以用数字表达。因此,感官品评不能完全代替理化鉴定,而理化鉴定受其香味物质的浓度、温度、溶剂、异味和复合香的影响,只能准确测定含量,对呈香呈味特征及其变化也难以表达,所以,理化鉴定也代替不了感官品评。只有两者有机结合起来,才能发挥更大的作用。

一、白酒的品评

(一) 色泽

将白酒倒入透明、洁净、干燥的玻璃酒杯中,观察酒液,酒液应无色、透明、无悬浮物和沉淀。发酵期较长和贮藏期较长的白酒,往往带有极微的浅黄色,这是允许的,如茅台酒,但一般大路白酒都要求无色。散装白酒如果调度加浆时水质较硬,或酒中含酯类、高级酯较多,会出现轻微的乳浊和沉淀。

(二) 香气

对白酒香气的审评主要看香气是否纯正、协调、愉快,主体香气是否突出、典型,有无异杂气味等。

白酒的香气,可分为溢香、喷香和留香三个方面。酒中的芳香成分溢散于杯口附近的空气中,用嗅觉可直接辨别香气的高低及特点,这就是白酒的溢香(又叫闻香)。溢香明显反映香气成分较多,容易挥发。一般白酒都应有一定的溢香。而名酒除了要求有较高和较持久的溢香外,还要求香气具有典型性。

酒中低沸点的芳香成分,入口后受口腔温度的影响,使香气充满口腔,有冲喷之势,这就是白酒的喷香,一般白酒喷香不明显,只有名优酒才具有较好的喷香,以五粮液最为突出。

留香是指白酒下咽后,留在口腔和鼻腔中的香气感觉。留香好说明酒中高沸点的芳香成分特别是酯类含量多。酯类的碳链能同口腔粘膜发生作用，产生留香不断的感觉。各种名优酒都具有留香的特点，尤以茅台酒最为突出，素有"余香绵绵"之称。

（三）滋味

白酒的基本口味有甜、酸、苦、辣、涩、咸。名优酒的滋味要求醇厚甘爽，芬芳回甜，各味协调，恰到好处。

白酒中引起甜味的成分主要是多元醇，如丙三醇、2，3－丁二醇等。引起酸味的主要是酒液中酸类物质产生的氢离子，酸味的强弱同酒中酸的种类和数量有关。苦味的形成主要是酒中的高级醇、多酚类和糠醛等，其中异丁醇最苦。用病白薯酿成的白酒有甘薯酮存在，会产生强烈的苦味。辣味在新酒中比较明显，新酒含乙醛较多，有冲辣之感，过高的酒精度也会造成酒味辛辣灼舌。过量的乳酸、乳酸乙酯、高级醇、多酚类等都会使酒产生涩味。酿造用水如硬度太高，会使酒显咸味，并使酒味粗糙。

形成白酒滋味的成分很复杂，要使白酒滋味"浓、醇、甜、净"，就要使诸味协调，互相烘托，做到甜而不腻，酸而不尖，涩而不沾，辣不呛喉，苦不刺舌，咸不露头。

白酒的滋味与香气有密切关系，一般香气好的酒，滋味也好。白酒的滋味与贮藏也有关系，素有"陈酒味醇"之说。贮藏能促进水与酒精的缔合作用，还能促进酸与醇的酯化作用等。

（四）风格和酒体

酒的风格就是酒的色、香、味（包括酒液入口后的滋味、刺激性和产生的气味）的全面品质。有饮酒经验的人都能感觉出不同品种酒之间的差别，也就是说每种酒都有它独特的风格。这种风格如果为广大群众所喜好，就应该定型而且长期稳定不变，这样就成了该酒的典型性。绝大多数名优酒都有它自己的典型性。人常说，名酒之所以名贵，名在质量上，贵在风格上。一种酒的风格（典型性）对该酒在人民群众中的声誉有很大关系，典型性明显才能为群众所熟悉而享有盛誉。因而在评酒时，风格（典型性）也是一项重要的品评内容。

酒体是与酒的风格有关的一个品评项目。酒精、水、挥发物、固形物合在一起，构成一个整体称为酒体。可以说酒体是酒的物质基础，是酒的化学物质组成反映到酒的色泽、香气、口味等各方面的表现。名优酒都要求各种成分物质有一个平衡，也就是诸味协调，酒体优雅、完满。

二、白酒的主要成分指标与检验

（一）酒精

白酒的主要成分是酒精，酒精浓度高，酒性强烈，刺激性大，入口有烧灼感，所以酒精度太高是不适宜的。

酒精与水能够互相溶解、缔合。实验证明，不同浓度的白酒，酒精分子与水分子的缔合程度不同。当酒度为53°左右时，它们的缔合最紧密，同时，酒的刺激性较小，酒味较柔和。我国著名的茅台酒的酒度为53～55度，饮时口感醇厚柔和。

白酒中的酒精浓度是以其容量百分比来表示的。我国规定，在20℃条件下，每100毫升酒液中含1毫升纯酒精即为1度。

用酒精计测定酒精度方法如下：

将试样液注入洁净、干燥的100毫升量筒中，静置数分钟，待酒中气泡消失后，放入洁净、擦干的精密酒精计（分度值为0.1% vol），再轻轻按一下，不应接触量筒壁，同时插入温度计，平衡约5分钟，水平观测，读取与弯月面相切处的刻度示值，同时记录温度。根据测得的酒精计示值和温度，查 GB/T 10345－2007 附录 B，换算成20℃时样品的酒精度。

双试验结果允许差不超过0.005，取其平均值，即为测定结果。测定结果保留到小数点后第一位。

（二）总酸

白酒中所含的酸类主要是发酵过程中产生的。它们的沸点均高于酒精和水，但随着水蒸气和酒精的混合气体，或多或少会连带馏入酒中，一般酒头中含量较少，酒尾中含量较多。

酸类是白酒重要的口味物质，它能与其他香味物质共同组成白酒固有的芳香。酒中酸类可分为挥发酸和不挥发酸。挥发酸以乙酸为主，它们对白酒的主体香有烘托作用，能使主体香更突出、明朗，同时，挥发酸还是构成酒的后味的重要物质。不挥发酸以乳酸为主，另外还有苹果酸、柠檬酸和琥珀酸等，不挥发酸除对酒的后味有影响外，还对酒的醇和有影响，能减轻酒的强烈性。另外，酸类是产生酯类的物质基础，有酸才有酯，酸多才能酯多，一般优质酒含酸量比普通酒多。但是含酸量过多，也会使酒的风味质量变劣，一旦酸味露头，会使酒中甜味减少，失去回甜，酒味粗糙，甚至入口有尖酸感，所以含酸过量是白酒质量不佳的特征。白酒中酸量过多是由于发酵时温度过高，产酸细菌大量繁殖的结果。一般白酒的总酸量不得超过 0.06~0.15 克/100 毫升（以醋酸计）。

吸取白酒样品 50 毫升置于 250 毫升锥形瓶中，加入酚酞指示剂（10 克/升，按 GB/T 603 配制）2 滴，以 0.1 摩尔/升的氢氧化钠标准溶液（同"蔬菜和水果的检验"中"总酸量的测定"）滴定至微红色，即为其终点。

样品中总酸的含量按下式计算：

$$X = \frac{c \times V \times 60}{50}$$

式中，X——样品中总酸的质量浓度（以乙酸计）（克/升）；

c——氢氧化钠标准溶液的实际浓度（摩尔/升）；

V——测定时消耗氢氧化钠标准滴定溶液的体积（毫升）；

60——乙酸的摩尔质量的数值［M（CH_3COOH）］（克/摩尔）；

50——吸取样品的体积（毫升）。

双试验结果允许差不超过 0.02，取其平均值，即为测定结果。测定结果保留小数点后第二位。

（三）总酯

酯类是白酒香气的主要来源，它是醇和酸酯化反应的产物。白酒中所含的酯类以乙酸乙酯、己酸乙酯、乳酸乙酯为最多，被誉为白酒的三大酯类。它们的含量和相互之间的配比不同，构成了白酒的不同风格。乙酸乙酯浓时呈苹果、香蕉香，稀薄时呈梨的清香；己酸乙酯浓时呈浓烈的香味，稀时赋予白酒一种特殊的窖香；乳酸乙酯具有香不露头，增加酒体醇厚感和完整性的特性。

另外，其他酯类如琥珀酸乙酯等在白酒中也起着一定的呈香作用和烘托主体香韵的作用。

微量分析表明，我国白酒中的酯类超过 30 种之多。芳香酒和名酒一般含酯量均较高，平均在 0.20 克/100 毫升以上；粮食酒应在 0.10 克/100 毫升以上；普通白酒的总酯量应为 0.05 克/100 毫升以上（以乙酸乙酯计）。

白酒中总酯的测定先用碱中和样品中的游离酸，再准确加入一定量的碱，加热回流使酯类皂化，通过消耗碱的量计算出总酯的含量。

测定方法如下：

吸取 50 毫升酒样置于回流装置的锥形瓶中，加 2 滴 10 克/升的酚酞指示液，以 0.1 摩尔/升的氢氧化钠标准溶液滴定至粉红色（切勿过量），记录消耗氢氧化钠标准溶液的毫升数（也可作为总酸含量计算），再准确加入 0.1 摩尔/升的氢氧化钠标准溶液 25 毫升（若酒样总酯含量高时，可加入 50 毫升），摇匀，放入几颗沸石（或玻璃珠），装上冷凝管（冷却水温度宜低于 10℃），于沸水浴上回流 30 分钟，取下，冷却。然后，用 0.1 摩尔/升的硫酸标准溶液进行滴定，使微红色刚好完全消失为其终点，记录消耗 0.1 摩尔/升的硫酸标准溶液的体积。同时吸取 40%（体积分数）的乙醇（无酯）溶液 50 毫升，按上述方法同样操作做空白试验，记录消耗硫酸标准溶液的体积（V_0）。

样品中总酯的含量按下式计算：

$$X = \frac{c \times (V_0 - V_1) \times 88}{50}$$

式中，X——试样中总酯的质量浓度（以乙酸乙酯计）（克/升）；

V_0——空白试验样品消耗硫酸标准溶液的体积（毫升）；

V_1——样品消耗硫酸标准溶液的体积（毫升）；

c——硫酸标准滴定溶液的实际浓度（摩尔/升）；

88——乙酸乙酯的摩尔质量 $[M(CH_3COOC_2H_5)]$ 的数值（克/摩尔）；

50——吸取样品的体积（毫升）。

双试验结果允许差不超过 0.02，取其平均值，即为测定结果。测定结果保留小数点后第二位。

（四）固形物

白酒固形物是指在测定的温度下，经蒸发排除乙醇、水分和其他挥发性组成成分后的残留物。

酿造用水中的无机成分是固形物的主要来源。如果水中有较大量的无机盐和不溶物，不仅会使成品酒固形物超标，也会影响酒的口味，甚至出现沉淀或混浊，这样的水质必须进行预处理。在生产降度酒及低度酒过程中使用的淀粉或抗絮凝剂等物质，未能过滤除净，这是低度酒中固形物含量较高的一个原因。一些添加剂，如调酸剂中的乳酸、柠檬酸与水中的钙、镁离子反应生成盐类，使白酒固形物超标；如果添加的四大酯类纯度不够，也会产生固形物。按国标规定，由粮谷发酵酿造的白酒，不得加入非自身发酵产生的物质，但一些酒厂仍在使用添加剂，其中有些是不挥发物，如粮食、甘油、蛋白糖和各种香精中所含的高沸点成分等，这些都是固形物含量超标和测定时无法恒重的原因。

测定方法如下：

吸取白酒样品 50 毫升，注入已烘干至恒重的 100 毫升瓷蒸发皿内，置于沸水浴上，蒸发至干，然后将蒸发皿放入 103℃ +2℃电热干燥箱内，烘 2 小时，取出，置于干燥器内 30 分钟，用感量 0.1 毫克天平称量。再放入 103℃ +2℃电热干燥箱内，烘 1 小时，取出，置于干燥器内 30 分钟，称量。重复上述操作，直至恒重。

样品中固形物的含量按下式计算：

$$X = \frac{m - m_1}{50} \times 1000$$

式中，X——样品中固形物的质量浓度（克/升）；

m——固形物和蒸发皿的质量（克）；

m_1——蒸发皿的质量（克）；

50——吸取样品的体积（毫升）。

双试验结果允许差不超过 0.02，取其平均值，即为测定结果。测定结果保留到小数点后第二位。

（五）高级醇（杂醇油）

高级醇是指分子量大于乙醇的饱和一元醇类，由于它很像油状物质，所以也叫杂醇油。

高级醇是蛋白质、氨基酸或糖类在酵母氮代谢中的产物。少量高级醇赋予白酒特殊的香气，并起着衬托酯香的作用，使主体香更加完满，但含量过多，会导致苦、涩、辣味增加，使酒味不正。另外，由于高级醇对人体有较强的麻醉作用，在人体中氧化速度较慢，因此，容易使人晕眩、恶醉。

高级醇的测定原理是在脱水剂浓硫酸的存在下，杂醇油与含芳香环的醛类缩合成有色物质，以比色法测定。

测定方法如下：

准确吸取 1 毫升酒样，加水定容至 10 毫升，摇匀后，准确吸取适量的上述酒样稀释液 0.3 或 0.5 毫升于 10 毫升比色管中，补水至 2 毫升，摇匀。

另取 6 支 10 毫升比色管，按表 8-15 所示加入各溶液，摇匀。

表 8－15　　　　　　　　6 支比色管中所加溶液的值

编　号		0	1	2	3	4	5
标准高级醇溶液①	毫升	0.0	0.2	0.4	0.6	0.8	1.0
（0.1 毫克/毫升）	毫克	0.0	0.02	0.04	0.06	0.08	0.10
补水（毫升）		2.0	1.8	1.6	1.4	1.2	1.0

①标准高级醇采用异丁醇与异戊醇 1：4 的混合液。吸取 0.26 毫升重蒸异丁醇和 1.04 毫升重蒸异戊醇，置入 100 毫升容量瓶中，加 50 毫升无高级醇酒精，用水定容至刻度。临用时，吸取 1 毫升上述溶液，加水定容至 100 毫升。

　　将样品与标准管置于冰水浴中冷却，以较慢的速度，沿倾斜的比色管壁各准确加入 4 毫升 0.5% 对二甲胺基苯甲醛浓硫酸溶液，使其沉至管底，再将各管同时摇匀。放入沸水浴中加热显色 20 分钟后取出，立即放入冰水浴中冷却，并立即用水定容至 10 毫升，摇匀。

　　在分光光度计上采用 485 纳米波长，1 厘米比色皿，以 0 号管调节零点，测定标准系列管及试样管中溶液的光密度。

　　以标准高级醇毫克数为横坐标、光密度为纵坐标，绘制标准曲线比较。在曲线上找出试样管光密度所对应的标准高级醇含量（毫克），按下式计算：

$$X = \frac{m}{V_2 \times \frac{V_1}{10} \times 1000} \times 100$$

式中，X——样品中杂醇油的质量浓度（克/100 毫升）；

　　　　m——试样管与标准系列管色泽相当的标准管所含高级醇的质量（毫克）；

　　　　V_2——所取酒样的体积（毫升）；

　　　　V_1——所取稀释酒样的体积（毫升）；

　　　　w——酒样稀释的毫升数；

　　　　1000——毫克换算成克；

　　　　100——换算成 100 毫升酒样中高级醇的含量。

　　双试验结果允许差不超过 0.1，取其平均值，即为测定结果。测定结果保留到小数点后第二位。

（六）甲醇

　　甲醇是白酒中的有害成分，其来源为原料和辅料中果胶质的分解。在使用薯干、谷糠和野生植物为原辅料时，酒中甲醇含量较高。甲醇在人体内氧化为甲醛、甲酸，其毒性大于甲醇。甲醇在人体内有积累作用，即使少量甲醇也会引起人的慢性中毒，特别对人的视觉神经危害最大。

比色法测定甲醇的方法如下：

1. 原理。甲醇经氧化成甲醛后，与品红亚硫酸作用生成蓝紫色化合物，与标准系列比较定量。

2. 试剂和材料。

（1）高锰酸钾磷酸溶液的制备：称取 3 克高锰酸钾，溶于 15 毫升 85% 磷酸与 70 毫升水的混合液中，用水稀释至 100 毫升，贮于棕色瓶内，防止氧化力下降，保存时间不宜过长。

（2）草酸 – 硫酸溶液的制备：称取 5 克无水草酸（$H_2C_2O_4$）或 7 克含 2 分子结晶水草酸（$H_2C_2O_4 \cdot 2H_2O$），溶于硫酸（1 + 1）中至 100 毫升。

（3）品红 – 亚硫酸溶液的制备：称取 0.1 克碱性品红研细后，分次加入共 60 毫升 80℃ 的水，边加水边研磨使其溶解。用滴管吸取上层溶液滤于 100 毫升容量瓶中，冷却后加 10 毫升 10% 的亚硫酸钠溶液和 1 毫升浓盐酸，再加水至刻度，充分混匀，放置过夜，如溶液有红色，可加少量活性炭搅拌后过滤，贮于棕色瓶中，置暗处保存，溶液呈红色时弃去重新配制。

（4）甲醇标准溶液的制备：称取 1.0 克甲醇，置于 100 毫升容量瓶中，加水稀释至刻度，此溶液每毫升相当于 10 毫克甲醇，置低温保存。

（5）甲醇标准使用液的制备：吸取 10.0 毫升甲醇标准溶液，置于 100 毫升容量瓶中，加水稀释至刻度。再取 10.0 毫升稀释液置于 50 毫升容量瓶中，加水至刻度，该溶液每毫升相当于 0.50 毫克甲醇。

（6）无甲醇的乙醇溶液的制备：取 0.3 毫升按操作方法检查，不应显色，如显色需进行处理。取 300 毫升乙醇（95%），加高锰酸钾少许，蒸馏，收集馏出液。在馏出液中加入硝酸银溶液（取 1 克硝酸银溶于少量水中）和氢氧化钠溶液（取 1.5 克氢氧化钠溶于少量水中），摇匀，取上清液蒸馏，弃去最初 50 毫升馏出液，收集中间馏出液约 200 毫升，用酒精密度计测其浓度，然后加水配成无甲醇的乙醇（60%）。

（7）亚硫酸钠溶液（100 克/升）。

3. 仪器。分光光度计。

4. 试样的制备。用一洁净、干燥的 100 毫升容量瓶准确量取 100 毫升样品（液温20℃）于 500 毫升蒸馏瓶中，用 50 毫升水分三次冲洗容量瓶，洗液并入蒸馏瓶中，再加几颗玻璃珠，连接冷凝器，以取样用的原容量瓶作接收器（外加冰浴）。开启冷却水，缓慢加热蒸馏。收集馏出液接近刻度，取下容量瓶，盖塞，于 20℃ 水浴中保温 30 分钟，补加水至刻度，混匀，备用。

5. 分析步骤。根据样品乙醇浓度适量吸取制备的试样（乙醇浓度 10%，取 1.4 毫升；乙醇浓度 20%，取 1.2 毫升），置于 25 毫升具塞比色管中。

吸取 0 毫升、0.10 毫升、0.20 毫升、0.40 毫升、0.60 毫升、0.80 毫升、1.00 毫升甲醇标准使用液（相当于 0 毫克、0.05 毫克、0.10 毫克、0.20 毫克、0.30 毫克、0.40 毫克、0.50 毫克甲醇）分别置于 25 毫升塞比色管中，并用无甲醇的乙醇稀释至 1.0 毫升。

于样品管及标准管中各加水至 5 毫升，再依次各加 2 毫升高锰酸钾—磷酸溶液，混匀，放置 10 分钟，各加 2 毫升草酸—硫酸溶液，混匀使之褪色，再各加 5 毫升品红—亚硫酸溶液，混匀，于 20℃ 以上静置 0.5 小时，用 2 厘米比色杯，以零管调节零点，于波长 590 纳米处测吸光度，绘制标准曲线比较，或与标准色列目测比较。

6. 结果计算。样品中甲醇的含量按下式计算：

$$X = \frac{m}{V} \times 1000$$

式中，X——样品中甲醇的含量（毫克/升）；

m——测定样品中甲醇的质量（毫克）；

V——吸取样品的体积（毫升）。

所得结果表示至整数。

7. 精密度。在重复性条件下获得的两次独立测定结果的绝对差值不得超过算术平均值的 10%。

（七）氰化物

白酒中的氰化物主要来自原料，如木薯、野生植物等含有氰苷类，在制酒过程中水解产生氢氰酸。氢氰酸大部分在原料蒸煮过程中通过排气挥发驱除，但仍有少部分以结合态存在而残留在成品酒中。

氰化物是一种烈性毒物，中毒时轻者流涎、呕吐、腹泻；较重者全身抽搐，昏迷乃至死亡。因此，氰化物在白酒卫生标准中有严格限量。

酒中氰化物的测定原理：结合态的氰化物遇碱转变为氰化钠，氰化钠在酸性条件下成为游离的氢氰酸，氢氰酸加溴转变为溴化氢，再加入吡啶联苯胺，生成溴氰吡啶；溴氰吡啶立即水解生成戊烯醇醛，戊烯醇醛与盐酸联苯胺作用生成橘红色戊烯衍生物，以比色法测定。

测定方法如下：

1. 氰化钾标准溶液的制备：将 0.1N 氰化钾溶液用水稀释至每毫升含氢氰酸 1 微克。计算方法是：1 毫升 0.1000N 氰化钾溶液相当于氢氰酸 5.4 毫克，故稀释倍数为 5.4 × NHCN × 1000。

2. 吡啶联苯胺混合液的制备。吡啶试剂：量取 25 毫升吡啶，加 2 毫升浓盐酸，用水稀释至 100 毫升。盐酸联苯胺溶液：称取 2 克盐酸联苯胺，用水溶解，必要时加数滴浓盐酸助溶，用水稀释至 100 毫升。吡啶联苯胺混合液：使用前取 100 毫升吡啶试剂和 4 毫升盐酸联苯胺溶液混合。

3. 氰化物的测定：准确吸取氰化钾标准溶液 0.0 毫升、0.5 毫升、1.0 毫升、1.5 毫升、2.0 毫升、2.5 毫升、3.0 毫升于比色管中，加无水乙醇 0.41 毫升，加水至 4.10 毫升，置冰浴中冷却。

准确吸取 50 毫升试样于 100 毫升容量瓶中，加 2 毫升 2% 的氢氧化钠溶液，加水至刻度，摇匀，放置 15 分钟使分解完毕，作为供试检液。准确吸取 0.5 ~ 3.0 毫升检液（根据样品中氰化物含量及酒度高低而定）于比色管中，按所需量加入无水乙醇，以调节到加水后酒度为 10%（或以取样量调节酒度），加水至 4.10 毫升，置冰浴中冷却。

于上述各管中加入 0.30 毫升 20% 的乙酸溶液，摇匀，加 0.20 毫升饱和溴水，摇匀，此时溶液因有过量溴水存在呈淡黄色。沿四周管壁缓慢滴加 0.4 毫升 1.5% 的亚砷酸钠溶液，除去多余的溴（应使淡黄色完全褪去），加 5.00 毫升吡啶联苯胺混合液，摇匀，室温下放置 20 分钟后目视比色，按下式计算：

$$氢氰酸(ppm) = \frac{L \times A \times 100}{50 \times V}$$

式中，L——每毫升氰化钾标准溶液相当氢氰酸的量（微克）；

A——与样品管色泽一致的标准管中氰化钾标准溶液体积（毫升）；

100——定容体积（毫升）；

50——试样吸取量（毫升）；

V——检液吸取量（毫升）。

（八）　铅

酒中铅的来源，主要是采用不纯的锡制冷凝器和容器的结果。不纯的锡中含有铅成分，铅与白酒中的醋酸反应，生成醋酸铅而溶于白酒中。铅是对人体有害的金属，我国白酒卫生标准中规定了含铅限量。本书介绍铅原子吸收光谱法。

1. 原理。样品处理后，导入原子吸收分光光度计中，电热原子化以后，吸收 283.3 纳米共振线，在一定浓度范围，其吸收量与铅含量呈正比，与标准系列比较定量。

2. 试剂的制备。测定要求使用去离子水，优级纯或高级纯试剂。

（1）硝酸：

①硝酸（6摩尔/升）：量取38毫升硝酸，加水稀释至100毫升。

②硝酸（5%）：取1毫升硝酸，加水稀释至200毫升。

③硝酸（10%）：量取10.5毫升硝酸，加水稀释至100毫升。

④过硫酸铵。

⑤硫酸钠溶液（0.5%）。

⑥铅标准溶液：精密称取1.0000克金属铅（99.99%）分次加入6摩尔/升硝酸溶解，总量不超过37毫升，移入1000毫升容量瓶中，加水稀释至刻度，此溶液每毫升相当于1毫克铅。

⑦铅标准使用液：吸取10.0毫升铅标准溶液，置于100毫升容量瓶中，加0.5%硝酸稀释至刻度。如此多次稀释至每毫升相当于1微克铅。

3. 仪器。所用玻璃仪器均以10%~20%的硝酸浸泡24小时以上，用水反复冲洗，最后用去离子水冲洗，晾干后，方可使用。原子吸收分光光度计（附石墨炉及铅空心阴极灯）。

4. 分析步骤。

（1）样品处理。吸取10.0毫升或20.0毫升样品，置于250毫升或500毫升定氮瓶中，加数粒玻璃珠，先用小火加热除去乙醇，再加5~10毫升硝酸，混匀后，沿瓶壁加入硫酸5毫升或10毫升，放置片刻，小火加热，待作用缓和，放冷。沿瓶壁再加入5毫升或10毫升硫酸，再加热，至瓶中液体开始变成棕色时，不断沿瓶壁滴加硝酸至有机质分解完全，再加大火力，至产生白烟，溶液应澄明无色或微带黄色，放冷。在操作过程中应注意防止爆炸。

加20毫升水煮沸，除去残余的硝酸至产生白烟为止，如此处理两次，放冷。将冷后的溶液移入50毫升或100毫升容量瓶中，用水洗涤定氮瓶，洗液并入容量瓶中，放冷，加水至刻度，混匀。

取与消化样品相同量的硝酸—硫酸，按同一方法做试剂空白试验。

吸取2.0毫升消化后的定容溶液，置于100毫升容量瓶中，加0.5%的硝酸至刻度，混匀，备用。

（2）测定。吸取0毫升、0.5毫升、1.0毫升、2.0毫升、3.0毫升、4.0毫升铅标准使用液，分别置于100毫升容量瓶中，加0.5%的硝酸稀释至刻度，混匀（容量瓶中每毫升分别相当于 0 纳克、5 纳克、10 纳克、20 纳克、30 纳克、40 纳克铅）。

将处理后的样液、试剂空白液和各容量瓶中铅标准稀释液分别导入火焰进行测定。测定条件，灯电流 7.5 毫安，波长 283.3 纳米。狭缝 0.2 纳米，空气流量 7.5 升/分钟，乙炔流量 1 升/分钟，灯头高度 3 毫米，灯背景校正以铅含量对应浓度吸光度，绘制标准曲线比较。

5. 结果计算。酒中铅的含量按下式计算：

$$X = \frac{(X_{A1} - X_{A0}) \times V \times 1000}{m \times 1000 \times 1000}$$

式中，X——样品中铅的质量浓度（毫克/升）；

X_{A1}——测定用样品中铅的质量浓度（纳克/毫升）；

X_{A0}——试剂空白液中铅的质量浓度（纳克/毫升）；

V——样品处理后的总体积（毫升）；

m——取样体积（毫升）。

计算结果保留两位有效数字。

6. 精密度。在重复性条件下获得的两次独立测定结果的绝对差值不得超过算术平均值的 20%。

（九）乙酸乙酯

乙酸乙酯是清香型白酒主体香气的主要成分，乙酸乙酯稀时呈清香，浓时呈梨香。乙酸乙酯的形成有三条途径：一是酵母菌在酒精发酵时的副产物；二是酒醅中多量乙酸经微生物酯化而成；三是其他微生物发酵的代谢物。

1. 原理。样品被气化后，随同载气进入色谱柱，利用被测定的各组分在气液两相中具有不同的分配系数，在柱内形成迁移速度的差异而得到分离。分离后的组分先后流出色谱柱，进入氢火焰离子化检测器，根据色谱图上各组分峰的保留值与标样相对照进行定性；利用峰面积（或峰高），以内标法定量。

2. 仪器和材料。

（1）气相色谱仪，备有氢火焰离子化检测器（FID）；

（2）色谱柱。

①毛细管柱：LZP–930 白酒分析专用柱（柱长 18 米，内径 0.53 毫米），或 FFAP 毛细管色谱柱（柱长 35～50 米，内径 0.25 毫米，涂层 0.2 微米），或其他具有同等分析效果的毛细管色谱柱；

②填充柱：柱长不短于 2 米。

1）载体：Chromosorb W（AW）或白色担体 102（酸洗，硅烷化），80～100 目。

2）固定液：20% DNP（邻苯二甲酸二壬酯）加 7% 吐温 80，或 10% PEG（聚乙二醇）1500 或 PEG20M。

③微量注射器（10 微升、1 微升）。

3. 试剂和溶液。

乙醇溶液［60%（体积分数）］：用乙醇（色谱纯）加水配制。

乙酸乙酯溶液［2%（体积分数）］：作标样用。吸取乙酸乙酯（色谱纯）2 毫升，用乙醇溶液定容至 100 毫升。

乙酸正戊酯溶液［2%（体积分数）］：使用毛细管柱时作内标用。吸取乙酸正戊酯（色谱纯）2 毫升，用乙醇溶液定容至 100 毫升。

乙酸正丁酯溶液［2%（体积分数）］：使用填充柱时作内标用。吸取乙酸正丁酯（色谱纯）2 毫升，用乙醇溶液定容至 100 毫升。

4. 分析步骤。

（1）色谱参考条件。

①毛细管柱。载气（高纯氮）：流速为 0.5～1.0 毫升/分钟，分流比约 37∶1，尾吹约 20～30 毫升/分钟；氢气流速为 40 毫升/分钟；空气：流速为 400 毫升/分钟。检测器温度（T_D）：220℃；注样器温度（T_J）：220℃；柱温（T_C）：起始温度 60℃，恒温 3 分钟，以 3.5℃/分钟程序升温至 180℃，继续恒温 10 分钟。

②填充柱。载气（高纯氮）：流速为 150 毫升/分钟；氢气：流速为 40 毫升/分钟；空气：流速为 400 毫升/分钟；检测器温度（T_D）：150℃；注样器温度（T_J）：150℃；柱温（T_C）：90℃，等温。

载气、氢气、空气的流速等色谱条件随仪器而异，应通过试验选择最佳操作条件，以内标峰与样品中其他组分峰获得完全分离为准。

（2）校正因子（f 值）的测定。吸取乙酸乙酯溶液 1.00 毫升，移入 100 毫升容量瓶中，加入内标溶液（乙酸正戊酯溶液或乙酸正丁酯溶液）1.00 毫升，用乙醇溶液稀释至刻度。上述溶液中乙酸乙酯和内标的浓度均为 0.02%（体积分数），待色谱仪基线稳定后，用微量注射器进样，进样量随仪器的灵敏度而定。记录乙酸乙酯和内标峰的保留时间及其峰面积（或峰高），用其比值计算出乙酸乙酯的相对校正因子。

校正因子按下式计算：

$$f = \frac{A_1}{A_2} \times \frac{d_2}{d_1}$$

式中，f——乙酸乙酯的相对校正因子；

$\quad A_1$——标样 f 值测定时内标的峰面积（或峰高）；

$\quad A_2$——标样 f 值测定时乙酸乙酯的峰面积（或峰高）；

$\quad d_2$——乙酸乙酯的相对密度；

$\quad d_1$——内标物的相对密度。

（3）样品测定。吸取样品 10.0 毫升于 10 毫升容量瓶中，加入内标溶液（乙酸正戊酯溶液或乙酸正丁酯溶液）0.10 毫升，混匀后，在与 f 值测定相同的条件下进行进样，根据保留时间确定乙酸乙酯峰的位置，并测定乙酸乙酯与内标峰面积（或峰高），求出峰面积（或峰高）之比，计算出样品中乙酸乙酯的含量。

样品中乙酸乙酯的含量按下式计算：

$$X_1 = f \times \frac{A_3}{A_4} \times I \times 10^{-3}$$

式中，X_1——样品中乙酸乙酯的质量浓度（克/升）；

$\quad f$——乙酸乙酯的相对校正因子；

$\quad A_3$——样品中乙酸乙酯的峰面积（或峰高）；

$\quad A_4$——添加于酒样中内标的峰面积（或峰高）；

$\quad I$——内标物的质量浓度（添加在酒样中，毫克/升）。

双试验结果允许差不超过 5%，取其平均值，即为测定结果。测定结果保留小数点后第二位。

（十）己酸乙酯

己酸乙酯是浓香型白酒的主体香气成分，己酸乙酯是己酸和乙醇在酵母菌和霉菌的酯化作用下而形成的。

1. 原理。样品被气化后，随同载气进入色谱柱，利用被测定的各组分在气液两相中具有不同的分配系数，在柱内形成迁移速度的差异而得到分离。分离后的组分先后流出色谱柱，进入氢火焰离子化检测器，根据色谱图上各组分峰的保留值与标样相对照进行定性；利用峰面积（或峰高），以内标法定量。

2. 仪器和材料。

（1）气相色谱仪，备有氢火焰离子化检测器（FID）。

（2）色谱柱。

①毛细管柱：LZP - 930 白酒分析专用柱（柱长 18 米，内径 0.53 毫米），或 PEG 20 米毛细管色谱柱（柱长 35 ~ 50 米，内径 0.25 毫米，涂层 0.2 微米），或其他具有同等分析效果的毛细管色谱柱；

②填充柱：柱长不短于 2 米。

1）载体：Chromosorb W（AW）或白色单体 102（酸洗，硅烷化），80 ~ 100 目。

2）固定液：20% DNP（邻苯二甲酸二壬酯）加 7% 吐温 80，或 10% PEG（聚乙二醇）1500 或 PEG 20M。

（3）微量注射器（10 微升、1 微升）。

3. 试剂和溶液。

乙醇溶液 [60%（体积分数）]：用乙醇（色谱纯）加水配制。

己酸乙酯溶液 [2%（体积分数）]：作标样用。吸取己酸乙酯（色谱纯）2 毫升用乙醇溶液定容至 100 毫升。

乙酸正戊酯溶液 [2%（体积分数）]：使用毛细管柱时作内标用。吸取乙酸正戊酯（色谱纯）2 毫升，用乙醇溶液定容至 100 毫升。

乙酸正丁酯溶液 [2%（体积分数）]：使用填充柱时作内标用。吸取乙酸正丁酯（色谱纯）2 毫升，用乙醇溶液定容至 100 毫升。

4. 分析步骤。

（1）色谱参考条件。

①毛细管柱。载气（高纯氮）：流速为 0.5 ~ 1.0 毫升/分钟，分流比约 37:1，尾吹约 20 ~ 30 毫升/分钟；氢气：流速为 40 毫升/分钟；空气：流速为 400 毫升/分钟；检测器温度（T_D）：220℃；注样器温度（T_J）：220℃；柱温（T_C）：起始温度 60℃，恒温 3 分钟，以 3.5℃/分钟程序升温至 180℃，继续恒温 10 分钟。

②填充柱。载气（高纯氮）：流速为 150 毫升/分钟；氢气：流速为 40 毫升/分钟；空气：流速为 400 毫升/分钟；检测器温度（T_D）：150℃；注样器温度（T_J）：150℃；柱温（T_C）：90℃，等温。

载气、氢气、空气的流速等色谱条件随仪器而异，应通过试验选择最佳操作条件，以内标峰与样品中其他组分峰获得完全分离为准。

（2）校正因子（f 值）的测定。吸取己酸乙酯溶液 1.00 毫升，移入 100 毫升容量瓶中，加入内标溶液（乙酸正戊酯溶液或乙酸正丁酯溶液）1.00 毫升，用乙醇溶液稀释至刻度。上述溶液中己酸乙酯和内标的浓度均为 0.02%（体积分数），待色谱仪基线稳定后，用微量注射器进样，进样量随仪器的灵敏度而定。记录己酸乙酯和内标峰的保留时间及其峰面积

（或峰高），用其比值计算出己酸乙酯的相对校正因子。

校正因子按下式计算：

$$f = \frac{A_1}{A_2} \times \frac{d_2}{d_1}$$

式中，f——己酸乙酯的相对校正因子；

A_1——标样 f 值测定时内标的峰面积（或峰高）；

A_2——标样 f 值测定时己酸乙酯的峰面积（或峰高）；

d_2——己酸乙酯的相对密度；

d_1——内标物的相对密度。

（3）样品测定。吸取样品 10.0 毫升于 10 毫升容量瓶中，加入内标溶液（乙酸正戊酯溶液或乙酸正丁酯溶液）0.10 毫升，混匀后，在与 f 值测定相同的条件下进行进样，根据保留时间确定己酸乙酯峰的位置，并测定己酸乙酯与内标峰面积（或峰高），求出峰面积（或峰高）之比，计算出样品中己酸乙酯的含量。

样品中己酸乙酯的含量按下式计算：

$$X_1 = f \times \frac{A_3}{A_4} \times I \times 10^{-3}$$

式中，X_1——样品中己酸乙酯的质量浓度（克/升）；

f——己酸乙酯的相对校正因子；

A_3——样品中己酸乙酯的峰面积（或峰高）；

A_4——添加于酒样中内标的峰面积（或峰高）；

I——内标物的质量浓度（添加在酒样中）（毫克/升）。

双试验结果允许差不超过 5%，取其平均值，即为测定结果。测定结果保留小数点后第二位。

（十一）乳酸乙酯

白酒中没有乳酸乙酯就失去了自己的风味，但含量过多时，则会有青草味、涩味；高度浓香型白酒中乳酸乙酯含量如果与己酸乙酯含量接近，会使酒体放香压抑，味醇厚绵长和闷甜、带有涩味，饮后醉酒时间长、醒酒慢、偶尔还会伴有失重的感觉。

乳酸乙酯是米香型白酒主体香气的主要成分，它的形成有两大途径：一是配醅带入的，二是发酵过程中乳酸菌产生大量乳酸而形成的。

测定方法：除标样名称及公式说明中己酸乙酯改为乳酸乙酯溶液外，其他操作同己酸乙酯的测定。

（十二）丁酸乙酯

丁酸乙酯是白酒中重要的香气成分之一，是浓香型白酒主体香气的组成成分之一，适量的丁酸乙酯可增加白酒的老窖香气，使酒香浓郁、酒体丰满；过量则会使白酒呈不愉快的香气。

丁酸乙酯是由丁酸菌或己酸菌产生的丁酸与乙醇经生化反应而合成。

测定方法：除标样名称及公式说明中己酸乙酯改为丁酸乙酯溶液外，其他操作同己酸乙酯的测定。

（十三）丙酸乙酯

丙酸乙酯是白酒中香气成分之一，适量添加可以增强白酒的香气。

1. 原理。样品被气化后，随同载气进入色谱柱，利用被测定的各组分在气液两相中具有不同的分配系数，在柱内形成迁移速度的差异而得到分离。分离后的组分先后流出色谱柱，进入氢火焰离子化检测器，根据色谱图上各组分峰的保留值与标样相对照进行定性；利用峰面积（或峰高），以内标法定量。

当采用邻苯二甲酸二壬酯 + 吐温 80 混合柱测定时，丙酸乙酯与乙缩醛完全重叠，为此，要先将酒样加酸水解，使其中的乙缩醛分解，该组分峰的剩余部分即为丙酸乙酯，再按常规法加以测定。

2. 仪器和材料。同"己酸乙醇"中的"仪器和材料"。

3. 试剂和溶液。

丙酸乙酯溶液［2%（体积分数）］：作标样用。吸取丙酸乙酯（色谱纯）2 毫升，用乙醇溶液定容至 100 毫升。

盐酸溶液［10%（体积分数）］。

其他同己酸乙酯的测定"试剂和溶液"中除"己酸乙酯溶液"以外的试剂和溶液。

4. 分析步骤。

（1）色谱参考条件。同"己酸乙酯"的测定。

（2）校正因子（f 值）的测定。把"己酸乙酯"改为"丙酸乙酯"，其他同己酸乙酯的测定。

（3）样品测定。吸取样品 10.0 毫升于 10 毫升容量瓶中（如使用填充柱，吸取样品 3 毫升于 10 毫升容量瓶中，加入盐酸溶液 2 滴，用水定容至刻度，在室温下放置 1 小时），加入内标溶液（乙酸正戊酯溶液或乙酸正丁酯溶液）0.10 毫升，混匀后，在与 f 值测定相同的条件下进行进样，根据保留时间确定丙酸乙酯峰的位置，并测定丙酸乙酯与内标峰面积（或峰高），求出峰面积（或峰高）之比，计算出样品中丙酸乙酯的含量。

计算公式和精密度同"己酸乙酯"的测定。

正丙醇、β-苯乙醇的测定同"己酸乙酯"。

第四节 啤酒的品评与检验

啤酒是以大麦为主要原料，经过发芽、糖化、发酵酿成的。它是酒类中含酒精最低的低度酒，含有丰富的营养成分。1972年世界营养食品会议把啤酒定为营养食品，因为它具备了营养食品的三个基本条件：

1. 啤酒中含有17种氨基酸，人体中8种必需氨基酸在啤酒中都含有。

2. 啤酒发热量较高，一升12度啤酒所产生的热量约为1779千焦，所以啤酒有"液体面包"的美名。

3. 啤酒中的营养物质已被分解至最低或接近最低阶段，极易被人体吸收。

啤酒种类很多，按照是否杀菌分为鲜啤酒和熟啤酒。鲜啤酒是未经杀菌的啤酒，比较爽口，但由于存在活酵母，不易久存。熟啤酒经过巴氏杀菌，稳定性较好，贮存期较长。

啤酒按照发酵前麦汁浓度不同分为低浓度啤酒、中浓度啤酒和高浓度啤酒。低浓度啤酒原麦汁浓度通常只有6~8度，适于夏天作清凉饮料。中浓度啤酒原麦汁浓度在11~12度，我国生产的啤酒主要是中浓度啤酒。高浓度啤酒原麦汁浓度在14~20度，这种啤酒含固形物较多，酒体醇厚，并且较耐贮藏。

啤酒按照颜色不同分为淡色啤酒和浓色啤酒。淡色啤酒也叫黄啤酒，颜色一般为淡黄色，这种啤酒的酒花香气比较突出。浓色啤酒又称黑啤酒，酒液为咖啡色，有光泽，这种啤酒浸出物较多，有麦芽的焦香味。

一、啤酒的品评

啤酒所含的成分非常复杂，它们对啤酒风味所起的作用也很复杂。目前，真正评价啤酒的质量，仍以感官品评为主。感官品评的项目如下：

（一）透明度

啤酒是酿造酒，在灌酒前，经过过滤或离心分离，成品酒（淡色啤酒）要求清澈透明，富有光泽，不能有悬浮的颗粒，更不能有沉淀。

（二）色泽

啤酒色泽的深浅程度因品种而异，这是由啤酒的类型和消费者的习惯要求决定的。啤酒的色泽取决于麦芽的颜色。用浅色麦芽制成的啤酒，色泽通常为浅黄色带绿头。目前淡色啤酒趋向于色泽越浅越好，能给人以清爽愉快的感觉。用焦麦芽制成的黑啤酒，色泽呈深咖啡色。

（三）泡沫

啤酒的泡沫对啤酒的质量具有特殊意义。当啤酒注入杯中酒液上部应有 $1/3 \sim 1/2$ 容量的泡沫存在，此时泡沫应洁白细腻，状似奶油。啤酒泡沫从形成到完全崩溃所持的时间为啤酒的泡持性。良好的啤酒泡沫，往往在饮用完毕后仍未消失。这时，空酒杯的内壁应均匀布满残留的泡沫，俗称挂杯。残留的泡沫越多，说明啤酒的泡持性和泡沫的附着力越好。

（四）风味与酒体

风味对啤酒来说，主要是指滋味、口感和气味。滋味是指舌头神经末梢所感觉的甜、咸、酸、苦等味道。口感是指饮酒后口内的感觉，如由多酚类、类黑素和脯氨酸引起的收敛感；由二氧化碳所形成的杀口力，以及金属盐所引起的腥味等。气味则比较复杂，它是由鼻腔的神经末梢所感觉的一切挥发性物质的气味。

啤酒应具有酒花的清香和麦芽的醇香。淡色啤酒一般酒花添加量大，应具有明显的酒花香气和细致的酒花苦味，这种苦味，苦而不长，凡苦味粗重，长时间滞留喉间的质量差。淡色啤酒的酒体应爽而不淡，柔和适口。浓色啤酒一般苦味较轻，应具有馥郁的麦芽香味。浓色啤酒的酒体比较醇厚，但应无粘甜的感觉，也不应空乏淡薄。

另外，啤酒中应含有丰富的二氧化碳，饮用时，给人以舒适、爽口的刺激感觉，即所谓杀口力强。

啤酒不能有不成熟或其他的异杂味。不成熟的啤酒具有一种馊饭味，这是由于啤酒中的双乙酰含量超过了味阈值（0.2ppm）引起的。

二、啤酒的理化检验

啤酒中含有各种复杂成分，这些成分同啤酒质量的形成及贮藏特性有密切的关系。

（一）啤酒试样的制备

1. 试样的制备。在保证样品有代表性、不损失或少损失酒精的前提下，用振摇、超声波或搅拌等方式除去酒样中的二氧化碳气体。

（1）方法一：将恒温至 15～20℃ 的酒样约 300 毫升倒入 750 毫升（或 1 升）的锥形瓶中，盖塞（橡皮塞），在恒温室内轻轻摇动，开塞放气（开始有"砰砰"声），盖塞。反复操作，直至无气体逸出为止，用单层中速干滤纸（漏斗上面盖表面玻璃）过滤。

（2）方法二：采用超声波或磁力搅拌法除气。将恒温至 15～20℃ 的酒样约 300 毫升移入带排气塞的瓶中，置于超声波水槽中（或搅拌器上），超声（或搅拌）一定时间后，用单层中速干滤纸过滤（漏斗上面盖表面玻璃）。

方法二要与方法一比对，使其酒精度测定结果相似，以确定超声（或搅拌）时间。

2. 试样的保存。将除气后的酒样收集在具塞锥形瓶中，温度保持在 (20 ± 0.1)℃，密封保存，限制在 2 小时内使用。

（二）啤酒的理化检验

1. 净含量负偏差测定。

（1）重量法。瓶装、听（铝易开盖两片罐）装啤酒的测定：①将瓶装、听（铝易开盖两片罐）装啤酒置于 (20 ± 0.5)℃ 水浴中恒温 30 分钟。取出，擦干瓶（或听）外壁的水，用感量 0.01 克电子天平称量整瓶（或听）酒质量（m_1）。开启瓶盖（或听拉盖），将酒液倒出，用自来水清洗瓶（或听）内至无泡沫止，空干，称量"空瓶 + 瓶盖"（或"空听 + 拉盖"）质量（m_2）；②用密度瓶法测定酒液的相对密度；③按下式计算酒液（在 20℃/4℃时）的密度：

$$\rho = 0.9970 \times d_{20}^{20} + 0.0012$$

式中，ρ——酒液的密度（克/毫升）；

0.9970——在20℃时蒸馏水与干燥空气密度值之差（克/毫升），

d_{20}^{20}——在20℃时酒液与重蒸水的相对密度；

0.0012——干燥空气在20℃时、1013.25（百帕）时的密度（克/毫升）。

试样的净含量按下式计算：

$$X = \frac{m_1 - m_2}{\rho}$$

式中，X——试样的净含量（净容量）（毫升）；

　　　m_1——整瓶（或整听）酒质量（克）；

　　　m_2——"空瓶＋瓶盖"（或"空听＋拉盖"）质量（克）；

　　　ρ——酒液的密度（克/毫升）。

桶装啤酒：用台秤称量，其余步骤同上所述。

（2）容量法。将瓶装酒样置于（20±0.5）℃水浴中恒温30分钟。取出，擦干瓶（或听）外壁的水，用玻璃铅笔对准酒液面划一条细线。将酒液倒出，用自来水冲洗瓶内（注意不要洗掉划线）至无泡沫止，擦干瓶外壁的水，准确装入水至瓶划线处，然后将水倒入量筒，测量水体积，即为瓶装啤酒的净含量（以毫升或升表示）。

2. 浊度测定。

（1）原理。利用富尔马肼（Formazin）标准浊度溶液校正浊度计，直接测定啤酒样品的浊度，以EBC浊度单位表示。

（2）仪器。

浊度计：测量范围0～5EBC，分度值0.01EBC。

具塞锥形瓶：100毫升；吸管：25毫升。

（3）试剂和溶液。

硫酸肼溶液（10克/升）：称取硫酸肼1.000克，加水溶解并定容至100毫升。静置4小时使其完全溶解。

六次甲基四胺溶液（100克/升）：称取六次甲基四胺10.000克，加水溶解并定容至100毫升。

富尔马肼标准浊度储备液：吸取六次甲基四胺溶液25.0毫升于一个具塞锥形瓶中，边搅拌边用吸管加入硫酸肼溶液25.0毫升，摇匀，盖塞，于室温下放置24小时后使用。此溶液为1000EBC单位，在2个月内可保持稳定。

富尔马肼标准浊度使用液：分别吸取标准浊度储备液0毫升、0.20毫升、0.50毫升、1.00毫升于四个1000毫升容量瓶中，加0浊度的水稀释至刻度，摇匀。该标准浊度使用液的浊度分别为 0EBC、0.20EBC、0.50EBC、1.00EBC。该溶液应当天配制与使用。

（4）分析步骤。按照仪器使用说明书安装与调试，用标准浊度使用液校正浊度计。

取按试样制备方法制备的除气但未经过滤，温度保持在（20 ± 0.1）℃的试样倒入浊度计的标准杯中，将其放入浊度计中测定，直接读数（该法为第一法，应在试样脱气后 5 分钟内测定完毕）。或者将整瓶酒放入仪器中，旋转一周，取平均值（该法为第二法，预先在瓶盖上划一个十字，手工旋转 4 个 90°，读数，取 4 个读数的平均值报告其结果）。测定结果表示至两位小数。

（5）结果允许差。同一试样两次测定值之差，不得超过平均值的 10%。

3. 泡持性测定（秒表法）。

（1）原理。用目视法测定啤酒泡沫消失的速度，以秒表示。

（2）仪器。秒表；铁架台；铁环；泡持杯：杯内高 120 毫米，内径 60 毫米，壁厚 2 毫米，无色透明玻璃；恒温水浴：精度 ±0.5℃。

（3）分析步骤。将酒样（整瓶或整听）置于（20 ±0.5）℃水浴中恒温 30 分钟；将泡持杯彻底清洗干净，备用。

①将泡持杯置于铁架台底座上，距杯口 3 厘米处固定铁环，开启瓶盖，立即置瓶（或听）口于铁环上，沿杯中心线，以均匀流速将酒样注入杯中，直至泡沫高度与杯口相齐时止，同时按秒表开始计时。

②观察泡沫升起情况，记录泡沫的形态（包括色泽及细腻程度）和泡沫挂杯情况。

③记录泡沫从满杯至消失（露出 0.05 平方厘米酒面）的时间。

试验时严禁有空气流通，测定前样品应避免振摇。所得结果以秒计，表示至整数。

（4）结果允许差。同一试样两次测定值之差，不得超过平均值的 10%。

4. 色度测定。

（1）原理。将除气后的试样注入 EBC 比色计的比色皿中，与标准 EBC 色盘比较，目视读取或自动数字显示出试样的色度，以 EBC 色度单位表示。

（2）仪器。EBC 比色计（或使用同等分析效果的仪器），具有 2 ~ 27EBC 单位的目视色度盘或自动数据处理与显示装置。

（3）试剂和溶液。哈同（Hartong）基准溶液：称取重铬酸钾 $k_2Cr_2O_7$0.100 克和亚硝酰铁氰化钠 $Na_2[Fe(CN)_5NO] \cdot 2H_2O$3.500 克，用水溶解并定容至 1000 毫升，贮于棕色瓶中，于暗处放置 24 小时后使用。

（4）分析步骤。

①仪器的校正。将哈同溶液注入 40 毫米比色皿中，用比色计测定。其标准色度应为 15EBC 单位；若使用 25 毫米比色皿，其标准读数为 9.4EBC。仪器的校正应每月一次。

将按试样制备方法制备的试样注入 25 毫米比色皿中，然后放到比色盒中，与标准色盘进行比较，当两者色调一致时直接计数。或使用自动数字显示色度计，自动显示、打印其结果。

②分析结果的表述。如使用其他规格的比色皿，则需要换算成 25 毫米比色皿的数据，报告其结果。试样的色度按下式计算：

$$X = \frac{S}{H} \times 25$$

式中，X——试样的色度（EBC）。

S——实测色度（EBC）。

H——使用比色皿厚度（毫米）。

25——换算成标准比色皿的厚度（毫米）。

测定浓色和黑色啤酒时，需要将酒样稀释至合适的倍数，然后将测定结果乘以稀释倍数。所得结果表示至整数。

（5）结果允许差。同一试样两次测定值之差，色度为 2～10EBC 时，不得大于 0.5EBC。色度大于 10EBC 时，稀释样平行测定值之差不得大于 1EBC。

5. 酒精度（密度瓶法）。酒精是啤酒重要的口味物质。酒精含量是表示啤酒强度的一项指标，其含量是由原麦汁浓度和啤酒发酵度所决定的。原麦汁浓度高和发酵度强的啤酒，酒精含量较多，反之，酒精含量较少。另外，啤酒中的酒精成分还能增加啤酒粘度和泡沫粘度，使啤酒泡沫细腻持久。

由于啤酒所含酒精量较少，用酒精计测量误差较大，因而采用密度瓶法。

（1）原理。利用在 20℃ 时酒精水溶液与同体积纯水质量之比，求得相对密度（以 d_{20}^{20} 表示）。然后，查表得出试样中酒精含量的百分比，即酒精度，以 %(V/V) 或 %(m/m) 表示。

（2）仪器。

全玻璃蒸馏器（500毫升）；恒温水浴：精度±0.1℃；

容量瓶（100毫升）；移液管（100毫升）；分析天平（感量0.1毫克）；

天平（感量0.1克）；25毫升或50毫升附温度计密度瓶。

（3）分析步骤。

①容量法。

蒸馏：用100毫升容量瓶准确量取按试样制备方法制备的酒样100毫升，置于蒸馏瓶中，用50毫升水分三次冲洗容量瓶，洗液并入蒸馏瓶中，加玻璃珠数粒，装上蛇型冷凝管，用原100毫升容量瓶接收馏出液（外加冰浴），缓缓加热蒸馏（冷凝管出口水温不得超过20℃），收集约96毫升馏出液（蒸馏应在30~60分钟内完成），取下容量瓶，调节液温至20℃，补加水定容，混匀，备用。

测量A：将密度瓶洗净、干燥、称量，反复操作，直至恒重。将煮沸冷却至15℃的水注满恒重的密度瓶中，插上附温度计的瓶塞（瓶中应无气泡），立即浸于（20±0.1）℃的水浴中，待内容物温度达到20℃，并保持5分钟不变后取出。用滤纸吸去溢出支管的水，立即盖好小帽，擦干后，称量。

测量B：将水倒去，用试样馏出液反复冲洗密度瓶三次，然后装满，按测量A同样操作。

试样馏出液（20℃）的相对密度按下式计算：

$$d_{20}^{20} = \frac{m_2 - m}{m_1 - m}$$

式中，d_{20}^{20}——试样馏出液（20℃）的相对密度；

　　　m——密度瓶的质量（克）；

　　　m_1——密度瓶和水的质量（克）；

　　　m_2——密度瓶和试样馏出液的质量（克）。

根据相对密度d_{20}^{20}查GB/T4928-2001附录A，得到试样馏出液的酒精度[%(V/V)]即为试样的酒精度。所得结果保留至两位小数。

②重量法。

蒸馏：称取按试样制备方法制备的酒样100.0克，精确至0.1克，全部移入500毫升已知质量的蒸馏瓶中，加水50毫升和数粒玻璃珠，装上蛇型冷凝器（或冷却部分的长度不短于400毫米的直型冷凝器），开启冷却水，用已知质量的100毫升容量瓶接收馏出液（外加冰浴），缓缓加热蒸馏（冷凝管出口水温不得超过20℃），收集约96毫升馏出液（蒸馏应在

30～60 分钟内完成），取下容量瓶，调节液温至 20℃，然后补加水，使馏出液质量为 100.0 克（此时总质量为 100.0 克＋容量瓶质量），混匀（注意保存蒸馏后的残液，可供做真正浓度使用）。

测量 A：将密度瓶洗净、干燥、称量，反复操作，直至恒重。将煮沸冷却至 15℃ 的水注满恒重的密度瓶中，插上附温度计的瓶塞（瓶中应无气泡），立即浸于（20±0.1）℃ 的水浴中，待内容物温度达到 20℃，并保持 5 分钟不变后取出。用滤纸吸去溢出支管的水，立即盖好小帽，擦干后，称量。

测量 B：将水倒去，用试样馏出液反复冲洗密度瓶三次，然后装满，按测量 A 同样操作。

试样馏出液（20℃）相对密度的计算同容重法。

根据相对密度 d_{20}^{20} 查 GB/T4928–2001 附录 A，得到试样馏出液的酒精度 $[\%(V/V)]$，即为试样的酒精度。所得结果保留至两位小数。

（4）结果允许差。同一试样两次测定值之差，不得超过平均值的 1%。

6. 原麦汁浓度测定（密度瓶法）。原麦汁浓度是指原料糖化后，进入前发酵的麦芽汁浓度。通常通过测定啤酒的实际浓度来计算原麦汁浓度，以检查啤酒生产中的糖化情况和啤酒的质量状况。

（1）原理。以密度瓶法测出啤酒试样的真正浓度和酒精度。按经验公式计算出啤酒试样的原麦汁浓度。或用仪器法直接自动测定、计算、打印试样的真正浓度及原麦汁浓度。

（2）仪器。全玻璃蒸馏器（500 毫升）；恒温水浴：精度 ±0.1℃；容量瓶（100 毫升）；移液管（100 毫升）；分析天平（感量 0.1 毫克）；天平（感量 0.1 克）；附温度计密度瓶（25 米或 50 毫升）。

（3）分析步骤。

①真正浓度的测定。

试样的准备：将蒸馏除去酒精后的残液（在已知重量的蒸馏烧瓶中）冷却至 20℃，准确补加水使残液至 100.0 克，混匀。或用已知质量的蒸发皿称取试样 100.0 克，精确至 0.1 克，于沸水浴上蒸发，直至原体积的 1/3，取下冷却至 20℃，加水恢复至原质量，混匀。

测定：用密度瓶或密度计测定出残液的相对密度。查 GB/T4928–2001 附表 B 中的表 B1，求得 100 克试样中浸出物的克数（克/100 克）。即为试样的真正浓度，以 Plato 度（°P）或 %（m/m）表示。

②酒精度的测定。

同 5。

（4）分析结果表述。根据测得的酒精度和真正浓度，按下式计算试样的原麦汁浓度：

$$X = \frac{(A \times 2.0665 + E) \times 100}{100 + A \times 1.0665}$$

式中，X——试样的原麦汁浓度（°P）或 [%(m/m)]；

A——试样的酒精度 [%(m/m)]；

E——试样的真正浓度（°P）或 [%(m/m)]。

或查 GB/T 4928—2001 附录 B 中表 B2，按下式计算试样的原麦汁浓度：

$$X = 2 \times A + E - b$$

式中，X——试样的原麦汁浓度（°P）或 [%(m/m)]；

A——试样的酒精度 [%(m/m)]；

E——试样的真正浓度（°P）或 [%(m/m)]；

b——校正系数。

所得结果保留至两位小数。

（5）结果允许差。同一试样两次测定值之差，不得超过平均值的 1%。

7. 总酸的测定（电位滴定法）。啤酒中含有多种有机酸和无机酸，其中乳酸含量较多。适量的酸有利于改进啤酒的质量，但酸过多时会使啤酒的风味变劣。总酸含量的高低除与啤酒的口味有关外，还同啤酒的 pH 值有关。一般啤酒的 pH 值应在 4.2 ~ 4.7 之间。pH 值的变化会影响到蛋白质的等电点，使啤酒的稳定性受到影响，甚至造成混浊。

啤酒的总酸含量用总酸度来表示。总酸度是指中和 100 毫升啤酒中的酸所耗 1N 氢氧化钠的毫升数，啤酒的总酸度应在 1.8 ~ 3 度之间。

啤酒中含有多种缓冲物质，如磷酸盐、氨基酸等，由于它们的缓冲作用，酸碱滴定中指示剂无明显的颜色突变。另外，啤酒本身又有一定的光泽，因此不能采用一般的酸碱滴定法，而宜采用电位滴定法。

（1）原理。酸碱中和原理。用氢氧化钠溶液直接滴定啤酒中的总酸，以 pH = 8.2 为电位滴定终点，根据消耗氢氧化钠标准溶液的体积计算出啤酒中总酸的含量。

（2）仪器。自动电位滴定仪（精度 ±0.02），附电磁搅拌器；恒温水浴（精度 ±0.5℃），带振荡装置。

（3）试剂和溶液。

氢氧化钠标准溶液（0.1 摩尔/升）：同"蔬菜和水果的检验"中"总酸量的测定"。

（4）分析步骤。

①试样的准备：取按试样制备方法制取的试样约 60 毫升于 100 毫升烧杯中，置于（40±0.5）℃振荡水浴中恒温 30 分钟，取出，冷却至室温。

②测定：按仪器使用说明书安装与调试仪器。

用标准缓冲溶液校正自动电位滴定仪。用水清洗电极，并用滤纸吸干附着电极的液珠。

吸取试样 50.0 毫升于烧杯中，插入电极，开启电磁搅拌器，用 0.1 摩尔/升氢氧化钠标准溶液滴定至 pH＝8.2 为其终点，记录消耗氢氧化钠标准溶液的体积。

试样的总酸含量按下式计算：

$$X = 2 \times c \times V$$

式中，X——试样的总酸，毫升/100 毫升（即 100 毫升试样消耗 1 摩尔/升氢氧化钠标准溶液的毫升数）；

c——氢氧化钠标准溶液的浓度（摩尔/升）；

V——消耗氢氧化钠标准溶液的体积（毫升）；

2——换算成 100 毫升试样的系数。

所得结果应保留至两位小数。

（5）结果允许差。同一试样两次测定值之差，不得超过平均值的 4%。

8. 二氧化碳的测定（压力法）。酒液中的二氧化碳使啤酒具有清凉爽口的味道，并赋予一种舒适的刺激感，饮后有助于散发体内的热量。

啤酒中的二氧化碳是发酵期间积聚而溶解于酒液中的，溶解度的多少与发酵罐内的温度和压力有关。二氧化碳也可以通过人工方法充入啤酒中。

啤酒中缺乏二氧化碳，口味会严重不佳，喝到嘴里不杀口，平淡无味，丧失了啤酒的固有特色和饮用价值。通常要求啤酒中二氧化碳的含量不低于 0.3%（重量计）。

二氧化碳的测定通常采用压力测定仪进行。

（1）原理。根据亨利定律，在 25℃时用二氧化碳压力测定仪测出的总压、瓶颈空气体积和瓶颈空容体积，然后计算出啤酒试样中二氧化碳的含量，以%（m/m）表示。

（2）仪器。

二氧化碳测定仪（压力表的分度值为 0.01 兆帕）；

电子天平（感量 0.01 克）；量筒（100 毫升）；玻璃铅笔（或记号笔）。

（3）试剂和溶液。氢氧化钠溶液（400 克/升）。

（4）分析步骤。

①仪器的准备：将二氧化碳测定仪的三个组成部分之间用胶管（或塑料管）接好，在碱液水准瓶和刻度吸管中装入氢氧化钠溶液，并用水或氢氧化钠溶液（也可以使用瓶装酒）完全顶出连接刻度吸收管与穿孔装置之间胶管中的空气。

②试样的准备：取瓶（或听）装酒样置于 25℃ 水浴中恒温 30 分钟。

③测表压：将试样瓶（或听）置于穿孔装置下穿孔，用手摇动酒瓶（或听）直至压力表指针达到最大恒定值，记录读数（即表压）。

④测瓶颈空气：慢慢打开穿孔装置的出口阀，让瓶（或听）内气体缓缓流入吸收管，当压力表指示降至零时，立即关闭出口阀，倾斜摇动吸收管，直至气体体积达到最小恒定值。调整水准瓶，使之静压相等，从刻度吸收管上读取气体的体积。

⑤测瓶颈空容：在测定前，先在酒的瓶壁上用玻璃铅笔标记出酒的液面。测定后，用水将酒瓶装满至标记处，用 100 毫升量筒量取 100 毫升水后倒入试样瓶至满瓶口，读取从量筒倒出水的体积。

⑥听（铝易开盖两片罐）装酒"听顶空容"的测定与计算。在测定前，先称量整听酒的质量（m_1），精确至 0.1 克；穿刺，测定听装酒的表压；将听内啤酒倒出，用水洗净，空干，称量"听 + 拉盖"的质量（m_2），精确至 0.1 克；再用水充满空听，称量"听 + 拉盖 + 水"的质量（m_3），精确至 0.1 克。

听装酒的"听顶空容"按下式计算：

$$KR = \frac{m_3 - m_2}{0.99823} - \frac{m_1 - m_2}{\rho}$$

式中，KR——听装酒的"听顶空容"（毫升）；

m_1——整听酒的质量（克）；

m_2——"听 + 拉盖"的质量（克）；

m_3——"听 + 拉盖 + 水"的质量（克）；

0.99823——水在 20℃ 下的密度（克/毫升）；

ρ——试样的密度（克/毫升）。

试样的二氧化碳含量按下式计算：

$$X = \left(p - 0.101 \times \frac{V_2}{V_1} \right) \times 1.40$$

式中，X——试样的二氧化碳含量 $[\%(m/m)]$；

p——绝对压力（表压 $+0.101$，兆帕）；

V_2——瓶颈空气体积（毫升）；

V_1——瓶颈空容（听顶空容）体积（毫升）；

1.40——20℃、1 兆帕时，100 克试样中溶解的二氧化碳克数（克）。

注：1 大气压 $=0.101$ 兆帕。

所得结果保留至两位小数。

（5）结果允许差：同一试样两次测定值之差，不得超过平均值的 5%。

9. 双乙酰测定。双乙酰是啤酒发酵过程中生成的副产物，它赋予啤酒特殊的风味。但当其含量超过阈值时，就会影响啤酒的风味和质量，带来不愉快的饭馊味。鉴于双乙酰含量对啤酒的风味有着重要的影响，国际上已把此项作为检验啤酒质量的一个重要指标。

双乙酰的形成途径有：（1）由 α－乙酰乳酸非酶脱羧氧化而成，此为双乙酰生成的主要途径；（2）由乙酰辅酶 A 与羟乙基硫胺素的焦磷酸盐（又称活性乙醛）缩合而成；（3）某些厌氧菌在发酵时产生；（4）酵母自溶。

双乙酰的测定方法如下：

（1）原理。用蒸汽将双乙酰蒸馏出来，与邻苯二胺反应，生成 2，3－二甲基喹喔啉，在波长 335 纳米下测其吸光度。由于其他联二酮类都具有相同的反应特性，另外蒸馏过程中部分前驱体要转化成联二酮，因此上述测定结果为总联二酮含量（以双乙酰表示）。

（2）仪器。

带有加热套管的双乙酰蒸馏器；容量瓶（25 毫升）；

蒸汽发生瓶：2000 毫升（或 3000 毫升）锥形瓶或平底蒸馏烧瓶；

紫外分光光度计：备有 20 毫米玻璃比色皿或 10 毫米石英比色皿。

（3）试剂和溶液。

①盐酸溶液（4 摩尔/升）：按 GB/T601 配制（此溶液需用重蒸水配制）。

②邻苯二胺溶液（10 克/升）：称取邻苯二胺 0.100 克，溶于 4 摩尔/升盐酸溶液中，并定容至 10 毫升，摇匀，放于暗处。此溶液须当天配制

与使用；若配制出来的溶液呈红色，应重新更新试剂。

③有机硅消泡剂（或甘油聚醚）。

（4）分析步骤。

①将双乙酰蒸馏器安装好，加热蒸汽发生瓶至沸腾。通蒸汽预热后，置25毫升容量瓶于冷凝器出口接受馏出液（外加冰浴），加1~2滴消泡剂于100毫升量筒中，再注入未经除气的预先冷至约5℃的酒样100毫升，迅速转移至蒸馏器内，并用少量水冲洗带塞漏斗，盖塞。然后用水密封，进行蒸馏，直至馏出液接近25毫升（蒸馏需在3分钟内完成）时取下容量瓶，达到室温后重蒸水定容，摇匀。

②显色与测量。分别吸取馏出液10.0毫升于两支干燥的比色管中，并于第一支管中加入邻苯二胺溶液0.50毫升，第二支管中不加（做空白），充分摇匀后，同时置于暗处放置20~30分钟，然后于第一支管中加4摩尔/升盐酸溶液2毫升，于第二支管中加入4摩尔/升盐酸溶液2.5毫升，混匀后，用20毫米玻璃比色皿（或10毫米石英比色皿），于波长335纳米下，以空白作参比，测定其吸光度（比色测定操作须在20分钟内完成）。

试样的双乙酰含量按下式计算：

$$X = A_{335} \times 1.2$$

式中，X——试样的双乙酰含量（毫克/升）；

A_{335}——试样在335纳米波长下，用20毫米比色皿测得的吸光度；

1.2——吸光度与双乙酰含量的换算系数。

注：如用10毫米石英比色皿测吸光度，则换算系数应为2.4。

所得结果保留至两位小数。

（5）结果允许差：同一试样两次测定值之差，不得超过平均值的10%。

三、啤酒中微生物的测定

酒类产品常因原料的污染以及在加工制作过程中灭菌不严格，包装空间、包装容器、材料不注意卫生而被污染。这些微生物会不同程度地污染酒类产品，当残留在酒类产品中的微生物数量增多时，会引起酒类产品的卫生指标超过国家相关标准规定。为确保酒类产品如酒精度低的啤酒的质量安全，对啤酒进行微生物学检验，具有重要的意义。

（一）成品酒的无菌采样

1. 听装啤酒采样：先将拉盖器部位浸入 75% 乙醇 1 分钟后，用火灼烧，再用 75% 乙醇棉球擦洗听顶部，并用火灼烧残余乙醇（拉盖式的听装酒，也可从另一端采样，同样无菌处理）。开盖后用无菌培养皿（或塞）盖上（或塞上）。

2. 瓶装啤酒采样：先将瓶盖部位浸入 75% 乙醇 1 分钟后，用火灼烧残余乙醇。开盖后，用火灼烧瓶口，再用原盖盖住（或用消毒的铝片盖住）。

3. 桶装或大罐无菌采样：预先对桶或罐取样口进行无菌处理，然后安全打开阀门，用啤酒冲洗采样器或采样口 5～10 秒，用无菌技术，将样品收集于无菌瓶中。

在采样过程中，任何开盖器械或采样容器都必须经过灭菌处理。

（二）啤酒中微生物的测定

1. 菌落总数的测定。菌落总数是指食品检样经过处理，在一定条件下培养后（如培养基成分、培养温度和时间、pH 值、需氧性质等），所得 1 毫升（克）检样中所含菌落的总数。本方法规定的培养条件下所得结果，只包括一群在营养琼脂上生长发育的嗜中性需氧的菌落总数。

菌落总数主要作为判定食品被污染程度的标志，它可以应用菌落总数测定这一方法观察细菌在食品中的繁殖的动态，以便对被检样品进行卫生评价时提供依据。

（1）仪器和材料。

恒温培养箱（36±1）℃；冰箱（0～4℃）；恒温水浴锅（46±1）℃；天平；电炉；压力蒸汽灭菌器；灭菌培养皿（直径 90 毫米）灭菌吸管：1 毫升（0.01 毫升刻度）、10 毫升（0.1 毫升刻度）；灭菌三角瓶：500 毫升、250 毫升；灭菌试管：16 毫米×160 毫米；灭菌刀、剪子、镊子、开瓶器；酒精灯；75% 酒精棉球；放大镜。

培养基和试剂：营养琼脂培养基；乙醇（75%）；生理盐水（浓度 0.85%）。

①检样的处理及培养。用点燃的酒精棉球烧灼瓶装样品瓶口灭菌（散装样品应在其样品包装瓶口用上法灭菌），用石碳酸纱布盖好，再用灭菌开瓶器将瓶盖启开。啤酒可倒入另一灭菌容器内，口勿盖紧，覆盖一灭菌纱布，轻轻摇荡，待气体全部逸出后，再进行检验（处理好检样稀

释度为 1 + 1)。

用1毫升灭菌吸管吸取处理好的样品1毫升，沿管壁徐徐注入含有9毫升灭菌生理盐水或其他稀释液的试管内（注意吸管尖端不要触及管稀释液），振摇试管混合均匀，做成 1 + 10 稀释液。

另取1毫升灭菌吸管，按上述操作顺序作10倍递增稀释液，如此每递增稀释一次，即换一支1毫升灭菌吸管。

根据食品卫生标准要求或对样品污染情况的估计，选择 2 ~ 3 个适宜稀释度，分别在做10倍递增稀释液的同时，吸取该稀释液的吸管移1毫升样品或稀释液于灭菌培养皿内，每个稀释度做两个培养皿。

稀释液移入培养皿后，就及时将其凉至46℃的营养琼脂培养基（可以放置于46℃ ± 1℃水浴保温）注入培养皿约15毫升，并转动培养皿使其混合均匀。同时将营养琼脂培养基倾入加有1毫升稀释液灭菌培养皿内作空白对照。

待琼脂凝固后，翻转平板，置于 36 ± 1℃保温内培养 48 ± 2 小时。

②菌落计数方法。平板菌落计数时，可用肉眼观察，必要时用放大镜检查，以防遗漏，在记下各平板的菌落数后，求出稀释度的各平板平均菌落总数。

③菌落计数的报告。

1）平板菌落数的选择：选取菌落数在 30 ~ 300 之间的平板作为菌落总数测定标准，一个稀释度使用两个平板，应采用两个平板平均数，其中一个平板有较大片状菌落生长时，则不宜采用，而应以无片状菌落生长的平板作为该稀释度的菌落总数，或片状菌落不到平板的一半，而其余一半中菌落又分布很均匀，即可计算出半个平板后乘以2，以代表全皿菌落数。平板内如有链状菌落生长时（菌落之间无明显链），或仅有一条链，可视为一个菌落；如有不同来源的几条链，则应将每条链作为一个菌落计。

2）稀释度的选择：应选择平均菌落数在 30 ~ 300 之间的稀释度，乘以稀释倍数报告之（见表 8 – 17 中例1）。

若有两个稀释度，其生长的菌落数均在 30 ~ 300 之间，则视两者之比如何来决定。若其比值小于或等于2，应报告其平均数；若大于2则报告其中较小的数字（见表 8 – 17 中例2及例3）。

若所有稀释度的平均数均大于300，则应按稀释度最高的平均菌落数乘以稀释倍数报告之（见表 8 – 17 中例4）。

若所有稀释度的平均菌落数均小于30，则应按稀释度最低的平均菌落数乘以稀释倍数报告之（见表8－17中例5）。

若所有稀释度均无菌落生长，则以小于1乘以最低稀释倍数报告之（见表8－17中例6）。

若所有稀释度的平均菌落数都在30～300之间，其中一部分大于300或小于30时，则以最接近30或300的平均菌落数乘以稀释倍数报告之（见表8－17中例7）。

④菌落数的报告。菌落数在100以内时，按其实有数报告；大于100时，采用两位有效数字，在两位有效数字后面的数值，以四舍五入方法计算。为了缩短数字后面的零数，也可用10的指数来表示（见表8－17）。

表8－17　　　　　　　　　稀释度选择及菌落数报告方式

例次	稀释液及菌落数			两稀释液之比	菌落总数（cfu/g）或（cfu/ml）	报告方式（cfu/g）或（cfu/ml）
	10—1	10—2	10—3			
1	多不可计	164	20	—	16400	16000 或 1.6×10^4
2	多不可计	295	46	1.6	37750	38000 或 3.8×10^4
3	多不可计	271	60	2.2	27100	27000 或 2.7×10^4
4	多不可计	多不可计	313	—	31300	310000 或 3.1×10^5
5	27	11	5	—	270	270 或 2.7×10^2
6	0	0	0	—	$<1 \times 10$	<10
7	多不可计	305	12	—	30500	31000 或 3.1×10^4

2. 大肠菌群的测定。大肠菌群主要来源于人畜粪便，故从此作为粪便污染指标来评价食品的卫生质量，推断食品中是否有污染肠道的病菌的可能。

大肠菌群是指一群发酵乳糖，产酸产气，需氧和兼性厌氧的革兰氏阴性无芽孢杆菌。

大肠菌群生化反应活泼，大多数能发酵乳糖，氧化酶阴性，好氧或兼性厌氧，在EMB琼脂培养基上呈现深紫黑色、圆形、边缘整齐、表面光滑湿润，常具有金属光泽；也有呈现紫黑色，不带或略带金属光泽；或呈现粉紫色，中心的颜色较深。

食品中大肠菌群数系以100毫升（克）检样内大肠菌群最可能数（MPN）表示。

（1）仪器和材料。

显微镜；载玻片；接种环；恒温培养箱（36±1）℃；冰箱（0～4℃）；恒温水浴锅（46±1）℃；天平；电炉；压力蒸汽灭菌器；灭菌三角瓶（500毫升、250毫升）；灭菌吸管：1毫升（0.01毫升刻度）、10毫升（0.1毫升刻度）；灭菌培养皿（直径90毫米）；灭菌试管（16毫升×160毫米）；灭菌刀、剪子、镊子、开瓶器；酒精灯；酒精棉球（75%）；放大镜。

培养基和试剂：乳糖胆盐发酵管；伊红美蓝琼脂平板；乳糖发酵管；革兰氏染色液；生理盐水（0.85%）。

（2）分析步骤。

①检样的处理。用点燃的酒精棉球烧灼瓶口灭菌，用石碳酸纱布盖好，再用灭菌开瓶器将瓶盖启开。啤酒可倒入另一灭菌容器内，口勿盖紧，覆盖一灭菌纱布，轻轻摇荡，待气体全部逸出后，进行检验（处理好的检样稀释度为1+1）。

②检样稀释。用1毫升灭菌吸管吸取处理好的样品1毫升，注入含有9毫升灭菌生理盐水或其他稀释液的试管内，振摇试管混合均匀，做成1+10稀释液。

另取1毫升灭菌吸管，按上述操作顺序做10倍递增稀释液，每递增稀释一次，即换一支1毫升灭菌吸管。

根据食品卫生标准要求或对样品污染情况的估计，选择3个稀释度，每个稀释度接种3管。

③乳糖发酵试验。将待检样品接种于乳糖胆盐发酵管内，接种量在1毫升以上者，用双料乳糖胆盐发酵管，1毫升及1毫升以下者，用单料乳糖胆盐发酵管。每一稀释度接种3管，置36±1℃温箱内，培养24±2小时，如所有乳糖胆盐发酵管都不产气，则可报告为大肠菌群阴性，如产气者，则按下列程序进行。

④分离培养。将产气的发酵管分别转种在伊红美蓝琼脂平板上，置入36±1℃温箱内，培养18～24小时，然后取出，观察菌落形态，并做革兰氏染色和证实试验。

⑤证实试验。在上述平板上，挑取可疑大肠菌群菌落1～2个进行革兰氏染色，同时接种乳糖发酵管，置入36±1℃温箱内培养24±2小时，观察产气情况。凡乳糖管产气，革兰氏染色为阴性的无芽孢杆菌，即可报告为大肠菌群阳性。

⑥报告。根据证实为大肠菌群阳性的管数，查MPN检查表（见表8－18），报告每100毫升（克）大肠菌群的MPN值。

表 8－18　　　　　　　大肠菌群最可能数（MPN）检索表

阳性管数			MPN 100 毫升（克）	95%可信限	
1 毫升（克）×3	0.1 毫升（克）×3	0.011 毫升（克）×3		下限	上限
0	0	0	<30		
0	0	1	30	<5	90
0	0	2	60		
0	0	3	90		
0	1	0	30	<5	130
0	1	1	60		
0	1	2	90		
0	1	3	120		
0	2	0	60		
0	2	1	90		
0	2	2	120		
0	2	3	160		
0	3	0	90		
0	3	1	120		
0	3	2	160		
0	3	3	190		
1	0	0	40	<5	200
1	0	1	70	10	210
1	0	2	110		
1	0	3	150		
1	1	0	70	10	230
1	1	1	110	30	360
1	1	2	150		
1	1	3	190		
1	2	0	110	30	360
1	2	1	150		
1	2	2	200		
1	2	3	240		
1	3	0	160		
1	3	1	200		
1	3	2	240		
1	3	3	290		
2	0	0	90	10	360
2	0	1	140	30	370
2	0	2	200		
2	0	3	260		
2	1	0	150	30	440
2	1	1	200	70	890
2	1	2	270		
2	1	3	340		
2	2	0	210	40	470

续表

阳性管数			MPN 100	95%可信限	
1毫升（克）×3	0.1毫升（克）×3	0.011毫升（克）×3	毫升（克）	下限	上限
2	2	1	280	100	1500
2	2	2	350		
2	2	3	420		
2	3	0	290	40	1200
2	3	1	360	70	1300
2	3	2	440	150	3800
2	3	3	530		
3	0	0	230	70	2100
3	0	1	390	140	2300
3	0	2	640	300	3800
3	0	3	950		
3	1	0	430	150	3800
3	1	1	750	300	4100
3	1	2	1200	350	4700
3	1	3	1600		
3	2	0	930	360	13000
3	2	1	1500	710	21000
3	2	2	2100	1500	48000
3	2	3	2900		
3	3	0	2400		
3	3	1	4600		
3	3	2	11000		
3	3	3	≥24000		

注：1. 本表采用3个稀释度1毫升（克）、0.1毫升（克）和0.01毫升（克），每稀释度三管。
2. 表内所列检样量如改用10毫升（克）、1毫升（克）和0.1毫升（克）时，表内数字应相应降低10倍；如改用0.1毫升（克）、0.01毫升（克）和0.001毫升（克）时，则表内数字应相应增加10倍，其余可类推。

第五节　黄酒的品评与检验

　　黄酒是以酒的颜色而命名的，它是通过糖化、发酵过程酿制的一种低度压榨酒。酒液中的主要成分有酒精、糊精、糖分、甘油、有机酸、氨基酸、酯类、维生素等，具有一定的营养价值。这些成分的互相变化配合，形成了黄酒浓郁的香气，鲜美的口味和醇厚的酒体等特点。
　　黄酒的品种很多，依黄酒的含糖量，可分为干酒、半干酒、半甜酒、甜酒四大类；按工艺分，可分为新工艺（机械化黄酒）和传统工艺黄酒两大类，后者又可分为摊饭法、淋饭法和喂饭法等；按糖化、发酵剂分，有酒药麦曲酒、红曲酒、乌衣红曲酒、纯种糖化曲和酵母酒；按原料分，可分为糯米、粳米、籼米、黍米、玉米五种。

一、黄酒的品评

黄酒品种繁多，风格各异，其质量高低主要以感官品评做出评价。黄酒的感官品评项目如下：

（一）色泽

黄酒的色泽因品种不同而异，有橙黄、黄褐、橙红、深褐等，黄酒贮存时间越长，色泽越深，贮酒期间酒色变深是老熟的标志。

黄酒酒液必须清亮、有光泽，给人以自然、柔和的感觉，不能出现明显的失光混浊现象。

黄酒是发酵原酒，酒中含有丰富的氨基酸、糖类、琥珀酸、乳酸等多种成分，在陈贮过程中进行着复杂的生化反应，致使在瓶底或坛底有少量"酒脚"，这在一定程度上是允许的，但当将其上层清液倒在杯中就应该是纯净的，不允许有悬浮物，更不允许混浊。

（二）香气

黄酒应具有独特的醇香，给人以柔和、欢愉、优雅的感觉。同时，陈黄酒具有越陈越香的特点。

黄酒中香气物质很多，成分很复杂，主要成分有酯类、酸类、羰基化合物和酚类等。各种成分互相衬托和配合，构成了黄酒浓郁、和谐的香气品质。

正常黄酒应具有本品种的传统香味，不能有异香、烂曲气、熟气、石灰气等。

（三）滋味

黄酒的滋味要求醇厚、柔和、爽口，并且有与本类型酒相符的甜味，进口甘顺，后口鲜长，丰满周正，余香绵绵。甜、酸、苦、辣诸味协调。

黄酒的甜味主要来自糖分，以葡萄糖含量最多，另外还有2，3－丁二醇、甘油和氨基酸等。

黄酒的酸味主要来自有机酸，俗话说"无酸不成味"。酸有减少甜味和增强浓厚感的作用。黄酒中以乳酸和琥珀酸含量最多，琥珀酸不仅给予酒酸味，而且能和谷氨酸、核酸等一起给酒带来鲜味。

黄酒的苦味成分主要是某些氨基酸、肽、酪醇、5-甲硫基腺苷和胺类等。苦味是传统黄酒的诸味之一，但苦感应是极其轻微的，它给黄酒以刚劲、爽口的感觉。苦味重了，破坏了酒味的协调，说明质量欠佳。

黄酒的辣味成分主要是酒精和醛类。新酒往往感到有辛辣味，经过贮存，醛类一部分挥发损失，一部分氧化为有机酸或与酒精分子缩合为乙缩醛，酒精分子还可以同水分子发生缔合作用，因此，陈酒明显地较新酒香浓醇和，柔软适口。

（四）风格

黄酒的风格是在特定的原料、工艺、产地条件下，历史地形成的，品评时要分三个层次来衡量风格。

首先，看酒体各种成分的组合是否充分协调，也叫"和谐"。优质的黄酒诸味调和，糖分、酒精、酸及各种微量成分都"入骨"了，形成了一个完美的整体。绝不能进口是辣味，后口是苦味，或进口尚甘顺，后口酸涩，有不能上口的感觉，而是要进口、后口都周全整齐，回味悠长，平常说的这种酒很"醇"，意味着酒体、酒味十分和谐统一，前后、表里完全一致，饮之犹如一条真丝纺绸，滑润、柔软、细腻，而不像一块粗糙的土布。

其次，看风格是否优雅。凡是异香冲鼻、酒味搭舌、刺喉、淡漠的都不够优雅，说明风格差。

最后，看风格是否具有独特的典型性。评上"部优质"的黄酒都具有一定的典型性，获国家金奖者，典型性更强。浙江绍兴加饭酒和福建龙岩沉缸酒，其典型性泾渭分明。关于典型性应该有一个基本概念，如浙江麦曲型、福建红曲型、北方黍米型等，但不应把每一种酒都往几个模式中去套，而应该就酒识酒、就酒论酒，及时发现并扶植新的典型，推陈出新，百花齐放。

评价风格，要从各种组分是否协调，酒质酒体是否优雅，是否具有典型性这三个方面，综合考虑，全面评价。

二、黄酒的理化检验

（一）净含量负偏差

1. 计量器具。

（1）实验室常规仪器、设备。

（2）量筒（100～2000毫升）。

（3）电子天平（最大称量1000克，感量0.01克）。

（4）台秤（最大50千克）。

2. 测量。当单件包装样品净含量小于2000毫升时，用适当的量筒测量体积；大于2000毫升，直接用台秤称取质量，然后除以该酒样的密度（千克/升），将质量换算成体积，再求出净含量偏差。

（二）总糖

第一法：莱因－埃农法（Lane-Eynon method）。适用于甜酒和半甜酒。

1. 原理。费林溶液与还原糖共沸，生成氧化亚铜沉淀。以次甲基蓝为指示液，用试样水解液滴定沸腾状态的费林溶液。达到终点时，稍微过量的还原糖将次甲基蓝还原成无色为终点，依据试样水解液的消耗体积，计算总糖含量。

2. 试剂。

（1）费林甲液：称取硫酸铜（$CuSO_4 \cdot 5H_2O$）69.28克，加水溶解并定容至1000毫升。

（2）费林乙液：称取酒石酸钾钠346克及氢氧化钠100克，加水溶解并定容至1000毫升，摇匀，过滤，备用。

（3）葡萄糖标准溶液（2.5克/升）：称取经103～105℃烘干至恒重的无水葡萄糖2.5000克（精确至0.0001克），加水溶解，并加浓盐酸5毫升，再用水定容至1000毫升。

（4）次甲基蓝指示液（10克/升）：称取次甲基蓝1.0克，加水溶解并定容至100毫升。

（5）盐酸溶液（6摩尔/升）：量取浓盐酸50毫升，加水稀释至100毫升。

（6）甲基红指示液（1克/升）：称取甲基红0.10克，溶于乙醇并稀释至 100 毫升。

（7）氢氧化钠溶液（200 克/升）：称取氢氧化钠 20 克，用水溶解并稀释至 100 毫升。

3．仪器。

（1）实验室常规仪器、设备。

（2）分析天平（感量 0.0001 克）。

（3）分析天平（感量 0.01 克）。

（4）电炉（300 ~ 500 瓦）。

4．分析步骤。

（1）标定费林溶液的预滴定：准确吸取费林甲、乙液各 5.00 毫升于 250 毫升锥形瓶中，加水 30 毫升，混合后置于电炉上加热至沸腾。滴入葡萄糖标准溶液，保持沸腾，待试液蓝色即将消失时，加入次甲基蓝指示液 2 滴，继续用葡萄糖标准溶液滴定至蓝色消失为终点。记录消耗葡萄糖标准溶液的体积（V）。

（2）费林溶液的标定：准确吸取费林甲、乙液各 5.00 毫升于 250 毫升锥形瓶中，加水 30 毫升。混匀后，加入比预滴定体积（V）少 1.00 毫升的葡萄糖标准溶液，置于电炉上加热至沸，加入次甲基蓝指示液 2 滴，保持沸腾 2 分钟，继续用葡萄糖标准溶液滴定至蓝色刚好消失为终点，并记录消耗葡萄糖标准溶液的总体积（V_1）。全部滴定操作须在 3 分钟内完成。

费林溶液的浓度按下式计算：

$$F = \frac{m \times V_1}{1000}$$

式中，F——费林甲、乙液各 5.00 毫升相当于葡萄糖的质量（克）；

　　　m——称取葡萄糖的质量（克）；

　　　V_1——正式标定时，消耗葡萄糖标准溶液的总体积（毫升）。

（3）试样的测定：吸取试样 2.00 ~ 10.00 毫升（控制水解液总糖量为 1 ~ 2 克/升）于 500 毫升容量瓶中，加水 50 毫升和盐酸溶液 5 毫升，在 68 ~ 70℃水浴中加热 15 分钟。冷却后，加入甲基红指示液 2 滴，用氢氧化钠溶液中和至红色消失（近似于中性）。加水定容，摇匀，用滤纸过滤后备用。

测定时，以试样水解液代替葡萄糖标准溶液，操作步骤同费林溶液的标定。

5．分析结果的表述。试样中总糖的含量按下式计算：

$$X = \frac{500 \times F}{V_2 \times V_3} \times 1000$$

式中，X——试样中总糖的含量（克/升）；

    F——费林甲、乙液各 5.00 毫升相当于葡萄糖的质量（克）；

    V_2——滴定时消耗试样稀释液的体积（毫升）；

    V_3——吸取试样的体积（毫升）。

计算结果精确至 3 位有效数字。

6. 允许差。同一试样的两次滴定结果之差，不得超过 0.10 毫升。

第二法：铁氰化钾滴定法。适用于干黄酒和半干黄酒。

1. 原理。费林溶液与还原糖共沸，在碱性溶液中将铜离子还原成亚铜离子，并与溶液中的亚铁氰化钾络合而呈黄色。以次甲基蓝为指示剂，达到终点时，稍微过量的还原糖将次甲基蓝还原成无色为终点。依据试样水解液的消耗体积，计算总糖含量。

2. 试剂。

（1）费林甲溶液：称取硫酸铜（$CuSO_4 \cdot 5H_2O$）15.0 克及次甲基蓝 0.05 克，加水溶解并定容至 1000 毫升，摇匀备用。

（2）费林乙溶液：称取酒石酸钾钠 50 克、氢氧化钠 54 克、亚铁氰化钾 4 克，加水溶解并定容至 1000 毫升，摇匀备用。

（3）葡萄糖标准溶液（1 克/升）：称取经 103～105℃烘干至恒重的无水葡萄糖 1.0000 克（精确至 0.0001 克），加水溶解，并加浓盐酸 5 毫升，用水定容至 1000 毫升，摇匀备用。

3. 仪器。

（1）实验室常规仪器、设备。

（2）分析天平（感量 0.0001 克）。

（3）分析天平（感量 0.01 克）。

（4）电炉（300～500 瓦）。

4. 分析步骤。

（1）空白试验。准确吸取费林甲、乙溶液各 5.00 毫升于 100 毫升锥形瓶中，加入葡萄糖标准溶液 9 毫升，混匀后置于电炉上加热，在 2 分钟内沸腾，然后以 4～5 秒一滴的速度继续滴入葡萄糖标准溶液，直至蓝色消失立即呈现黄色为终点，记录消耗葡萄糖标准溶液的总量（V_0）。

（2）试样的测定。

①吸取试样 2.00～10.00 毫升（控制水解液含糖量在 1～2 克/升）于 100 毫升容量瓶中，加水 30 毫升和盐酸溶液 5 毫升，在 68～70℃水浴中

加热水解15分钟。冷却后，加入甲基红指示液2滴，用氢氧化钠溶液中和至红色消失（近似于中性），加水定容至100毫升，摇匀，用滤纸过滤后，作为试样水解液备用。

②预滴定：准确吸取费林甲、乙溶液各5.00毫升及试样水解液5.00毫升于100毫升锥形瓶中，摇匀后置于电炉上加热至沸腾，用葡萄糖标准溶液滴定至终点，记录消耗葡萄糖标准溶液的体积。

③滴定：准确吸取费林甲、乙溶液各5.00毫升及试样水解液5.00毫升于100毫升锥形瓶中，加入比预滴定少1.00毫升的葡萄糖标准溶液，摇匀后置于电炉上加热至沸腾，继续用葡萄糖标准溶液滴定至终点。记录消耗葡萄糖标准溶液的体积（V）。接近终点时，滴入的葡萄糖标准溶液的用量应控制在0.5~1.0毫升。

5. 分析结果的表述。试样中总糖的含量按下式计算：

$$X = \frac{(V_0 - V) \times c \times n}{5.00} \times 1000$$

式中，X——试样中总糖的含量（克/升）；

V_0——空白试验时，消耗葡萄糖标准溶液的体积（毫升）；

V——试样测定时，消耗葡萄糖标准溶液的体积（毫升）；

c——葡萄糖标准溶液的浓度（克/毫升）；

n——试样的稀释倍数。

计算结果精确至3位有效数字。

6. 允许差。同一试样的两次滴定结果之差，不得超过0.10毫升。

（三）非糖固形物

1. 原理。试样经100~105℃加热，其中的水分、乙醇等可挥发性物质被蒸发，剩余的残留物即为总固形物。总固形物减去总糖即为非糖固形物。

2. 仪器。

（1）实验室常规仪器、设备。

（2）天平（感量0.0001克）。

（3）水浴锅。

（4）干燥器（内装盛有效干燥剂）。

（5）电热干燥箱（温控±1℃）。

3. 分析步骤。吸取试样5.00毫升（干、半干黄酒直接取样，半甜黄酒稀释1~2倍后取样，甜黄酒稀释2~6倍后取样）于已知干燥至恒重

（内放小玻棒）的蒸发皿（或直径为50毫米、高30毫米称量瓶）中，置于沸水浴上加热蒸发，不断用小玻棒搅拌。蒸干后，连同小玻棒放入100~105℃电热干燥箱中烘干，称量，直至恒重（两次称量之差不超过0.001克）。

4. 分析结果的表述。试样中总固形物的含量按下式计算：

$$X_1 = \frac{(m_1 - m_2) \times f}{V} \times 1000$$

式中，X_1——试样中总固形物的含量（克/升）；

m_1——蒸发皿（或称量瓶）、小玻棒和试样烘干至恒重的质量（克）；

m_2——蒸发皿（或称量瓶）、小玻棒烘干至恒重的质量（克）；

f——试样稀释倍数；

V——吸取试样的体积（毫升）。

试样中非糖固形物的含量按下式计算：

$$X_0 = X_1 - X_2$$

式中，X_0——试样中非糖固形物的含量（克/升）；

X_1——试样中总固形物的含量（克/升）；

X_2——试样中总糖含量（克/升）。

计算结果精确至3位有效数字。

5. 允许差。同一试样的两次测定结果之差，不得超过0.5克/升。

（四）酒精度

1. 原理。试样经过蒸馏，用酒精计测定馏出液中酒精的含量。

2. 仪器。

（1）实验室常规仪器、设备。

（2）电炉（500~800瓦）。

（3）冷凝管（玻璃，直形）。

（4）酒精计（标准温度20℃，分度值为0.2）。

（5）水银温度计（50℃，分度值为0.1℃）。

（6）量筒（100毫升）。

3. 分析步骤。在约20℃时，用容量瓶量取试样100毫升，全部移入500毫升蒸馏瓶中。用100毫升水分次洗涤容量瓶，洗液并入蒸馏瓶中，加数粒玻璃珠。装上冷凝管，通入冷水，用原100毫升容量瓶接收馏出液（外加冰浴）。加热蒸馏，直至收集馏出液体积约95毫升时，停止蒸馏。于水浴中冷却至约20℃，用水定容，摇匀，倒入 100 毫升量筒中，测量馏出液的温度与酒精度。按测得的实际温度和酒精度标示值查 GB/T13662 - 2000 附录 A，换算成20℃时的酒精度。

4. 结果。计算结果精确至 3 位有效数字。

5. 允许差。同一试样的两次测定结果之差，不得超过 0.2% （V/V）。

（五）pH 值

1. 原理。将玻璃电极和甘汞电极浸入试样溶液中，构成一个原电池。两极间的电动势与溶液的 pH 值有关。通过测量原电池的电动势，即可得到试样溶液的 pH 值。

2. 试剂。

（1）邻苯二甲酸氢钾标准缓冲溶液（0.05 摩尔/升），pH = 4.00（25℃）。

称取于 110℃ 干燥 1 小时的邻苯二甲酸氢钾（$C_6H_4CO_2HCO_2K$）10.21 克，用无二氧化碳的水溶解，并定容至 1000 毫升。

（2）四硼酸钠标准缓冲溶液（0.01 摩尔/升），pH = 9.18（25℃）。称取于四硼酸钠（$Na_2B_4O_7 \cdot 10H_2O$）3.81 克，用无二氧化碳的水溶解，并定容至 1000 毫升。

3. 仪器。

（1）实验室常规仪器、设备。

（2）酸度计（精度 0.02pH）。

（3）指示电极——玻璃电极。用前应在水中浸泡 24 小时以上，使用后应立即清洗干净，长期浸入水中。

（4）参比电极——饱和甘汞电极。使用时，电极上端小孔的橡皮塞应拔出，电极内氯化钾溶液应保持有少量结晶，溶液中不得有气泡。

4. 分析步骤。

（1）按酸度计的使用说明书安装、调试。

（2）用上述两种标准缓冲溶液校正酸度计。

（3）用水冲洗电极，再用试液洗涤电极两次，用滤纸吸干电极外面附着的液珠，调整试液温度至 25℃ ±1℃，直接测定，直至 pH 值读数稳定 1 分钟为止，记录。或在室温下测定，换算成25℃时的 pH 值。

5. 结果与允许差。测定结果精确至 2 位有效数字。同一试样两次测定结果之差，不得超过 0.05pH。

（六）总酸及氨基酸态氮

1. 原理。氨基酸是两性化合物，分子中的氨基与甲醛反应后失去碱性，而使羧基呈酸性。用氢氧化钠标准溶液滴定羧基，通过氢氧化钠标准溶液消耗的量可以计算出氨基酸态氮的含量。

2. 试剂。

（1）甲醛溶液（36% ~38%，无缩合沉淀）。

（2）无二氧化碳的水（按 GB/T603 制备）。

（3）氢氧化钠标准溶液（0.1 摩尔/升）。同"蔬菜和水果的检验"中"总酸量的测定"。

3. 仪器。

（1）实验室常规仪器、设备。

（2）酸度计或自动电位滴定仪（精度 0.02pH）。

（3）磁力搅拌器。

（4）分析天平（感量 0.0001 克）。

4. 分析步骤。按使用说明校正酸度计。

吸取试样 10.0 毫升于 150 毫升烧杯中，加入无二氧化碳的水 50 毫升。烧杯中放入磁力搅拌棒，置于电磁搅拌器上，开启搅拌，用氢氧化钠标准溶液滴定，开始时可快速滴加氢氧化钠标准溶液，当滴定至 pH 值等于 7.0 时，放慢滴定速度，每次加半滴氢氧化钠标准溶液，直至 pH 值等于 8.20 为终点。记录消耗 0.1 摩尔/升氢氧化钠标准溶液的体积（V_1）。加入甲醛溶液 10 毫升，继续用氢氧化钠标准溶液滴定至 pH 值等于 9.20，记录加甲醛后消耗氢氧化钠标准溶液的体积（V_2）。同时做空白试验，分别记录不加甲醛溶液及加入甲醛溶液时，空白试验所消耗氢氧化钠标准溶液的体积（V_3、V_4）。

5. 分析结果的表述。试样中总酸的含量按下式计算：

$$X = \frac{(V_1 - V_3) \times c \times 0.090}{V} \times 1000$$

式中，X——试样中总酸的含量（克/升）；

V_1——测定试样时，消耗 0.1 摩尔/升氢氧化钠标准溶液的体积（毫升）；

V_3——空白试验时，消耗 0.1 摩尔/升氢氧化钠标准溶液的体积（毫升）；

c——氢氧化钠标准溶液的浓度（摩尔/升）；

0.090——1.00 毫升氢氧化钠标准溶液（0.1 摩尔/升）相当于乳
酸的质量（克）；

V——吸取试样的体积（毫升）。

试样中氨基酸态氮的含量按下式计算：

$$Y = \frac{(V_2 - V_4) \times c \times 0.014}{V} \times 1000$$

式中，Y——试样中氨基酸态氮的含量（克/升）；

V_2——加甲醛后，测定试样时消耗 0.1 摩尔/升氢氧化钠标准溶液
的体积（毫升）；

V_4——加甲醛后，空白试验时消耗 0.1 摩尔/升氢氧化钠标准溶液
的体积（毫升）；

c——氢氧化钠标准溶液的浓度（摩尔/升）；

0.014——1.00 毫升氢氧化钠标准溶液 [c（NaOH）= 0.1 摩尔/
升] 相当于氮的质量（克）；

V——吸取试样的体积（毫升）。

计算结果精确至 2 位有效数字。

6. 允许差。同一试样两次滴定结果之差，总酸不得超过 0.05 毫升；
氨基酸态氮不得超过 0.10 毫升。

（七）氧化钙

第一法：原子吸收分光光度法。

1. 原理。试样经火焰燃烧产生原子蒸汽，通过从光源辐射出待测元
素具有特征波长的光，被蒸汽中待测元素的基态原子吸收，吸收程度与火
焰中元素浓度的关系符合朗伯 - 比尔定律。

2. 试剂。

（1）浓硝酸：优级纯（GR）。

（2）浓盐酸：优级纯（GR）。

（3）氯化镧溶液（50 克/升）：称取氯化镧 5.0 克，加去离子水溶
解，并定容至 100 毫升。

（4）钙标准贮备液（1 毫升溶液含有 100 微克钙）：精确称取于 105 ~
110℃干燥至恒重的碳酸钙（GR）0.250 克，用盐酸 10 毫升溶解后，移
入 1000 毫升容量瓶中，用去离子水定容。

（5）钙标准使用液：分别吸取钙标准贮备液 0.00 毫升、1.00 毫升、
2.00 毫升、4.00 毫升、8.00 毫升于 5 个 100 毫升容量瓶中，各加氯化镧

溶液 10 毫升和硝酸 1 毫升,用去离子水定容,此溶液每毫升分别相当于 0.00 微克、1.00 微克、2.00 微克、4.00 微克、8.00 微克钙。

3. 仪器。

(1) 实验室常规仪器、设备。

(2) 原子吸收分光光度计。

(3) 高压釜 (50 毫升,带聚四氟乙烯内套)。

(4) 电热干燥箱 (温控 ±1℃)。

(5) 天平 (感量 0.0001 克)。

4. 分析步骤。

(1) 试样的处理:准确吸取试样 2~5 毫升 (V_1) 于 50 毫升聚四氟乙烯内套的高压釜中,加入硝酸 4 毫升,置于电热干燥箱 (120℃) 内,加热消解 4~6 小时。冷却后转移至 500 毫升 (V_2) 容量瓶中,加氯化镧溶液 5 毫升,用去离子水定容,摇匀。同时做空白试验。

(2) 光谱条件:测定波长为 422.7 纳米,狭缝宽度为 0.7 纳米,火焰为空气 – 乙炔气,灯电流为 10 毫安。

(3) 测定:将钙标准使用液、试剂空白溶液和处理后的试样液依次导入火焰中进行测定,记录其吸光度 (A)。

(4) 以标准溶液的钙含量 (微克/毫升) 与对应的吸光度 (A) 绘制标准工作曲线 (或用回归方程计算)。

(5) 分别以试剂空白和试样液的吸光度,从标准工作曲线中查出钙含量 (或用回归方程计算)。

5. 分析结果的表述。试样中氧化钙的含量按下式计算:

$$X = \frac{(A - A_0) \times V_2 \times 1.4 \times 1000}{V_1 \times 1000 \times 1000} = \frac{(A - A_0) \times V_2 \times 1.4}{V_1 \times 1000}$$

式中,X——试样中氧化钙的含量 (克/升);

A——从标准工作曲线中查出 (或用回归方程计算) 试样液中钙的含量 (微克/毫升);

A_0——从标准工作曲线中查出 (或用回归方程计算) 试剂空白中钙的含量 (微克/毫升);

V_2——试样稀释后的总体积 (毫升);

1.4——钙与氧化钙的换算系数;

V_1——吸取试样的体积 (毫升)。

计算结果精确至 2 位有效数字。

6. 允许差。同一试样的两次测定结果之差,不得超过平均值的

5.0%。

第二法：高锰酸钾滴定法。

1. 原理。试样中的钙离子与草酸铵反应生成草酸钙沉淀，将沉淀滤出、洗涤后，用硫酸溶解，再用高锰酸钾标准溶液滴定草酸根，根据高锰酸钾溶液的消耗量计算试样中氧化钙的含量。

2. 试剂。

（1）甲基橙指示液（1 克/升）：称取 0.10 克甲基橙，用水溶解并稀释至 100 毫升。

（2）饱和草酸铵溶液。

（3）浓盐酸。

（4）氢氧化铵溶液（1+10）：1 体积氢氧化铵+10 体积水。

（5）硫酸溶液（1+3）：1 体积硫酸+3 体积水。

（6）高锰酸钾标准溶液（0.01 摩尔/升）：按 GB/T 601 配制与标定 $\left[c\left(\frac{1}{5}KMnO_4\right)=0.1\ 摩尔/升\right]$ 标准溶液。临用前，准确稀释 10 倍。

3. 仪器。

（1）实验室常规仪器、设备。

（2）电炉（300~500 瓦）。

（3）滴定管（50 毫升）。

4. 分析步骤。准确吸取试样 25 毫升于 400 毫升烧杯中，加水 50 毫升，再依次加入甲基橙指示液 3 滴、盐酸 2 毫升、饱和草酸铵溶液 30 毫升，加热煮沸，搅拌，逐滴加入氢氧化铵溶液直至试液变为黄色。

将上述烧杯置于约 40℃ 温热处保温 2~3 小时，用玻璃漏斗和滤纸过滤，用 500 毫升氢氧化铵溶液分数次洗涤沉淀，直至无氯离子（经硝酸酸化，用硝酸银检验）。将沉淀及滤纸小心从玻璃漏斗中取出，放入烧杯中，加沸水 100 毫升和硫酸溶液 25 毫升，加热，保持 60~80℃ 使沉淀完全溶解。用高锰酸钾标准溶液滴定至微红色并保持 30 秒为终点，记录消耗的高锰酸钾标准溶液的体积（V_1）。同时用 25 毫升水代替试样做空白试验，记录消耗高锰酸钾标准溶液的体积（V_0）。

5. 分析结果的表述。试样中氧化钙的含量按下式计算：

$$X=\frac{(V_1-V_0)\times c\times 0.0280}{V_2}\times 1000$$

式中，X——试样中氧化钙的含量（克/升）；

V_1——测定试样时，消耗 0.01 摩尔/升高锰酸钾标准溶液的体积

（毫升）；

V_0——空白试验时，消耗 0.01 摩尔/升高锰酸钾标准溶液的体积（毫升）；

c——高锰酸钾标准溶液的实际浓度（摩尔/升）；

0.0280——1.00 毫升高锰酸钾标准溶液 $[c(\frac{1}{5}KMnO_4)=0.01$ 摩尔/升] 相当于氧化钙的质量（克）；

V_2——吸取试样的体积（毫升）。

计算结果精确至 2 位有效数字。

6. 允许差。同一试样两次测定结果之差，不得超过平均值的 5.0%。

第三法：EDTA 滴定法。

1. 原理。用氢氧化钾溶液调整试样的 pH 值至 12 以上。以盐酸羟胺、三乙醇胺和硫化钠做隐蔽剂，排除锰、铁、铜等离子的干扰。在过量 EDTA 存在下，用钙标准溶液进行反滴定。

2. 试剂。

（1）钙指示剂：称取 1.00 克钙羧酸 [2-羟基-1（2-羟基-4-磺基-1-萘偶氮）-3-萘甲酸] 指示剂和干燥研细的氯化钠 100 克于研钵中，充分研磨呈紫红色的均匀粉末，置于棕色瓶中保存、备用。

（2）氯化镁溶液（100 克/升）：称取氯化镁 100 克，溶解于 1000 毫升水中。

（3）盐酸羟胺溶液（10 克/升）：称取盐酸羟胺 10 克，溶解于 1000 毫升水中。

（4）三乙醇胺溶液（500 克/升）：称取三乙醇胺 500 克，溶解于 1000 毫升水中。

（5）硫化钠溶液（50 克/升）：称取硫化钠 50 克，溶解于 1000 毫升水中。

（6）氢氧化钾（5 摩尔/升）：称取氢氧化钾 280 克，溶解于 1000 毫升水中。

（7）氢氧化钾（1 摩尔/升）：吸取氢氧化钾溶液 20 毫升，用水定容至 100 毫升。

（8）盐酸溶液（1+4）：1 体积浓盐酸 +4 体积水。

（9）钙标准溶液（0.01 摩尔/升）：精确称取于 105℃烘干至恒重的基准级碳酸钙 1.0000 克（精确至 0.0001 克）于小烧杯中，加水 50 毫升，用盐酸溶液使之溶解，煮沸，冷却至室温。用氢氧化钾溶液中和至 pH6～

pH8，用水定容至 1000 毫升。

（10）EDTA 溶液（0.02 摩尔/升）：称取 EDTA（乙二胺四乙酸二钠）7.44 克溶于 1000 毫升水中。

3. 仪器。

（1）实验室常规仪器、设备。

（2）电热干燥箱（105℃±2℃）。

（3）滴定管（50 毫升）。

4. 分析步骤。准确吸取试样 2.00～5.00 毫升（视试样中钙含量的高低而定）于 250 毫升锥形瓶中，加水 50 毫升，依次加入氯化镁溶液 1 毫升、盐酸羟胺溶液 1 毫升、三乙醇胺溶液 0.5 毫升、硫化钠溶液 0.5 毫升，摇匀，加氢氧化钾溶液 5 毫升，再准确加入 EDTA 溶液 5 毫升、钙指示剂一小勺（约 0.1 克），摇匀，用钙标准溶液滴定至蓝色消失并初现酒红色为终点。记录消耗钙标准溶液的体积（V_1）。

同时以水代替试样做空白试验，记录消耗钙标准溶液的体积（V_0）。

5. 分析结果的表述。试样中氧化钙的含量按下式计算：

$$X = \frac{(V_0 - V_1) \times c \times 0.0561}{V} \times 1000$$

式中，X——试样中氧化钙的含量（克/升）；

　　　V_0——空白试验时，消耗钙标准溶液的体积（毫升）；

　　　V_1——测定试样时，消耗钙标准溶液的体积（毫升）；

　　　c——钙标准溶液的浓度（摩尔/升）；

　　　0.0561——1 毫摩尔氧化钙的质量（克）；

　　　V——吸取试样的体积（毫升）。

计算结果精确至 2 位有效数字。

6. 允许差。同一试样两次测定结果之差，不得超过平均值的 5.0%。

第六节　葡萄酒的品评与检验

葡萄酒是以纯葡萄为原料，经过发酵、陈酿制成的低度饮料酒。它不仅滋味爽口甘美，而且营养丰富。

葡萄酒的种类很多，按色泽不同可分为红葡萄酒、白葡萄酒、桃红葡萄酒；按照风味、成分及加工方法不同可分为干葡萄酒、半干葡萄酒、半甜葡萄酒、甜葡萄酒、葡萄汽酒、起泡葡萄酒、加香葡萄酒等。

一、葡萄酒的品评

葡萄酒的质量鉴定同其他酒类一样，也是以感官品评为主，理化检验为辅。品评项目如下：

（一）色泽

各种葡萄酒应具有原品种果实的真实色泽，越接近原果实的真实色泽，越自然、美观，令人喜爱。白葡萄酒应微黄带绿、浅黄、麦秆黄色；红葡萄酒应为宝石红、紫红、深红、红色；桃红葡萄酒应为浅桃红、浅玫瑰红；加香葡萄酒应为紫红、棕红、金黄色。

葡萄酒要求透明、澄清、晶亮，有光泽，酒液中没有悬浮物质，无浑浊和沉淀。

（二）香气

各种葡萄酒都应具有新鲜悦怡的葡萄果香和优美的酒香。香气协调、细致、馥郁、舒畅，不能有醋气感，甜红葡萄酒不应有焦糖感。

葡萄酒的果香是指来自原品种果实的天然香气。不同品种葡萄酿造的酒具有不同的果香，例如，玫瑰香葡萄酿造的酒具有麝香香气，珊瑚珠葡萄酿造的酒具有清爽的香气等。这种独特的香气也称为品种香。果香在葡萄酒中是重要的品质指标。

酒香一般是指陈酒的香气或叫陈酿香，新酒常缺乏这种香气。酒香是酿酒和贮酒过程中形成的，浓郁而持久。

加香葡萄酒应具有酒香及和谐的芳香植物香。

（三）滋味

鉴定葡萄酒的滋味，按品种而论，干型酒应该清快、爽口、舒适、洁净，滋味丰满和谐，浓烈幽香。甜型酒应甘绵适润，醇厚爽口，酸、涩、甘、馥各味和谐，爽而不薄，醇而不烈，甜而不腻，馥而不艳（不飘）。

（四）泡沫

起泡葡萄酒应含有充沛的二氧化碳，倒入酒杯时泡沫很快升起，泡沫细腻。大香槟酒在开瓶时，要求瓶塞被气压冲出有一定高度，并发出清脆的响声。葡萄汽酒注入杯中应有均匀的泡沫。

（五）风格

各种名优葡萄酒都具有独特的风格。例如，干白葡萄酒应具有清新、爽、利、愉、雅感；干红葡萄酒应具有清、爽、愉、醇、幽感；甜白葡萄酒的风格应具有清、爽、甘、愉、雅感；甜红葡萄酒的风格应具有爽、馥、酸、甜感，各味应和谐统一。各种酒都不应有氧化味和重橡木桶味，不应有任何异杂味。

葡萄酒的风格很大程度上取决于葡萄品种和果实的特点，所以名酒都要求有固定的葡萄品种原料，这样才能保持它们应有的典型性。

二、葡萄酒的理化检验

（一）酒精度

葡萄酒中酒精含量与感官有密切关系。酒精含量低了口味就显着"淡薄"，若含量过高就显得"壮烈"。我国葡萄酒的酒度大多在 12～20 度。酒精能防止微生物对酒的败坏，对保证酒的质量有一定作用，从这个角度来说，酒度最好不低于 10 度。优良的葡萄酒，其酒精完全同酒中其他成分融和，饮用时不应有酒精的气味。

葡萄酒的酒精度常用密度瓶法和酒精计法测定。

1. 密度瓶法。

（1）原理。以蒸馏法去除样品中的不挥发性物质，用密度瓶测定馏出液的密度。根据馏出液（酒精水溶液）的密度，查 GB/T 15038—2006 附录 A，求得 20℃时乙醇的体积分数，即酒精度，用%（体积分数）表示。

（2）仪器。

①分析天平（感量 0.0001 克）；

②全玻璃蒸馏器（500 毫升）；

③恒温水浴（精度 ±0.1℃）

④附温度计密度瓶（25 毫升或 50 毫升）。

（3）试样的制备。用一洁净、干燥的 100 毫升容量瓶准确量取 100 毫升样品（液温20℃）于 500 毫升蒸馏瓶中，用 50 毫升水分三次冲洗容量瓶，洗液全部并入蒸馏瓶中，再加几颗玻璃珠，连接冷凝器，以取样用的原容量瓶做接收器（外加冰浴）。开启冷却水，缓慢加热蒸馏。收集馏出液接近刻度，取下容量瓶，盖塞，于 20.0 ±0.1℃ 水浴中保温 30 分钟，补加水至刻度，混匀，备用。

（4）分析步骤。

①蒸馏水质量的测定。

1）将密度瓶洗净并干燥，带温度计和侧孔罩称量。重复干燥和称量，直至恒重（m）。

2）取下温度计，将煮沸冷却至15℃左右的蒸馏水注满恒重的密度瓶，插上温度计，瓶中不得有气泡。将密度瓶浸入 20.0 ±0.1℃ 的恒温水浴中，待内容物温度达20℃，并保持10分钟不变后，用滤纸吸去侧管溢出的液体，使侧管中的液面与侧管管口齐平，立即盖好侧孔罩，取出密度瓶，用滤纸擦干瓶壁上的水，立即称量（m_1）。

②试样质量的测量。将密度瓶中的水倒出，用上述制备好的试样反复冲洗密度瓶 3~5 次，然后装满，按（4）① 1）同样操作，称量（m_2）。

（5）结果计算。样品在20℃时的密度按式（1）计算，空气浮力校正值按式（2）计算。

$$\rho_{20}^{20} = \frac{m_2 - m + A}{m_1 - m + A} \times \rho_0 \tag{1}$$

$$A = \rho_a \times \frac{m_1 - m}{997.0} \tag{2}$$

式中，ρ_{20}^{20}——样品在20℃时的密度（克/升）；

　　m——密度瓶的质量（克）；

　　m_1——20℃时密度瓶与水的质量（克）；

　　m_2——20℃时密度瓶与试样的质量（克）；

　　ρ_0——20℃时蒸馏水的密度（998.20 克/升）；

　　A——空气浮力校正值；

　　ρ_a——干燥空气在 20℃、1013.25 百帕时的密度值（≈1.2 克/升）；

　　997.0——在 20℃ 时蒸馏水与干燥空气密度值之差（克/升）。

根据试样的密度 ρ_{20}^{20}，查 GB/T 15038—2006 附录 A，求得酒精度。

所得结果表示至一位小数。

（6）精密度。在重复性条件下获得的两次独立测定结果的绝对差值不得超过算术平均值的1%。

2. 酒精计法。

（1）原理。以蒸馏法除去样品中的不挥发性物质，用酒精计法测得酒精体积分数示值，按 GB/T 15038—2006 附录 B 加以温度校正，求得在 20℃时乙醇的体积分数，即酒精度。

（2）仪器。

①酒精计（分度值为 0.1°）；

②全玻璃蒸馏器（1000 毫升）。

（3）试样的制备。用一洁净、干燥的 500 毫升容量瓶准确量取 500 毫升（具体取样量应按酒精计的要求增减）样品（液温 20℃）于 1000 毫升蒸馏瓶中，以下操作同"密度瓶法"中的"试样的制备"。

（4）分析步骤。将上述制备好的试样倒入洁净、干燥的 500 毫升量筒中，静置数分钟，待其中气泡消失后，放入洗净、干燥的酒精计，再轻轻按一下，不得接触量筒壁，同时插入温度计，平衡 5 分钟，水平观测，读取与弯月面相切处的刻度示值，同时记录温度。根据测得的酒精计示值和温度，查 GB/T 15038—2006 附录 B，换算成 20℃时酒精度。

所得结果表示至一位小数。

（5）精密度。在重复性条件下获得的两次独立测定结果的绝对差值不得超过算术平均值的 1%。

（二）总糖和还原糖

葡萄酒中的糖分多少，主要表现为甜味的大小。由于酒的品种不同，以及消费者的爱好各异，对酒液中糖分的要求极为悬殊。各种葡萄酒的糖分含量见葡萄酒的理化指标。

1. 原理。利用费林溶液与还原糖共沸，生成氧化亚铜沉淀的反应，以次甲基蓝为指示液，以样品或经水解后的样品滴定煮沸的费林溶液，达到终点时，稍微过量的还原糖将蓝色的次甲基蓝还原为无色，以示终点。根据样品消耗量求得总糖或还原糖的含量。

2. 试剂和材料。

（1）盐酸溶液（1+1）；

（2）氢氧化钠溶液（200 克/升）；

（3）葡萄糖标准溶液（2.5 克/升）：称取在 105~110℃烘箱内烘干 3 小时并在干燥器中冷却的无水葡萄糖 2.5 克（精确至 0.0001 克），用水溶解并定容至 1000 毫升。

（4）次甲基蓝指示液（10 克/升）：称取 1.0 克次甲基蓝，用水溶解并定容至 100 毫升。

（5）费林溶液（甲、乙）。

①配制。费林溶液的配制同"乳及乳制品的检验"中"乳糖、蔗糖和总糖"的测定。

②标定。

预备试验：吸取费林溶液甲、乙各 5.00 毫升于 250 毫升三角瓶中，加 50 毫升水。摇匀，在电炉上加热至沸，在沸腾状态下用葡萄糖标准溶液滴定，当溶液的蓝色将消失呈红色时，加 2 滴次甲基蓝指示液，继续滴至蓝色消失，记录消耗葡萄糖标准溶液的体积。

正式试验：吸取费林溶液甲、乙各 5.00 毫升于 250 毫升三角瓶中，加 50 毫升水和比预备试验少 1 毫升的葡萄糖标准溶液，加热至沸，并保持 2 分钟，加 2 滴次甲基蓝指示液，在沸腾状态下于 1 分钟内用葡萄糖标准溶液滴至终点，记录消耗葡萄糖标准溶液的总体积（V）。

③计算。费林溶液甲、乙各 5 毫升相当于葡萄糖的克数按下式计算：

$$F = \frac{m}{1000} \times V$$

式中，F——费林溶液 A、B 各 5 毫升相当于葡萄糖的克数（克）；

m——称取无水葡萄糖的质量（克）；

V——消耗葡萄糖标准溶液的总体积（毫升）。

3. 试样的制备。

（1）测总糖用试样：准确吸取一定量的样品（V_1）（液温 20℃）于 100 毫升容量瓶中，使之所含总糖量为 0.2～0.4 克，加 5 毫升盐酸溶液，加水至 20 毫升，摇匀。于 68±1℃水浴上水解 15 分钟，取出，冷却。用氢氧化钠溶液中和至中性，调温至 20℃，加水定容至刻度（V_2），备用。

（2）测还原糖用试样：准确吸取一定量的样品（V_1）（液温 20℃）于 100 毫升容量瓶中，使之所含还原糖量为 0.2～0.4 克，加水定容至刻度，备用。

4. 分析步骤。以制备的试样代替葡萄糖标准溶液，按费林溶液 A、B 标定同样操作，记录消耗试样的体积（V_3），结果按公式（3）计算。

测定干葡萄酒或含糖量较低的半干葡萄酒，先吸取一定量样品（V_3）（液温 20℃）于预先装有费林溶液 A、B 液各 5.0 毫升的 250 毫升三角瓶中，再用葡萄糖标准溶液按费林溶液 A、B 标定操作，记录消耗葡萄糖标准溶液的体积（V），结果按公式（4）计算。

（5）结果计算

干葡萄酒、半干葡萄酒总糖或还原糖的含量按公式（3）计算，其他葡萄酒按公式（4）计算。

$$X_1 = \frac{F - c \times V}{(V_1/V_2) \times V_3} \times 1000 \qquad (3)$$

$$X_2 = \frac{F}{(V_1/V_2) \times V_3} \times 1000 \qquad (4)$$

式中，X_1——干葡萄酒、半干葡萄酒总糖或还原糖的含量（克/升）；

　　　F——费林溶液 A、B 各 5 毫升相当于葡萄糖的克数（克）；

　　　c——葡萄糖标准溶液的浓度（克/毫升）；

　　　V——消耗葡萄糖标准溶液的体积（毫升）；

　　　V_1——吸取样品的体积（毫升）；

　　　V_2——样品稀释后或水解定容的体积（毫升）；

　　　V_3——消耗试样的体积（毫升）；

　　　X_2——其他葡萄酒总糖或还原糖的含量（克/升）。

所得结果应表示至一位小数。

6. 精密度。在重复性条件下获得的两次独立测定结果的绝对差值不得超过算术平均值的 2%。

（三）总酸和挥发性酸

葡萄酒的酸度与口味有很大关系，不同酸度的葡萄酒，饮后产生不同的感觉，酸度过高会产生酸涩感，酸度过低则平淡无味。

葡萄酒中的酸是多种多样的，有的是原料带来的，如酒石酸、柠檬酸、琥珀酸等；有的是发酵过程中产生的，如醋酸、丙酸、丁酸等，后者也称为挥发酸。我国葡萄酒的总酸量一般控制在 5.0~8.0 克/升，挥发性酸控制在 1.1 克/升以下，如挥发酸含量过高，说明酒中存在腐败微生物，是酒败坏的标志。

1. 总酸。

第一法：电位滴定法。

（1）原理。利用酸碱中和原理，用氢氧化钠标准滴定溶液直接滴定样品中的有机酸，以 pH = 8.2 为电位滴定终点，根据消耗氢氧化钠标准滴定溶液的体积，计算试样的总酸含量。

（2）试剂和材料。

①氢氧化钠标准滴定溶液 [c（NaOH）= 0.05 摩尔/升]：同"蔬菜和水果的检验"中"总酸量的测定"。

②酚酞指示液（10克/升）：按 GB/T 603 配制。

（3）仪器。

①自动电位滴定仪（或酸度计）（精度 0.01 pH，附电磁搅拌器）。

②恒温水浴（精度 ±0.1℃，带振荡装置）。

（4）试样的制备。吸取约 60 毫升样品于 100 毫升烧杯中，将烧杯置于 40±0.1℃振荡水浴中恒温 30 分钟，取出，冷却至室温。

注：试样的制备只针对起泡葡萄酒和葡萄汽酒，目的是排除二氧化碳。

（5）分析步骤。按仪器使用说明书校正仪器。

吸取 10.00 毫升样品（液温 20℃）于 100 毫升烧杯中，加 50 毫升水，插入电极，放入一枚转子，置于电磁搅拌器上，开始搅拌，用氢氧化钠标准滴定溶液滴定。开始时滴定速度可稍快，当样液 pH = 8.0 后，放慢滴定速度，每次滴加半滴溶液直至 pH = 8.2 为其终点，记录消耗氢氧化钠标准滴定溶液的体积。同时做空白试验。

（6）结果计算。样品中总酸的含量按下式计算：

$$X = \frac{c \times (V_1 - V_0) \times 75}{V_2}$$

式中，X——样品中总酸的含量（以酒石酸计）（克/升）；

c——氢氧化钠标准滴定溶液的浓度（摩尔/升）；

V_0——空白试验消耗氢氧化钠标准滴定溶液的体积（毫升）；

V_1——样品滴定时消耗氢氧化钠标准滴定溶液的体积（毫升）；

V_2——吸取样品的体积（毫升）；

75——酒石酸的摩尔质量的数值（克/摩尔）。

所得结果表示至一位小数。

（7）精密度。在重复性条件下获得的两次独立测定结果的绝对差值不得超过算术平均值的 3%。

第二法：指示剂法。

（1）原理。利用酸碱滴定原理，以酚酞作指示剂，用碱标准溶液滴定，根据碱的用量计算总酸含量。

（2）试剂和材料。同"电位滴定法"。

（3）分析步骤。吸取样品 2~5 毫升（液温 20℃；取样量可根据酒的颜色深浅而增减），置于 250 毫升三角瓶中，加入 50 毫升水，同时加入 2 滴酚酞指示液。摇匀后，立即用氢氧化钠标准滴定溶液滴定至终点，并保持 30 秒内不变色，记下消耗氢氧化钠标准滴定溶液的体积（V_1）。同时做空白试验。

（4）结果计算。同"电位滴定法"。

（5）精密度。在重复性条件下获得的两次独立测定结果的绝对差值不得超过算术平均值的5%。

2. 挥发性酸。

（1）原理。以蒸馏的方式蒸出样品中的低沸点酸类即挥发酸，用碱标准溶液进行滴定，再测定游离二氧化硫和结合二氧化硫，通过计算与修正，得出样品中挥发酸的含量。

（2）试剂与溶液。

①氢氧化钠标准滴定溶液 [c（NaOH）= 0.05 摩尔/升]：同"总酸"的测定。

②酚酞指示液（10 克/升）：同"总酸"的测定。

③盐酸溶液：将浓盐酸用水稀释 4 倍。

④碘标准滴定溶液 [c（$\frac{1}{2}I_2$）= 0.005 摩尔/升]：按 GB/T 601 配制与标定，并准确稀释。

⑤碘化钾。

⑥淀粉指示液（5 克/升）：称取 5 克淀粉溶于 500 毫升水中，加热至沸，并持续搅拌 10 分钟。再加入 200 克氯化钠，冷却后定容至 1000 毫升。

⑦硼酸钠饱和溶液：称取 5 克硼酸钠（$Na_2B_4O_7 \cdot 10H_2O$）溶于 100 毫升热水中，冷却备用。

（3）分析步骤。

①实测挥发酸：安装好蒸馏装置。吸取 10 毫升样品（V）（液温 20℃）在该装置上进行蒸馏，收集 100 毫升馏出液。将馏出液加热至沸，加入 2 滴酚酞指示液，用氢氧化钠标准滴定溶液滴定至粉红色，30 秒内不变色即为终点，记下消耗氢氧化钠标准滴定溶液的体积（V_1）。

②测定游离二氧化硫：于上述溶液中加入 1 滴盐酸溶液酸化，加 2 毫升淀粉指示液和几粒碘化钾，混匀后用碘标准滴定溶液滴定，得出碘标准滴定溶液消耗的体积（V_2）。

③测定结合二氧化硫：在上述溶液中加入硼酸钠饱和溶液，至溶液显粉红色，继续用碘标准滴定溶液滴定，至溶液呈蓝色，得到碘标准滴定溶液消耗的体积（V_3）。

（4）结果计算。样品中实测挥发酸的含量按下式计算：

$$X_1 = \frac{c \times V_1 \times 60.0}{V}$$

式中，X_1——样品中实测挥发酸的含量（以乙酸计）（克/升）；

c——氢氧化钠标准滴定溶液的浓度（摩尔/升）；

V_1——消耗氢氧化钠标准滴定溶液的体积（毫升）；

60.0——乙酸的摩尔质量的数值（克/摩尔）；

V——吸取样品的体积（毫升）。

若挥发酸含量接近或超过理化指标时，则需进行修正。修正时，按下式换算：

$$X = X_1 - \frac{c_2 \times V_2 \times 32 \times 1.875}{V} - \frac{c_2 \times V_3 \times 32 \times 0.9375}{V}$$

式中，X——样品中真实挥发酸（以乙酸计）含量（克/升）；

X_1——实测挥发酸含量（克/升）；

c_2——碘标准滴定溶液的浓度（摩尔/升）；

V——吸取样品的体积（毫升）；

V_2——测定游离二氧化硫消耗碘标准滴定溶液的体积（毫升）；

V_3——测定结合二氧化硫消耗碘标准滴定溶液的体积（毫升）；

32——氧化硫的摩尔质量的数值（克/摩尔）；

1.875——1 克游离二氧化硫相当于乙酸的质量（克）；

0.9375——1 克结合二氧化硫相当于乙酸的质量（克）。

所得结果应表示至一位小数。

（5）精密度。在重复性条件下获得的两次独立测定结果的绝对差值不得超过算术平均值的 5%。

（四）干浸出物

葡萄酒在 100℃温度下蒸发所得到的残留物叫浸出物，主要有甘油、不挥发酸、蛋白质、色素、酯类、矿物质等。浸出物含量多少直接影响酒的典型性和醇厚感，含量高则口味醇厚，反之酒淡薄。根据我国葡萄品种、土壤、气候及栽培条件，一般地讲，葡萄含糖较国外低，由此得到的甘油、琥珀酸等副产品较少，所以我国将葡萄酒中浸出物定为 15 克/升以上。

1. 原理。用密度瓶法测定样品或蒸出酒精后的样品的密度，然后用其密度值查 GB/T 15038—2006 附录 C，求得总浸出物的含量。再从中减去总糖的含量，即得干浸出物的含量。

2. 仪器。

（1）瓷蒸发皿（200 毫升）。

（2）恒温水浴（精度 ±0.1℃）。

（3）附温度计密度瓶（25 毫升或 50 毫升）。

3. 试样的制备。用 100 毫升容量瓶量取 100 毫升样品（液温 20℃），倒入 200 毫升瓷蒸发皿中，于水浴上蒸发至约为原体积的 1/3 时取下，冷却后，将残液小心地移入原容量瓶中，用水多次荡洗蒸发皿，洗液并入容量瓶中，于 20℃定容至刻度。

也可使用"酒精度"测定中制备的试样蒸出酒精后的残液，在 20℃时以水定容至 100 毫升。

4. 分析步骤。

方法一：吸取制备好的试样，按"酒精度"测定中的"分析步骤"同样操作，并按其计算方法计算出脱醇样品 20℃时的密度 ρ_1。以 $\rho_1 \times 1.00180$ 的值，查 GB/T 15038—2006 附录 C，得出总浸出物含量（克/升）。

方法二：直接吸取未经处理的样品，按"酒精度"测定中的"分析步骤"同样操作，并按其计算方法计算出该样品 20℃时的密度 ρ_B。按下式计算出脱醇样品 20℃时的密度 ρ_2，以 ρ_2 查 GB/T 15038—2006 附录 C，得出总浸出物含量（克/升）。

$$\rho_2 = 1.00810\ (\rho_B - \rho) + 1000$$

式中，ρ_2——脱醇样品 20℃时的密度（克/升）；

ρ_B——含醇样品 20℃时密度（克/升）；

ρ——与含醇样品含有同样酒精度的酒精水溶液在 20℃时的密度（该值可用密度瓶法测出的酒精密度带入，也可用酒精计法测出的酒精含量反查 GB/T 15038—2006 附录 A 得出的密度带入）（克/升）。

1.00180——20℃时密度瓶体积的修正系数。

所得结果表示至一位小数。

5. 精密度。在重复性条件下获得的两次独立测定结果的绝对差值不得超过算术平均值的 2%。

（五）游离二氧化硫和总二氧化硫

葡萄酒中的二氧化硫是生产过程中遗留下来的，在酒液中微量存在是难以避免的；但含量多就会影响酒的风味，也会对人体健康产生影响。我国葡萄酒标准规定：总二氧化硫不超过 250 毫克/升，游离二氧化硫不超过 50 毫克/升。

1. 游离二氧化硫。

第一法：氧化法。

（1）原理。在低温条件下，样品中的游离二氧化硫与过氧化氢过量反应生成硫酸，再用碱标准溶液滴定生成的硫酸，由此可得到样品中游离二氧化硫的含量。

（2）试剂和材料。

①过氧化氢溶液（0.3%）：吸取1毫升30%过氧化氢（开启后存于冰箱），用水稀释至100毫升。使用当天配制。

②磷酸溶液（25%）：量取295毫升85%磷酸，用水稀释至1000毫升。

③氢氧化钠标准滴定溶液 $[c(NaOH)=0.01$ 摩尔/升]：准确吸取100毫升氢氧化钠标准滴定溶液（同"总酸"测定中配制并标定），以无二氧化碳水定容至500毫升。存放在橡胶塞上装有钠石灰管的瓶中，每周重配。

④甲基红—次甲基蓝混合指示液：按GB/T 603配制。

（3）仪器。

①二氧化硫测定装置如图8-1所示。

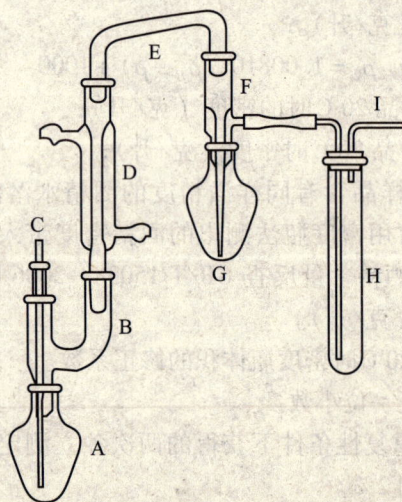

A——短颈球瓶；	F——真空蒸馏接受管；
B——三通连接管；	G——梨形瓶；
C——通气管；	H——气体洗涤器；
D——直管冷凝管；	I——直角弯管（接真空泵或抽气管）。
E——弯管；	

图8-1　二氧化硫测定装置

②真空泵或抽气管（玻璃射水泵）。

（4）分析步骤。

①按图 8 - 1 所示，将二氧化硫测定装置连接妥当，I 管与真空泵（或抽气管）相接，D 管通入冷却水。取下梨形瓶（G）和气体洗涤器（H），在 G 瓶中加入 20 毫升过氧化氢溶液、H 管中加入 5 毫升过氧化氢溶液，各加 3 滴混合指示液后，溶液立即变为紫色，滴入氢氧化钠标准溶液，使其颜色恰好变为橄榄绿色，然后重新安装妥当，将 A 瓶浸入冰浴中。

②吸取 20.00 毫升样品（液温 20℃），从 C 管上口加入 A 瓶中，随后吸取 10 毫升磷酸溶液，也从 C 管上口加入 A 瓶中。

③开启真空泵（或抽气管），使抽入空气流量 1000 ~ 1500 毫升/分钟，抽气 10 分钟。取下 G 瓶，用上述氢氧化钠标准滴定溶液滴定至重现橄榄绿色即为终点，记下消耗的氢氧化钠标准滴定溶液的毫升数。以水代替样品做空白试验，操作同上。一般情况下，H 管中溶液不应变色，如果溶液变为紫色，也需用氢氧化钠标准滴定溶液滴定至橄榄绿色，并将所消耗的氢氧化钠标准滴定溶液的体积与 G 瓶消耗的氢氧化钠标准滴定溶液的体积相加。

（5）结果计算。样品中游离二氧化硫的含量按下式计算：

$$X = \frac{c \times (V - V_0) \times 32}{20} \times 1000$$

式中，X——样品中游离二氧化硫的含量（毫克/升）；

c——氢氧化钠标准滴定溶液的浓度，（摩尔/升）；

V——测定样品时消耗的氢氧化钠标准滴定溶液的体积（毫升）；

V_0——空白试验消耗的氢氧化钠标准滴定溶液的体积（毫升）；

32——二氧化硫的摩尔质量的数值（克/摩尔）；

20——吸取样品的体积（毫升）。

所得结果表示至整数。

（6）精密度。在重复性条件下获得的两次独立测定结果的绝对差值不得超过算术平均值的 10%。

第二法：直接碘量法。

（1）原理。利用碘可以与二氧化硫发生氧化还原反应的性质，测定样品中二氧化硫的含量。

（2）试剂和材料。

①硫酸溶液（1 + 3）：取 1 体积浓硫酸缓缓注入 3 体积水中。

②碘标准滴定溶液 [$c\,(1/2\,I_2)=0.02$ 摩尔/升]：按 GB/L 603 配制与标定，准确稀释 5 倍。

③淀粉指示液（10 克/升）：按 GB/T 603 配制后，再加入 40 克氯化钠。

（3）分析步骤。吸取 50.00 毫升样品（液温 20℃）于 250 毫升碘量瓶中，加入少量碎冰块，再加入 1 毫升淀粉指示液、10 毫升硫酸溶液，用碘标准滴定溶液迅速滴定至淡蓝色，保持 30 秒不变即为终点，记下消耗碘标准滴定溶液的体积（V）。

以水代替样品，做空白试验，操作同上。

（4）结果计算。样品中游离二氧化硫的含量按下式计算：

$$X=\frac{c\times(V-V_0)\times32}{50}\times1000$$

式中，X——样品中游离二氧化硫的含量（毫克/升）；

　c——碘标准滴定溶液的浓度（摩尔/升）；

　V——测定样品时消耗碘标准滴定溶液的体积（毫升）；

　V_0——空白试验消耗碘标准滴定溶液的体积（毫升）；

　32——二氧化硫的摩尔质量的数值（克/摩尔）；

　50——吸取样品的体积（毫升）。

所得结果表示至整数。

（5）精密度。在重复性条件下获得的两次独立测定结果的绝对差值不得超过算术平均值的 10%。

2. 总二氧化硫。

第一法：氧化法

（1）原理。在加热条件下，样品中的结合二氧化硫被释放，并与过氧化氢发生氧化还原反应，通过用氢氧化钠标准溶液滴定生成的硫酸，可得到样品中结合二氧化硫的含量，将该值与游离二氧化硫测定值相加，即得出样品中总二氧化硫的含量。

（2）试剂和溶液。同氧化法测定"游离二氧化硫"。

（3）仪器。同氧化法测定"游离二氧化硫"。

（4）分析步骤。继测定游离二氧化硫后，将滴定至橄榄绿色的 G 瓶重新与 F 管连接。拆除 A 瓶下的冰浴，用温火小心加热 A 瓶，使瓶内溶液保持微沸。开启真空泵，以后操作同"游离二氧化硫"中"分析步骤（3）"。

（5）结果计算。同氧化法测定"游离二氧化硫"。

计算出来的二氧化硫为结合二氧化硫。将游离二氧化硫与结合二氧化硫相加，即为总二氧化硫。

（6）精密度。在重复性条件下获得的两次独立测定结果的绝对差值不得超过算术平均值的10%。

第二法：直接碘量法。

（1）原理。在碱性条件下，结合态二氧化硫被解离出来，然后再用碘标准滴定溶液滴定，得到样品中结合二氧化硫的含量。

（2）试剂和材料。

①氢氧化钠溶液（100克/升）；

②其他试剂与溶液同直接碘量法测定"游离二氧化硫"。

（3）分析步骤。吸取25.00毫升氢氧化钠溶液于250毫升碘量瓶中，再准确吸取25.00毫升样品（液温20℃），并以吸管尖插入氢氧化钠溶液的方式，加入到碘量瓶中，摇匀，盖塞，静置15分钟后，再加入少量碎冰块、1毫升淀粉指示液、10毫升硫酸溶液，摇匀，用碘标准滴定溶液迅速滴定至淡蓝色，30秒内不变即为终点，记下消耗碘标准滴定溶液的体积（V）。

以水代替样品做空白试验，操作同上。

（4）结果计算。样品中总二氧化硫的含量按下式计算：

$$X = \frac{c \times (V - V_0) \times 32}{25} \times 1000$$

式中，X——样品中总二氧化硫的含量（毫克/升）；

c——碘标准滴定溶液的浓度（摩尔/升）；

V——测定样品时消耗碘标准滴定溶液的体积（毫升）；

V_0——空白试验消耗碘标准滴定溶液的体积（毫升）；

32——二氧化硫的摩尔质量的数值（克/摩尔）；

25——吸取样品的体积（毫升）。

所得结果表示至整数。

（5）精密度。在重复性条件下获得的两次独立测定结果的绝对差值不得超过算术平均值的10%。

（六）铁

葡萄酒中总是含有铁，而铁又是造成葡萄酒变质的重要因素，因此葡萄酒中铁的含量高低及其测定就显得格外重要。来源于葡萄果实本身的铁量很小，大约2～5毫克/升，绝大部分是来源于葡萄上的尘土和酿造及保藏中的设备和容器。

1. 原理。将处理后的试样导入原子吸收分光光度计中，在乙炔－空气火焰中，试样中的铁被原子化，基态原子铁吸收特征波长（248.3 纳米）的光，吸收量的大小与试样中铁原子浓度成正比，测其吸光度，求得铁含量。

2. 试剂和材料。本方法中所用水应符合 GB/T 6682—1992 中二级水规格，所用试剂为优级纯（GR）。

（1）硝酸溶液（0.5%）：量取 8 毫升硝酸，稀释至 1000 毫升。

（2）铁标准贮备液（1 毫升溶液含有 0.1 毫克铁）：按 GB/T 602 配制。

（3）铁标准使用液（1 毫升溶液含有 10 微克铁）：吸取 10.00 毫升铁标准贮备液于 100 毫升容量瓶中，用硝酸溶液稀释至刻度，此溶液每毫升含 10 微克铁。

（4）铁标准系列：吸取铁标准使用液 0.00 毫升、1.00 毫升、2.00 毫升、4.00 毫升、5.00 毫升（含 0.0 微克、10.0 微克、20.0 微克、40.0 微克、50.0 微克铁）分别于 5 个 100 毫升容量瓶中，用硝酸溶液稀释至刻度，混匀。该系列用于标准工作曲线的绘制。

3. 仪器。原子吸收分光光度计，备有铁空心阴极灯。

4. 试样的制备。用硝酸溶液准确稀释样品至 5～10 倍，摇匀，备用。

5. 分析步骤。

（1）标准工作曲线的绘制：置仪器于合适的工作状态，调波长至 248.3 纳米，导入标准系列溶液，以零管调零，分别测定其吸光度。以铁的含量对应吸光度绘制标准工作曲线（或者建立回归方程）。

（2）试样的测定：将试样导入仪器，测其吸光度，然后根据吸光度在标准曲线上查得铁的含量（或带入回归方程计算）。

6. 结果计算。样品中铁的含量按下式计算：

$$X = A \times F$$

式中，X——样品中铁的含量（毫克/升）；

A——试样中铁的含量（毫克/升）；

F——样品稀释倍数。

所得结果表示至一位小数。

7. 精密度。在重复性条件下获得的两次独立测定结果的绝对差值不得超过算术平均值的 10%。

（七）铜

葡萄酒中的铜主要来源于酿造器及葡萄果实表面的杀菌剂（如波而

多液），在发酵过程中，大部分铜被还原成硫化铜而沉淀，所以新葡萄酒中铜含量约为 0.2～0.3 毫克/升。在含有游离二氧化硫的白葡萄酒中，尤其在装瓶时，常常发生混浊现象，并渐渐形成一种棕红色的沉淀（铜破败），主要是含有一定数量的铜所致。

1. 原理。将处理后的试样导入原子吸收分光光度计中，在乙炔－空气火焰中样品中的铜被原子化，基态原子吸收特征波长（324.7 纳米）的光，其吸收量的大小与试样中铜的含量成正比，测其吸光度，求得铜含量。

2. 试剂和材料。

（1）硝酸溶液（0.5%）。

（2）铜标准贮备液（1 毫升溶液含有 0.1 毫克铜）：按 GB/T 602 制备。

（3）铜标准使用液（1 毫升溶液含有 10 微克铜）：吸取 10.00 毫升铜标准贮备液于 100 毫升容量瓶中，用硝酸溶液稀释至刻度，此溶液每毫升含 10 微克铜。

（4）铜标准系列：吸取铜标准使用液 0.00 毫升、0.50 毫升、1.00 毫升、2.00 毫升、4.00 毫升、6.00 毫升（含 0.0 微克、5.0 微克、10.0 微克、20.0 微克、40 微克、60.0 微克铜）分别置于 6 个 50 毫升容量瓶中，用硝酸溶液稀释至刻度，摇匀。该系列用于标准工作曲线的绘制。

3. 仪器。原子吸收分光光度计，备有铜空心阴极灯。

4. 试样的制备。用硝酸溶液准确将样品稀释至 5～10 倍，摇匀，备用。

5. 分析步骤。

（1）标准工作曲线的绘制：置仪器于合适的工作状态下，调波长至 324.7 纳米，导入标准系列溶液，以零管调零，分别测其吸光度，以铜的含量对应吸光度绘制标准工作曲线（或建立回归方程）。

（2）试样的测定：将制备的试样导入仪器，测其吸光度，然后根据吸光度在标准工作曲线上查得铜的含量（或者用回归方程计算）。

（6）结果计算。样品中铜的含量按下式计算：

$$X = A \times F$$

式中，X——样品中铜的含量（毫克/升）；

A——试样中铜的含量（毫克/升）；

F——样品稀释倍数。

所得结果表示至一位小数。

7. 精密度。在重复性条件下获得的两次独立测定结果的绝对差值不得超过算术平均值的 10%。

（八）甲醇

葡萄酒中甲醇的测定同"白酒"中"甲醇"的测定。

（九）抗坏血酸（维生素C）

葡萄酒中维生素C来自葡萄果实。从营养学的角度看，维生素C能增加肌体的免疫力和促进伤口愈合，防治头发脱落，促进食欲，增加肠的吸收能力，帮助消化等。

1. 原理。还原型抗坏血酸能还原2，6－二氯靛酚染料，该染料在酸性溶液中呈红色，被还原后红色消失。还原型抗坏血酸还原染料后，本身被氧化为脱氢抗坏血酸。在没有杂质干扰时，一定量的样品提取液还原标准染料的量与样品中所含抗坏血酸的量成正比。

2. 试剂和材料。

（1）草酸溶液（10克/升）：称取20克结晶草酸于700毫升水中，溶解后用水稀释至1000毫升。取该溶液500毫升，再用水稀释至1000毫升。

（2）碘酸钾标准溶液（0.1摩尔/升）：按GB/T 601配制与标定。

（3）碘酸钾标准滴定溶液（0.001摩尔/升）：吸取1毫升碘酸钾标准溶液，用水稀释至100毫升。此溶液1毫升相当于0.088微克抗坏血酸。

（4）碘化钾溶液（60克/升）。

（5）过氧化氢溶液（3%）：吸取5毫升30%过氧化氢溶液，用水稀释至50毫升（现用现配）。

（6）抗坏血酸标准贮备液（2克/升）：准确称取0.2克（精确至0.0001克）预先在五氧化二磷干燥器中干燥5小时的抗坏血酸，溶于草酸溶液中，定容至100毫升（置冰箱中保存）。

（7）抗坏血酸标准使用液（0.020克/升）：吸取10毫升抗坏血酸标准贮备液，用草酸溶液定容至100毫升。

标定：吸取抗坏血酸标准使用液5毫升于三角烧瓶中，加入0.5毫升碘化钾溶液3滴淀粉指示液，用碘酸钾标准滴定溶液滴定至淡蓝色，30秒内不变色为其终点。

抗坏血酸标准使用液的浓度按下式计算：

$$c_1 = \frac{V_1 \times 0.088}{V_2}$$

式中，c_1——抗坏血酸标准使用液的浓度（克/升）；

V_1——滴定时消耗的碘酸钾标准滴定溶液的体积（毫升）；

V_2——吸取抗坏血酸标准使用液的体积（毫升）；

0.088——1 毫升碘酸钾标准溶液相当于抗坏血酸的量（克/升）。

（8）2，6 - 二氯靛酚标准滴定溶液：称取碳酸氢钠 52 毫克溶解在 200 毫升热蒸馏水中，然后称取 2，6 - 二氯靛酚 50 毫克溶解在上述碳酸氢钠溶液中，冷却定容至 250 毫升，过滤至棕色瓶内，保存在冰箱中。此液应贮于棕色瓶中并冷藏，每星期至少标定 1 次。

标定：吸取 5 毫升抗坏血酸标准使用溶液，加入 10 毫升草酸溶液，摇匀，用 2，6 - 二氯靛酚标准滴定溶液滴定至溶液呈粉红色，30 秒不褪色为其终点。

每毫升 2，6 - 二氯靛酚标准滴定溶液相当于抗坏血酸的毫克数按下式计算：

$$c_2 = \frac{c_1 \times V_1}{V_2}$$

式中，c_2——每毫升 2，6 - 二氯靛酚标准滴定溶液相当于抗坏血酸的毫克
　　　　　数（滴定度，克/升）；

　　　c_1——抗坏血酸标准使用液的浓度（克/升）；

　　　V_1——滴定用抗坏血酸标准使用溶液的体积（毫升）；

　　　V_2——标定时消耗的 2，6 - 二氯靛酚标准溶液体积（毫升）。

（9）淀粉指示液（10 克/升）：按 GB/T 603 配制。

3. 分析步骤。准确吸取 5.00 毫升样品（液温 20℃）于 100 毫升三角瓶中，加入 15 毫升草酸溶液、3 滴过氧化氢溶液摇匀，立即用 2，6 - 二氯靛酚标准滴定溶液滴定，至溶液恰成粉红色，30 秒不褪色即为终点。

注：样品颜色过深影响终点观察时，可用白陶土脱色后再进行测定。

4. 结果计算。样品中抗坏血酸的含量按下式计算：

$$X = \frac{V \times c_2}{V_1}$$

式中，X——样品中抗坏血酸的含量（克/升）；

　　　c_2——每毫升 2，6 - 二氯靛酚标准滴定溶液相当于抗坏血酸的毫克
　　　　　数（滴定度）（克/升）；

　　　V——滴定时消耗的 2，6 - 二氯靛酚标准滴定溶液的体积（毫升）；

　　　V_1——吸取样品的体积（毫升）。

所得结果表示至整数。

5. 精密度。在重复性条件下获得的两次独立测定结果的绝对差值不得超过算术平均值的 10%。

第九章

茶叶的检验

┅┅┅┅┅┅┅ **本章学习提要与目标** ┅┅┅┅┅┅┅

　　了解茶叶的取样方法，掌握茶叶感官审评的指标和方法，学会在茶叶的进出口及毛茶的收购中用感官审评法来鉴定商品的质量。

第一节　取　样

一、取样工具和器具

　　取样时应使用的工具和器具主要有：开箱器、取样铲或取样勺、有盖的专用茶箱、塑料布、分样器、茶样罐、包装袋。

二、取样方法和程序

　　凡成品茶叶按以下方法进行取样。

（一）大包装茶、小包装茶和紧压茶的取样

　　1. 大包装茶取样。

　　（1）大包装茶取样件数。大包装茶取样件数规定为：1～5件，取样1件；6～50件，取样2件；51～500件，每增加50件（不足50件者按

50 件计）增取 1 件；501~1000 件，每增加 100 件（不足 100 件者按 100 件计）增取 1 件；1000 件以上，每增加 500 件（不足 500 件者按 500 件计）增取 1 件。

为保证所取的样品具有代表性，在取样时如发现茶叶品质、包装或堆存有异常情况时，应酌情增加或扩大取样数量，必要时停止取样。

（2）大包装茶取样步骤。包装时取样，也就是在产品包装过程中进行取样。在茶叶定量包装时，按上述规定的取样件数每装若干件后进行取样，用取样铲取出样品约 250 克。所取的原始样品盛于有盖的专用茶箱中，然后混匀，用分样器或四分法逐步缩分至 500~1000 克，作为平均样品，分装于两个茶叶罐中，供检验用。检验用的试验样品应有所需的备份，以供复验或备查之用。

包装后取样，也就是在产品成件、打包、刷唛后取样。在整批茶叶包装完成后的堆垛中，从不同堆放位置，随机抽取规定的件数。逐件开启包装，分别将茶叶全部倒在塑料布上，用取样铲各取出有代表性的样品约 250 克，置于有盖的专用茶箱中，混匀，用分样器或四分法逐步缩分至 500~1000 克，作为平均样品，分装于两个茶叶罐中，供检验用。检验用的试验样品应有所需的备份，以供复验或备查之用。

2. 小包装茶取样。

（1）小包装茶取样件数。小包装茶取样件数规定同"大包装茶取样件数"。

当取样总质量未达到平均样品的最小质量时，应增加抽样件数，以达到取样所要求总质量的最小值，满足检验所需的取样质量值。

为保证所取的样品具有代表性，在取样时如发现茶叶品质、包装或堆存有异常情况时，应酌情增加或扩大取样数量，必要时停止取样。

（2）小包装茶取样步骤。同"大包装茶取样步骤"。

3. 紧压茶取样。

（1）紧压茶取样件数。同"大包装茶取样件数"。

（2）紧压茶取样步骤。沱茶取样：随机取样规定的件数，每件取 1 个（约 100 克），在取得的总个数中，随机抽取 6~10 个作为平均样品，分装于两个茶样罐或包装袋中，供检验用。检验用的试验样品应有所需的备份，以供复验或备查之用。

砖茶、饼茶、方茶取样：随机取样规定的件数，逐件开启，从各件内不同位置处，取出 1~2 块。在取得的总块数中，单块质量在 500 克以上的留取 2 块，500 克及 500 克以下的留取 4 块。分装于两个包装袋中，供检验用。检验用的试验样品应有所需的备份，以供复验或备查之用。

捆包的散茶取样：随机抽取规定的件数，从各件的上、中、下部取样，再用分样器或四分法逐步缩分至 500~1000 克，作为平均样品，分装于两个茶叶罐或包装袋中，供检验用。检验用的试验样品应有所需的备份，以供复验或备查之用。

（二）固态速溶茶取样

1. 固态速溶茶取样件数。固态速溶茶的取样件数规定为：2~10 件，取样 2 件；11~25 件，取样 3 件；26~100 件，取样 5 件；101~300 件，取样 7 件；301 件以上，每增加 100 件（不足 100 件者按 100 件计）增取 1 件；1000 件以上，每增加 500 件（不足 500 件者按 500 件计）增取 1 件。

为保证所取的样品具有代表性，在取样时如发现茶叶品质、包装或堆存有异常情况时，应酌情增加或扩大取样数量，必要时停止取样。

2. 固态速溶茶取样步骤。固态速溶茶取样时：包装件（箱）的取样，采用顺序取样的方法。具体步骤为：设一批包装件（箱）数量为 N，欲取样件数为 n，$N/n = r$（如果 N/n 不是整数，便取 r 的整数部分）；取样时可从任一包装件（箱）开始每隔（$r-1$）件取 1 件，直至全部取出为止。

第二节　茶叶的审评与检验

长期以来，茶叶品质的优劣是靠人们的感觉器官来进行审评。审评分干茶审评和开汤审评，审评内容包括看外形、嗅香气、观汤色、尝滋味、评叶底。随着茶叶生化科学的发展，还可以通过理化分析来评定茶叶的质量。目前，国内外的评茶方法仍然是以感官审评为主，理化检验为辅。

一、感官审评

（一）干茶审评

检取有代表性的样茶 200~250 克，倒入审评盘中，双手拿住审评盘的对角边沿，左手要拿住样盘的倒茶小缺口，运用手势作前后左右的回旋转动，使样盘里的茶叶均匀地按轻重、大小、长短、粗细等不同有次序地分布。较粗松轻飘的浮在上层，称为"面张茶"；细紧重实的集中在中层，称为"中段茶"；较细小的沉积在盘底，称为"下盘茶"。

审评外形时，先看上层面张茶，然后拨开面张茶看中段茶，最后看下盘茶。一般以中段茶多为好。

最后将样茶盘筛转几次，使样茶充分混匀，用手取一小撮混匀的茶叶，撒在另一个空白的样茶盘中，进一步检查条索松紧、粗细等情况，按外形各项品质因子与标准样茶进行比较分析。

绿茶的干茶审评重点从条索、紧卷度、轻重度、匀齐度以及色泽等方面进行鉴别。条形绿茶要求条索紧结匀整，重实有锋苗，色泽绿润起霜。如条索松扁、弯曲、轻飘、色黄则表明品质差，尤其忌下盘茶含量多。

工夫红茶外形条索评松紧度、重实度；嫩度评白毫和锋苗；色泽评乌润度及芽毫色；净度评梗、片、末、筋、朴、籽含量。红碎茶叶茶看条索的松紧、长短、秀钝、粗细、锋苗，讲究条形长、圆、直。碎茶看颗粒紧卷、轻重，匀齐度比颗粒大小、匀称、所含片末多少。

青茶外形条索看松紧、轻重、壮瘦、挺直、卷曲和整碎。高级茶条索卷紧或卷曲，紧结重实，低级茶粗松轻飘。青茶干茶色泽大体有沙绿油润（鳝鱼色）、青绿、乌油润、乌褐色、褐色、赤色、铁色、橘红色。品质好的青茶干茶色泽呈沙绿油润或乌绿油润，品质差的青茶呈死红色，颜色粗赤。

花茶外形基本上是原茶坯的外形，条索较原茶坯稍松，带黄。

蒸压茶中六堡、湘尖外形审评条索松紧、老嫩、色泽、整碎。青砖、米砖、紧茶、圆茶、沱茶等外形审评匀整度、松紧度和洒面三项因子。匀整度看形状端正，棱角整齐，压模纹理清晰；松紧度看厚薄，大小一致；洒面看是否包心外露，起层落面。黑砖、花砖、金尖外形评匀整、松紧、梗叶老嫩，色泽看油黑程度；净度看筋梗、黄片、茶末、茶籽含量以及有无夹杂物。茯砖加评"发花"，以发花茂盛、普遍、颗粒大为好。

（二）开汤审评

开汤俗称泡茶。称取3克样茶投入审评杯中，以沸滚适度的开水冲泡满杯，立刻盖好杯盖。5分钟后将杯内茶汤滤入审评碗内。倒茶汤时，杯应卧搁在碗口上，杯中残余茶汁应完全滤尽。开汤后应先嗅香气，快看汤色，再尝滋味（审评绿茶有时先看汤色）。

1. 嗅香气

嗅香气应一手拿住已倒去茶汤的审评杯，另一手半揭开杯盖，靠近杯沿用鼻轻嗅或深嗅。为了正确判别香气的高低和类型，嗅时应重复一、二次。但每次嗅的时间不宜过长，过长容易失去嗅觉的灵敏感。每次嗅评时都要将杯内叶底抖动一下。

嗅香气应以热嗅、温嗅、冷嗅相结合进行。热嗅重点是辨别香气正常与否、香气类型和香气高低，但因茶汤刚倒出来，杯中蒸汽分子运动很强烈，嗅觉神经受到烫的刺激，敏感性受到一定的影响，因此，辨别香气的优劣，还是以温嗅为宜，准确性较大。冷嗅主要是了解茶叶香气的持久程度，或者在评比当中有两种茶的香气在温嗅时不相上下，可以根据冷嗅的余香程度来加以区别。

茶的香气主要是芳香油的浓度和组成在起作用，茶叶中的香气成分，既有鲜叶原来存在的化合物，更有大量的工艺产物。

绿茶香气以清香持久为上，龙井茶常常有鲜橄榄香；碧螺春以毫香明显见优；黄山毛峰茶香气馥郁，有兰花香；屯绿眉茶以清香高长而闻名；而温绿眉茶则以嫩香著称。

红茶主要判别香气的类型、高低和持久性。高级红茶香气高长，冷却后仍有余香；中级红茶香气高而短，持久性较差；低级红茶香气低而短或带有粗老青气。有的工夫红茶以地域性特殊香气而闻名，如祁红有蜜糖香，高出祁红有花香，在国际市场上享有"祁门香"的声誉，川红有橘糖香等。

青茶香气馥郁隽永，开汤评香气时，第一泡茶嗅香气高低，有无异气；第二泡嗅香气类型，有无花香，音韵、岩韵、鲜爽程度；第三泡嗅其持久程度。

花茶香气主要评鲜灵度（花香的新鲜性）、浓度（持久性）和纯度（花型的纯正程度）。

2. 观汤色。审评汤色要及时，因茶汤中的呈色成分和空气接触后很容易发生变化，所以有的绿茶把评汤色放在嗅香气之前。汤色易受光线强弱、茶碗规格、容量多少、沉淀物多少、冲泡时间长短等各种外因因素的影响，在审评时应加以足够的注意。

绿茶的汤色形成主要是茶多酚中黄酮类产生的黄绿色色泽，高级绿茶汤色黄绿清澈明亮，低级茶汤色深黄暗浊。

红茶的汤色主要是茶多酚氧化聚合产物——茶红素、茶黄素和茶褐素所构成的。高级红茶汤色红艳明亮，碗边带有金黄圈，冷却后出现"冷后浑"现象，低级茶汤色暗浑。

青茶汤色以茶油色、澄黄清澈为好，清黄次之，带浊为差。

蒸压茶中花砖、紧茶汤色呈橘黄色，沱茶呈橙红色，方包为深红色。

3. 尝滋味。尝滋味应在评汤色后立即进行。茶汤的温度要适宜，一般以50℃左右为好，如茶汤太烫尝味时；味觉受强烈刺激而麻木，影响正常的品味；如茶汤温度低了，尝味受两方面因子的影响，一是味觉对温度较低的饮料灵敏度差，二是茶汤中的有效物质随温度的下降其溶解度降低，茶汤滋味由协调变为不协调。

尝茶味的方法是用汤匙从碗中取一匙呷入口内，茶汤入口要用舌头循环打转，因为舌头各部分的味觉敏感度不同。如舌尖最易为甜味所兴奋；舌的两侧最易为咸味和酸味所兴奋；而舌根和舌心则易被苦味所兴奋。尝味后的茶汤一般不宜咽下。

形成绿茶滋味的化学成分主要有涩味的茶多酚、鲜爽味的氨基酸、甜味的可溶性糖和苦味的咖啡碱，茶汤中的可溶性果胶物质具有粘稠性，使茶汤具有醇厚的味道。绿茶滋味以浓醇鲜爽，回味略甘为上品；浓而不爽为中品；淡薄、粗涩、老青味和其他异杂味者为下品。

形成红茶滋味的化学成分主要是茶多酚的氧化产物茶黄素和茶红素。茶黄素使茶汤具有强烈的刺激性和鲜爽味道，茶红素使茶汤具有甜醇的味道，茶黄素和茶红素的含量和比例直接影响红茶的滋味。另外，茶汤中的氨基酸、咖啡碱、可溶性糖和果胶物质等也是构成红茶滋味的因素。品质好的红茶滋味浓厚、强烈、鲜爽、回甜，红碎茶特别要求刺激性强。如果味道青涩、淡薄、后苦则说明质量差。

青茶滋味有浓淡、醇苦、爽涩之分，其中以浓厚、甘醇、鲜爽为好，有苦涩味的为差。广东青茶要求醇厚、爽口、灵活。

花茶的滋味因品种不同各异。茉莉花茶以清鲜甘美、醇厚净爽为好，醇而不鲜的居中，纯和的为一般，淡薄的最差。

蒸压茶的滋味浓厚微涩，但不应带有异杂味。

4. 评叶底。评叶底是将杯中冲泡好的茶叶倒入叶底盘或放入审评杯盖的反面，先将叶张拌匀，铺开，撤平，然后观察嫩度，芽头含量，色泽，光糙和均匀度等。用手指按撤叶底，判断其软硬、平突、壮瘦等。

绿茶叶底以明亮、细嫩、厚软为优，如叶底青暗、粗老、薄硬者质次。

红茶叶底以柔软厚实，芽叶齐整匀净，色泽红亮鲜活为优，忌花青乌条。

青茶叶底以肥厚软亮细嫩，边缘微红，中间色绿，有"绿叶红镶边"的为好。暗、硬、杂的为次。

花茶叶底色泽以黄绿明亮为好，黄绿带暗为次，青暗色最差。

二、理化检验

（一）磨碎试样的制备

1. 仪器和用具。

（1）磨碎机：使磨碎细度完全通过孔径 1 毫米的筛。

（2）样品容器：可采用 125 毫升棕色广口瓶。

（3）分样盘：正方形，310 毫米×310 毫米×40 毫米，白色，盘的一角开缺口，为无气味的木板制成。

（4）毛刷：软质材料制成，宽约 2～3 厘米。

2. 操作方法。

（1）分样。

①除紧压茶外，先将样茶倒入分样盘，充分混匀后，用四分法或直线复堆法逐步缩分至 50 克。

②紧压茶样，应在每块砖、块、瓶、面上分布不少于 5 个样点，用台钻或电钻在样点上钻洞采样，然后混匀，缩分方法同上。

（2）磨样。先用毛刷清扫磨碎机，然后，用磨碎机先取少量样磨碎后，将其弃去，再磨碎其余部分。磨碎的试样贮于清洁、干燥的棕色广口瓶或样品袋内，盖紧。

（3）贴标签。每个样品瓶、袋外必须标明样号、收样日期。

（二）水分

水分含量是成品茶的常规检验项目，水分含量多少同茶叶的品质和贮藏特性有关。

有关干燥食品的研究表明，绝对干燥的食品，其各种成分暴露于空气中，容易受到氧化。而当水分子以氢键和食品成分结合，呈单分子层状态存在时，就好像物质表面蒙上了一层薄膜，起着隔离氧气的作用，物质的氧化就困难得多。因此，这种含有单分子层水分的食品不易氧化变质，是较为稳定的。茶叶的单分子层水分含量约为 3%，也就是说 3% 的水分含量是保存茶叶的最适宜含水量。随着茶叶含水量增高，水分就成了化学反应的溶剂，水分越多，物质的扩散和相互作用越显著，茶叶的变质也就越迅速。一般认为，成品茶的含水量控制在 6% 以下，在合理的贮藏条件下不会发生霉变现象。

1. 原理。试样于（103±2）℃的干燥箱中加热后称量，达到恒量。

2. 仪器和用具。

（1）铝质烘皿（具盖，扁圆形，直径78毫米，高25毫米，每副盖底编号）。

（2）鼓风电热恒温干燥箱［能控制在（103±2）℃，上层搁板距温度计水银球约50毫米］。

（3）干燥器（内盛有硅胶干燥剂）。

（4）分析天平（感量0.001克）。

（5）其他：角匙、称量纸。

3. 操作方法。

（1）铝质烘皿的准备。将洗净、晾干的烘皿置于103±2℃干燥箱的上层搁板上，皿盖斜置皿边，待干燥箱温度回升至103℃时起算，加热1小时，加盖取出，于干燥器内冷却至室温，及时称量（精确至0.001克），置于干燥器中待用。

（2）测定步骤。将磨碎样充分混匀后，称取约5克（精确至0.001克），移入已知重的烘皿中，置于103±2℃干燥箱的上层搁板上，皿盖斜置皿边，待干燥箱温度回升至103℃时起算，加热4小时，加盖取出烘皿，于干燥器内冷却至室温及时称量，再置于103±2℃干燥箱中，加热1小时，加盖取出，于干燥器内冷却至室温，及时称量。重复上述操作，直至连续两次称量之差不超过0.005克，即为恒量，以最小称量为准。

4. 结果计算。

（1）茶叶中水分的含量按下式计算：

$$\omega_1 = \frac{m_1 - m_2}{m_0} \times 100$$

式中，m_1——试样和烘皿烘前的质量（克）；

m_2——试样和烘皿烘后的质量（克）；

m_0——试样的质量（克）；

ω_1——水分的含量（%）。

（2）同一样品进行2次检测，检测值之差，每100克试样不得超过0.2克，如果符合要求，则取两次检测值的算术平均值作为结果。

报告取小数点后1位。

5. 注意事项。

（1）检测室接到样品后，应尽快检测。

（2）干燥箱内不要同时放入过多的试样，各铝皿间应保持适当的距离，保证箱内冷热空气的交流。

（3）盛试样的烘皿不应与箱壁接触，以免局部过热。

（4）同一干燥箱内，不能放入水分差异很大的试样，亦不应在中途放进新的试样，防止互相影响。

（5）检测水分时，不允许同时干燥其他东西。

（三）总灰分

茶叶通过灼烧后所得的残留物称之为总灰分，其组成主要为钾、磷、镁、铁、钙、硅、锰等的氧化物。这些氧化物大都是在灼烧过程中形成的，而不是茶叶内原来存在的形式。

成品茶的总灰分通常在 4.5% ~ 6.5%，其中水溶性灰分含量同成品茶品质成正相关，茶叶越嫩，水溶性灰分含量越高。在总灰分含量不超过一定限度内，水溶性灰分占总灰分的相对比例越高，成品茶品质就越好。

水溶性灰分的检验是用热水提取总灰分，用无灰滤纸过滤，灼烧残留物并称重，测得水不溶灰分的含量，通过计算得出水溶性灰分的含量。

1. 总灰分的测定。

（1）原理。试样经 $525 \pm 25℃$ 加热灼烧，分解有机物至恒重。

（2）仪器和用具。

①坩埚（瓷质、高型，容量 30 毫升）；

②电热板；

③调温电炉；

④高温电炉（$525 \pm 25℃$）；

⑤干燥器（内盛有效干燥剂）；

⑥坩埚钳；

⑦分析天平（感量 0.001 克）。

（3）测定步骤

①坩埚的准备。将洁净的坩埚置于 $525 \pm 25℃$ 高温炉内，灼烧 1 小时，待炉温降至 300℃ 左右时，取出坩埚，于干燥器内冷却至室温，称量（准确至 0.001 克）。

②测定。称取混匀的磨碎试样 2 克（准确至 0.001 克）于坩埚内，在电热板上徐徐加热，使试样充分炭化至无烟。将坩埚移入 $525 \pm 25℃$ 高温炉内，灼烧至无炭粒（不少于 2 小时）。待炉温降至 300℃ 左右时，取出坩埚，置于干燥器内冷却至室温，称量。再移入高温炉内以上述温度灼

烧 1 小时，取出，冷却，称量。再移入高温炉内，灼烧 30 分钟，取出，冷却，称量。重复操作，直至连续两次称量差不超过 0.001 克为止。以最小称量为准。

（4）结果计算。茶叶总灰分以干态含量表示，按下式计算：

$$总灰分 = \frac{M_1 - M_2}{M_0 \times m} \times 100$$

式中，M_1——试样和坩埚灼烧后的质量（克）；

M_2——坩埚的质量（克）；

M_0——试样质量（克）；

m——试样干物质含量（%）。

同一样品的两次测定值之差，每 100 克试样不得超过 0.2 克。取两次测定的算术平均值作为结果，测定结果保留小数点后一位。

2. 水溶性灰分测定。在上述方法测得的总灰分坩埚内，加入 25 毫升蒸馏水，把坩埚中灰分分次洗入 100 毫升烧杯中（水量约 70~75 毫升），烧杯上盖上表面皿，在调温电炉上徐徐加热至微沸，趁热用无灰滤纸过滤，并用热水洗涤烧杯和滤纸上的残物，直至洗涤液至 150 毫升，然后将滤纸连同残物移入已知重量的坩埚中，蒸去水分，再移入高温电炉内，以 $525 \pm 25℃$ 高温灼烧 1 小时，取出冷却并称重，再次移入高温电炉内，灼烧 30 分钟，冷却至 300℃ 左右时，取出坩埚，置于干燥器内冷却至室温，称量，重复上述操作，直至连续两次称量之差不超过 0.001 克为止，即为恒重（G_1，水不溶性灰分质量），以最小称量为准。按下式计算水溶性灰分的含量：

$$水溶性灰分 = \frac{G - G_1}{M_0} \times 100$$

式中，G——总灰分质量（克）；

G_1——水不溶性灰分质量（克）；

M_0——试样质量（克）。

同一样品进行两次检测，检测值之差，每 100 克试样不得超过 0.2 克。如果符合要求，则取两次检测值的算术平均值作为结果，报告结果取到小数点后 1 位。

（四）水浸出物

茶叶中能溶于沸水的各种物质称为水浸出物，一般含量在 30%~45% 之间。水浸出物的多少，关系到茶汤的浓度，它与鲜叶的老嫩、茶树品种，栽培条件以及制茶技术等有密切关系，茶叶品质越好，水浸出物含量越高。

1. 原理。用沸水萃取茶叶中的可溶性物质，过滤、冲洗、干燥、称重浸提后的茶渣，计算水浸出物。

2. 仪器和用具。

（1）鼓风电热恒温干燥箱（温度能控制在 $103 \pm 2℃$）。

（2）恒温水浴。

（3）铝盒（每副底盖编号）。

（4）干燥器（内盛有效变色硅胶）。

（5）分析天平（感量 0.0001 克）。

（6）容量瓶（容量 500 毫升）。

（7）锥形瓶（容量 500 毫升）。

（8）吸滤装置：与抽气相连的 500 毫升吸滤瓶上置直径 90 毫米的瓷质平底细孔漏斗。

（9）量筒（容量 500 毫升）。

（10）其他：角匙、玻棒、电炉、滤纸、滴管、洗瓶。

3. 测定步骤。

（1）铝盒准备。将洁净的铝盒连同直径 15 厘米的滤纸置于 $120 \pm 2℃$ 的干燥箱中，加热 1 小时，于干燥器内冷却至室温，及时称量（精确至 0.001 克）。

（2）测定步骤。称取 3 克（精确至 0.001 克）磨碎样于 500 毫升锥形瓶中，加沸蒸馏水 300 毫升，立即移入沸水浴中，浸提 45 分钟每隔（10 分钟摇动一次）。浸提完毕后即趁热减压过滤，用 150 毫升沸蒸馏水洗涤茶渣数次，滤纸与茶渣残渣一并移入铝盒中，然后移入 $120 \pm 2℃$ 的干燥箱中，烘 1 小时。加盖取出冷却 1 小时，再烘 1 小时，立即移入干燥器中。冷却至室温，称量。

4. 结果计算。

（1）茶叶水浸出物干态含量用下式计算：

$$\omega_2 = (1 - \frac{m_1}{m_0 \times \omega_1}) \times 100$$

式中，m_0——试样质量（克）；

m_1——干燥后的茶渣质量（克）；

ω_1——试样干物质含量（%）；

ω_2——茶叶水浸出物含量（%）。

（2）同一样品进行两次检测，检测值之差，每 100 克试样不得超过 0.5 克，如果符合要求，则取两次检测值的算术平均值作为结果，报告结果取小数点后 1 位。

（五）茶多酚

茶多酚是一类多酚类物质的总称，它是茶叶中最重要的化学成分，其中绝大部分是儿茶素。茶黄素和茶红素是儿茶素在发酵过程中形成的氧化产物。茶多酚在茶叶中的数量、质量以及在制茶过程中的各种转化，都对成品茶品质起着极重要的作用。

茶多酚总量约占茶叶干重的 20% ~ 35%，它易溶于水，极易被氧化，能和蛋白质、生物碱等结合生成沉淀。

1. 原理。多酚类物质能与亚铁离子生成紫蓝色络合物，用分光光度计测定其含量。虽然各种儿茶素的呈色度不同，但茶多酚中的儿茶素组成范围大致相同，在此范围内，对吸光度的影响不大，故用一条标准曲线即可。此标准曲线与（一）表没食子儿茶素没食子酸酯的标准曲线一致，但因（一）表没食子儿茶素没食子酸酯不易得到，故用没食子酸乙酯。因 10 毫克没食子酸乙酯的吸光度与 15 毫克（一）表没食子儿茶素没食子酸酯的吸光度相等，故规定以从没食子酸乙酯的标准曲线得到的量乘以 1.5 作为茶多酚的换算系数。

2. 试剂与溶液。

（1）酒石酸亚铁溶液：称取 1 克（准确至 0.0001 克）硫酸亚铁（$FeSO_4 \cdot 7H_2O$）和 5 克（准确至 0.0001 克）酒石酸钾钠（$KNaC_4O_6 \cdot 4H_2O$），用水溶解并定容至 1 升（应避光、冷藏保存，有效期一个月）。

（2）pH 值为 7.5 的磷酸缓冲溶液。

①1/15M 磷酸氢二钠：称取 23.377 克磷酸氢二钠（$Na_2HPO_4 \cdot 12H_2O$）加水溶解定容至 1 升。

②1/15M 磷酸二氢钾：称取 9.078 克磷酸二氢钾加水溶解定容至 1 升。

取上述 1/15M 的磷酸氢二钠 85 毫升和 1/15M 磷酸二氢钾 15 毫升混合均匀。

（3）标准溶液的配制。精确称取没食子酸乙酯（100℃ 干燥 1 小时）250 毫克，溶于 100 毫升水中作为母液，分别吸取母液 2 毫升、4 毫升、6 毫升、8 毫升、10 毫升于 10 毫升容量瓶中用水定容配制成 100 毫升中含没食子酸乙酯 50 毫克、100 毫克、150 毫克、200 毫克、250 毫克五种不同浓度的标准溶液。

3. 仪器。分光光度计。

4. 测定步骤。

（1）标准工作曲线的制作。准确吸取不同浓度的没食子酸乙酯标准溶液 1 毫升和酒石酸亚铁试剂 5 毫升，置于一系列 25 毫升的容量瓶中，用 pH7.5 的缓冲液定容。用水代替没食子酸乙酯作为对照，用 1 厘米的比色杯，在 540 纳米处测定吸光度（A）。所测的吸光度与对应的没食子酸乙酯浓度绘制成标准工作曲线。

（2）供试液的制备与测定。

制备：精确吸取 TP–Ⅳ浸膏试样 200 毫克；TP–Ⅰ，TP–Ⅱ，TP–Ⅲ试样 100 毫克样品，置于 100 毫升的烧杯中，加 20～30 毫升 90℃以上的沸水溶解，冷却，移入 100 毫升容量瓶中，定容、过滤，弃去最初的滤液约 20 毫升，所剩滤液为供试液。

测定：准确吸取供试液 1 毫升，置 25 毫升容量瓶中，加酒石酸亚铁溶液 5 毫升，充分混匀，用 pH7.5 的磷酸缓冲液定容。以试剂空白液作参比，于 540 纳米处测定吸光度（A）。

（3）结果计算。根据标准工作曲线，求出相当于试样吸光度的没食子酸乙酯相应含量，按下式求出茶多酚的含量：

$$\omega_2 = \rho \times 1.5 \times \frac{100}{m \times (1 - \omega_1)}$$

式中，m——试样质量（毫克）；

ω_1——试样水分的含量（%），浸膏样 $\omega_1 = 0$；

ρ——根据试样测得的吸光度（A）从标准曲线上查得的没食子酸乙酯的相应含量（毫克/100 毫升）；

1.5——茶多酚的换算系数；

ω_2——茶多酚含量（%）。

（4）平行结果之差不得大于 0.2%，报告结果取到小数点后 1 位。

（六）咖啡碱

咖啡碱在化学上属于嘌呤的衍生物，是茶叶中主要的含氮化合物，它不仅对人体具有特殊药理功能，而且是形成茶叶品质不可缺少的因素。红茶的"冷后浑"主要是咖啡碱、茶黄素和茶红素的复合物所致。咖啡碱还对提高茶汤的鲜爽度起主要作用。一般说来，咖啡碱含量同成品茶品质成正相关。本书介绍测定咖啡碱含量的高效液相色谱法。

1. 原理。茶叶中咖啡碱经沸水和氧化镁混合提取后，经高效液相色谱仪、C_{18}分离柱、紫外检测器检测，与标准系列比较定量。

2. 仪器和用具。

（1）实验室常规仪器。

（2）高效液相色谱仪。

（3）紫外检测器（检测波长280纳米）。

（4）分析柱：C_{18}（ODS柱）。

（5）分析天平（感量0.0001克）。

3. 试剂和溶液。

（1）甲醇为色谱醇，水为重蒸馏水。

（2）氧化镁（分析纯）。

（3）高效液相色谱流动相：取600毫升甲醇倒入1400毫升重蒸馏水，混匀，脱气。

（4）咖啡碱标准溶液：称取125毫克咖啡碱（纯度不低于99%）加乙醇：水（1:4）溶解，定容至250毫升。使用时，待标准液至室温后，取2毫升加水至100毫升作为工作液。

4. 测定步骤。

（1）试液制备。称取1.0克（准确至0.0001克）磨碎茶样，置于500毫升烧瓶中，加4.5克氧化镁及300毫升沸水，于沸水浴中加热，浸提20分钟（每隔5分钟摇动一次），浸提完毕后立即趁热减压过滤，滤液移入500毫升容量瓶中，冷却后，用水定容至刻度，混匀。取一部分试液，通过0.45微米滤膜过滤，待用。

（2）色谱条件。

①检测波长（紫外检测器，波长280纳米）；

②流动相：水：甲醇的体积分数为7:3；

③流速（0.5~1.5毫升/分钟）；

④柱温：40℃；

⑤进样量：10~20微升。

（3）测定。准确吸取上述已制备的试液10~20微升，注入高效液相色谱仪，并用咖啡碱标准液制作标准曲线，进行色谱测定。

5. 结果计算。比较试样和标准样的峰面积，按下式计算：

$$咖啡碱(\%) = \frac{C_1 \times \dfrac{L_1}{L_2}}{M_1 \times m \times 1000} \times 100$$

式中，C_1——测定液中咖啡碱含量（微克）；

L_1——样品总体积（毫升）；

L_2——进样体积（微升）；

M_1——试样的质量（克）；

m——试样干物质含量（%）。

同一样品的两次测定值之差，每100克试样不得超过0.2克。取两次测定的算术平均值作为结果，测定结果保留至小数点后一位。

（七）氨基酸

氨基酸是一类含氮的有机化合物，其中以茶氨酸、谷氨酸、精氨酸、天门冬氨酸含量较多。氨基酸对提高茶叶香味和鲜爽度具有重要作用。氨基酸的鲜味与适量茶多酚的爽味相结合，构成了鲜爽的茶味。氨基酸的含量及酚氨比值的高低能反映茶汤的品质。一般认为，高级茶酚氨比值低，低级茶酚氨比值高。

1. 原理。氨基酸在pH8.0条件下与茚三酮共热，形成紫色络合物，用分光光度法在特定的波长下测定其含量。

2. 仪器和用具。

（1）吸滤装置：与抽气装置相连的500毫升吸滤瓶上置直径90毫米的瓷质平底细孔漏斗。

（2）分析天平（感量0.0001克）。

（3）锥形瓶（容量500毫升）。

（4）量筒（容量500毫升）。

（5）容量瓶（容量50毫升、1000毫升、500毫升、100毫升、25毫升）。

（6）移液管（1毫升、0.5毫升）。

（7）分光光度计。

（8）恒温水浴。

（9）其他：角匙、玻棒、洗瓶、滴管、滤纸、电炉、试剂瓶。

3. 试剂。

（1）pH8.0磷酸缓冲液。

①磷酸氢二钠（1/15摩尔/升）：称取23.377克磷酸氢二钠（$Na_2HPO_4 \cdot 12H_2O$）加水溶解定容至1升。

②磷酸二氢钾（1/15摩尔/升）：称取9.078克磷酸二氢钾加水定容至1升。

取上述1/15摩尔/升的磷酸氢二钠溶液95毫升和1/15摩尔/升的磷酸二氢钾5毫升混合均匀。

（2）茚三酮溶液（2%）

称取水合茚三酮 2 克，加水 50 毫升，加 80 毫克的氯化亚锡（$SnCl_2 \cdot 2H_2O$），搅拌均匀，分次加水溶解，将滤液放在暗处，置一昼夜，过滤加水定容至 100 毫升。

（3）茶氨酸或谷氨酸标准液。称取 100 毫克茶氨酸或谷氨酸溶于 100 毫升水中，作为母液，准确吸取 5 毫升母液加水 50 毫升为工作液（每毫升含茶氨酸或谷氨酸 0.1 毫克）。

4. 操作方法。

（1）供试液制备。将磨碎样充分混匀后，称取 3 克（精确至 0.001 克），移入 500 毫升锥形瓶中，加沸蒸馏水 450 毫升，立即移入沸水浴中，浸提 45 分钟，在浸提期间每隔 10 分钟摇动 1 次，浸提完毕后即趁热减压过滤，滤液移入 500 毫升容量瓶中，残渣用少量热蒸馏水洗涤 2~3 次，一并滤入 500 毫升容量瓶中，冷却后用蒸馏水稀释至刻度，混匀。

（2）测定。准确吸取供试液 1 毫升，移入 25 毫升容量瓶中，加 0.5 毫升 pH8.0 缓冲液、0.5 毫升 2% 茚三酮溶液，在沸水浴中准确加热 15 分钟，待冷却后加水至 25 毫升，混匀，用试剂做空白试验。放置 10 分钟后，在 570 纳米处用 5 毫米比色杯，测定其吸光度（A）。

（3）氨基酸定量标准曲线的制作。分别吸取 0.0 毫升、1.0 毫升、1.5 毫升、2.0 毫升、2.5 毫升、3.0 毫升氨基酸工作液于一组 25 毫升容量瓶中，分别加茚三酮溶液 0.5 毫升，缓冲液 0.5 毫升，在沸水浴中加热 15 分钟，待冷却后加水定容至 25 毫升，混匀，测其吸光度。将所测的吸光度与对应的茶氨酸或谷氨酸浓度作图，绘制成标准曲线。

注：制作标准曲线时，所用蒸馏水，必须是重蒸馏水。

5. 结果计算。

（1）茶叶中游离氨基酸的干态含量按下式计算：

$$\omega_2 = \frac{\dfrac{m}{1000} \times \dfrac{V_1}{V_2}}{m_0 \times \omega_1} \times 100$$

式中，V_1——供试液总量（毫升）；

V_2——测定用试样量（毫升）；

m_0——试样用量（克）；

m——根据试样测得的吸光度从标准曲线上查得的茶氨酸的质量（毫克）；

ω_1——试样干物质含量（%）；

ω_2——游离氨基酸的干态含量（%）。

（2）同一样品进行两次检测，检测值之差，每100克试样不得超过0.1克，如果符合要求，则取两次检测的算术平均值作为结果。报告结果取到小数点后1位。

6. 注意事项。

（1）须严格控制 pH 值和热温度均衡等条件才能得到好的重复值。

（2）发色后，不及时比色，溶液颜色会减退，溶液浓度越大，褪色越快，整个比色测定过程，务必在0.5小时内完成。

（3）氨与茚三酮反应能显色，故应在无氨环境中进行。

（4）对于氨基酸含量低的茶样，应增加取样量或增加供试液量，在低于60℃温度下减压浓缩，使比色时其氨基酸浓度在30～180微克/10毫克范围内。

（八）茶叶粗纤维测定

粗纤维包括纤维素、半纤维素、木质素及角质等。茶叶中粗纤维含量一般在7%～21%。粗纤维是茶叶嫩度的指标，茶叶愈嫩，粗纤维含量愈低，反之愈高。有些茶叶进口国家把粗纤维含量作为控制茶叶粗老、品质低劣的指标。国际标准化组织已将茶叶粗纤维最高含量定为16.5%。

1. 原理。用一定浓度的酸碱消化处理试样，留下的残留物，再经灰化，称量。

2. 仪器和用具。

（1）分析天平（感量为0.0001克）；

（2）吸滤漏斗：用直径70毫米三角漏斗，蒙上一层9微米（185目）的尼龙布，并扎紧，使用时用真空抽气皮管接在连接于真空泵的吸瓶上。

（3）玻质沙芯、坩埚（微孔平均直径80～160微米，体积30毫升）。

（4）高温电炉（能控制525±25℃）。

（5）干燥器（盛有效变色硅胶干燥剂）。

（6）烧杯（容量400毫升）。

（7）量筒（容量200毫升）。

（8）鼓风电热恒温干燥箱（能控制在103±2℃）。

（9）调温电炉或电热板。

（10）其他：玻棒、角匙、表面皿、洗瓶、电炉。

3. 试剂。所用试剂应为分析纯（A. R.），水为蒸馏水。

（1）硫酸溶液（1.25%）。

（2）氢氧化钠溶液（1.25%）。

（3）盐酸溶液（1%盐酸）。

（4）乙醇（95%）。

（5）乙醚。

4. 操作方法。

（1）将磨碎样充分混匀，称取两份试样，每份2.5克（精确至0.001克），分别移入400毫升烧杯中，加入热的1.25%硫酸溶液200毫升，放在电炉上加热（在1分钟内煮沸），正确微沸30分钟，在微沸过程中应随时补加热水以维持原体积，移去热源加水100毫升，用吸滤漏斗抽气吸淀至干，反复用水洗涤烧杯中的残留物，洗涤多次至中性。

（2）碱消化。将漏斗上粘着的残留物转移至原烧杯中，加入热的1.25%氢氧化钠200毫升，放在电炉上加热（在1分钟内煮沸），正确微沸30分钟，在微沸过程中，应随时补加沸水以维持原体积。然后立即倒入玻质沙芯坩埚中，减压过滤，用沸水洗涤多次，接着用盐酸溶液洗涤1次，再用沸水洗涤至中性，最后依次用乙醇30毫升左右和乙醚30毫升左右洗涤残留物，并抽滤至干，除去溶剂。

（3）干燥。将上述坩埚及残留物移入120℃干燥箱内，加热4小时，加盖取出，于干燥器中冷却至室温，及时称量（精确至0.001克）。

（4）灰化。将已称量的坩埚，移入525±25℃高温电炉中，灰化4小时，降温至300℃左右，加盖取出，于干燥器中冷却，及时称量（准确至0.001克）。

5. 结果计算。

（1）粗纤维的干态含量按下式计算：

$$\omega_2 = \frac{m_1 - m_2}{m_0 \times \omega_1} \times 100$$

式中，m_0——试样质量（克）；

　　　m_1——灰化前坩埚及粗纤维质量（克）；

　　　m_2——灰化后坩埚及灰分质量（克）；

　　　ω_1——试样干物质含量（%）；

　　　ω_2——粗纤维干态含量（%）。

（2）同一样品进行两次检测，检测值之差，每100克试样不得超过0.5克，如果符合要求，则取两次检测值的算术平均值作为结果，报告结果取小数点后1位。

6. 注意事项。应趁热过滤，否则溶液会发粘，难以滤过。

参 考 文 献

1. 中国标准出版社第一编辑室编:《粮油标准汇编测定方法卷》(第二版)(下册),中国标准出版社 2005 年版。

2. 中华人民共和国卫生部、中国国家标准化管理委员会发布:《食用植物油卫生标准 (GB 2716—2005)》,中国标准出版社 2005 年版。

3. 中华人民共和国卫生部、中国国家标准化管理委员会发布:《食用油脂卫生标准 (GB 10146—2005)》,中国标准出版社 2005 年版。

4. 中华人民共和国卫生部、中国国家标准化管理委员会发布:《食品卫生检验方法——理化部分 (一)》,中国标准出版社 2004 年版。

5. 曹程明主编:《肉蛋及制品质量检验》,中国计量出版社 2006 年版。

6. 朱俊平主编:《乳及乳制品质量检验》,中国计量出版社 2006 年版。

7. 中国标准出版社第一编辑室编:《中国农业标准汇编——水产加工品卷》(第二版),中国标准出版社 2002 年版。

8. 中华人民共和国卫生部、中国国家标准化管理委员会发布:《鲜、冻动物性水产品卫生标准 (GB 2733—2005)》,中国标准出版社 2005 年版。

9. 车文毅、蔡宝亮主编:《水产品质量检验》,中国计量出版社 2006 年版。

10. 国家质量监督检验检疫总局产品质量监督司编:《食品质量安全市场准入审查指南 (小麦粉、大米、食用植物油、酱油、食醋分册)》,中国标准出版社 2005 年版。

11. 国家质量监督检验检疫总局产品质量监督司编:《食品质量安全市场准入审查指南 (糖果制品、啤酒、葡萄酒、黄酒分册)》,中国标准出版社 2005 年版。

12. 国家质量监督检验检疫总局产品质量监督司编:《食品质量安全市场准入审查指南 (茶叶、蜜饯、炒货食品、可可制品、焙炒咖啡分册)》,中国标准出版社 2005 年版。

13. 中国标准出版社第一编辑室编:《中国食品工业标准汇编测定方法卷——水果、蔬菜及其制品卷》(第三版)(下),中国标准出版社

2007 年版。

14. 鲁成银、于立强主编：《茶叶、可可、咖啡质量检验》，中国计量出版社 2006 年版。

15. 中华人民共和国卫生部、中国国家标准化管理委员会发布：《白酒分析方法（GB 10345—2007）》，中国标准出版社 2007 年版。

16. 中华人民共和国卫生部、中国国家标准化管理委员会发布：《啤酒分析方法（GB 4928—2001）》，中国标准出版社 2005 年版。

17. 全国食品发酵标准化中心、中国标准出版社第一编辑室编：《白酒标准汇编》（第二版），中国标准出版社 2007 年版。

18. 中华人民共和国国家质量监督检验检疫总局发布：《化学试剂杂质测定用标准溶液的制备（GB/T 602—2002）》，中国标准出版社 2003 年版。

19. 中华人民共和国国家质量监督检验检疫总局发布：《化学试剂试验方法中所用制剂及制品的制备（GB/T 602—2002）》，中国标准出版社 2003 年版。

20. 中华人民共和国国家质量监督检验检疫总局、中国国家标准化管理委员会发布：《葡萄酒、果酒通用分析方法（GB/T 15038—2006）》，中国标准出版社 2007 年版。

责任编辑：吕　萍　于海汛
责任校对：张长松
版式设计：代小卫
技术编辑：邱　天

图书在版编目（CIP）数据

商品检验实验. 食品分册/刘孟珠主编. —北京：经济
科学出版社，2008.6
ISBN 978 - 7 - 5058 - 7287 - 5

Ⅰ. 商… Ⅱ. 刘… Ⅲ. ①商品检验 - 实验②食品
检验 - 实验 Ⅳ. F760.6 - 33　TS207.3 - 33

中国版本图书馆 CIP 数据核字（2008）第 085391 号

商品检验实验
——食品分册
刘孟珠　主编
经济科学出版社出版、发行　新华书店经销
社址：北京市海淀区阜成路甲 28 号　邮编：100142
总编室电话：88191217　发行部电话：88191540
网址：www.esp.com.cn
电子邮件：esp@esp.com.cn
北京汉德鼎印刷厂印刷
永胜装订厂装订
690×990　16 开　16.75 印张　290000 字
2008 年 6 月第 1 版　2008 年 6 月第 1 次印刷
印数：0001—3000 册
ISBN 978 - 7 - 5058 - 7287 - 5/F·6538　定价：25.00 元